EUGEN FLEISCHMANN

Die freien Berufe im Rechtsstaat

Schriften zum Öffentlichen Recht

Band 127

Die freien Berufe im Rechtsstaat

Eine Untersuchung von Begriff und Wesen der freien Berufe und ihrer verfassungsrechtlichen Stellung nach dem Grundgesetz unter besonderer Berücksichtigung der freien Heil- und Beratungsberufe

Von

Dr. Eugen Fleischmann

DUNCKER & HUMBLOT / BERLIN

Gedruckt 1970 bei Richard Schröter, Berlin 61
Printed in Germany
D 21

Meiner Mutter

Emilie Fleischmann

gewidmet

Inhaltsverzeichnis

Zweiter Teil

Die verfassungsrechtliche Stellung der freien Berufe

Abkürzungsverzeichnis

A.A.	anderer Ansicht
a.a.O.	am angegebenen Ort
ABl.	Amtsblatt
Amt.	Amtlich
AnwBl.	Anwaltsblatt
AöR	Archiv des öffentlichen Rechts
BÄO	Bundesärzteordnung
Bay	Bayern, bayerisch
BB	Betriebsberater
BAG	Bundesarbeitsgericht
BBG	Bundesbeamtengesetz
BDO	Bundesdisziplinarordnung
BestOÄ	Bestallungsordnung für Ärzte
BFAOÄ	Berufs- und Facharztordnung für die deutschen Ärzte
BGB	Bürgerliches Gesetzbuch
BGBl.	Bundesgesetzblatt
BGH	Bundesgerichtshof
BGHZ	Entscheidungen des Bundesgerichtshofs in Zivilsachen
BFH	Bundesfinanzhof
BNotO	Bundesnotarordnung
BO/B-W	Berufsordnung der Landesärztekammer Baden-Württemberg
BRAO	Bundesrechtsanwaltsordnung
BrZ	Britische Zone
BStBl.	Bundessteuerblatt
BVerfG	Bundesverfassungsgericht
BVerfGE	Entscheidungen des Bundesverfassungsgerichts
BVerwG	Bundesverwaltungsgericht
BVerwGE	Entscheidungen des Bundesverwaltungsgerichts
DB	Der Betrieb
DGerZ	Deutsche Gerichtszeitung
DNotZ	Deutsche Notarzeitschrift
DRiG	Deutsches Richtergesetz
DÖV	Die öffentliche Verwaltung
DVBl.	Deutsches Verwaltungsblatt
DVO	Durchführungsverordnung
E	Entscheidung
EFG	Entscheidung der Finanzgerichte
EGH	Ehrengerichtshof oder Ehrengerichtshof für deutsche Rechtsanwälte
EStG	Einkommenssteuergesetz
FG	Finanzgericht
FR	Finanzrundschau
GBl.	Gesetzblatt
GemVO	Gemeinsame Verordnung
GewO	Gewerbeordnung

GewStG	Gewerbesteuergesetz
GewStR	Gewerbesteuerrecht
GG	Grundgesetz
GmbH	Gesellschaft mit beschränkter Haftung
GVBl.	Gesetz- und Verordnungsblatt
HDSW	Handwörterbuch der Sozialwissenschaften
HebammenG	Hebammengesetz
i. d. F.	in der Fassung
i. d. R.	in der Regel
i. S.	im Sinne
JW	Juristische Wochenschrift
JZ	Juristenzeitung
LB	Lehrbuch
LStDVO	Lohnsteuerdurchführungsverordnung
MDR	Monatsschrift für Deutsches Recht
MinBlFin.	Ministerialblatt des Bundesministers für Finanzen
NJW	Neue Juristische Wochenschrift
OVG	Oberverwaltungsgericht
PAO	Patentanwaltsordnung
PrOVG	Preußisches Oberverwaltungsgericht
RAO	Rechtsanwaltsordnung
RdN	Randnote
RegBl.	Regierungsblatt
RFH	Reichsfinanzhof
RGBl.	Reichsgesetzblatt
RStBl.	Reichssteuerblatt
RVerwBl.	Reichsverwaltungsblatt
SeelG	Seelotsengesetz
StBG	Steuerberatungsgesetz
StGB	Strafgesetzbuch
StPO	Strafprozeßordnung
StuW	Steuer und Wirtschaft
VGH	Verwaltungsgerichtshof
VOBl.	Verordnungsblatt
VVDStRL	Veröffentlichungen der Vereinigung der Deutschen Staatsrechtslehrer
WPO	Wirtschaftsprüferordnung
Z	Zeitschrift
ZgesStW	Zeitschrift für die gesamten Staatswissenschaften
ZPO	Zivilprozeßordnung

Vorwort

Die vorliegende Arbeit hat es sich zum Ziel gesetzt, die rechtliche Eigenart und verfassungsrechtliche Stellung einer Berufsgruppe darzustellen, deren Tätigkeit für den einzelnen Staatsbürger ebenso wie für Gesellschaft und Staat und damit für das Funktionieren des sozialen Ganzen entscheidende Bedeutung zukommt. Die freien Berufe waren bisher meist Gegenstand soziologischer und ökonomischer Untersuchungen. Eine vergleichende und zusammenfassende Darstellung ihres Berufsrechts, überhaupt ihres rechtlichen Erscheinungsbildes, ist bis jetzt nicht erfolgt. Auch diese Arbeit muß hier insoweit unvollständig bleiben, als sie nicht die ganze Skala freier Berufe erfassen, sondern sich im wesentlichen auf die bereits als „klassisch" anzusehenden freien Heil- und Beratungsberufe und einige technische Berufe erstrecken wird. Die politischen und sozialen Veränderungen, die sich in Deutschland nach zwei Weltkriegen vollzogen haben, wirkten sich besonders bei diesen Berufsgruppen aus und haben nicht nur ihre gesellschaftliche und ökonomische Basis, sondern ebenso ihr Berufsrecht nachhaltig beeinflußt. Die Auffassung von einer wirtschaftlich und rechtlich weitgehend unabhängigen, ihren eigenen Gesetzen gehorchenden gesellschaftlichen Gruppe, wie sie dem politischen Liberalismus des 19. Jahrhunderts zugrunde lag, ist einer Denkart gewichen, die aufgrund der diesen Berufen zukommenden Aufgaben in Staat und Gesellschaft besonders deren soziale Verantwortung betont und sie im Hinblick auf die veränderte soziale Lage zunehmend als Objekt der Verrechtlichung und staatlichen Einflußnahme begreift. Diese Entwicklung wird besonders darin deutlich, daß viele der freien Berufe heute zugleich als sogenannte „staatlich gebundene Berufe" aufgefaßt werden, die in eine größere Staatsnähe gerückt und damit zugleich intensiveren Staatseingriffen in die Freiheit ihrer beruflichen Betätigung ausgesetzt sind. Unter diesem Aspekt erscheint es besonders reizvoll, dem Element des „Freien" in der Begriffskombination „freier Beruf" und den sich daraus ergebenden rechtlichen Konsequenzen nachzugehen. Mögliche Entfaltungsrichtungen dieser Freiheit ergeben sich zum einen in bezug auf eine unabhängige Berufsausübung gegenüber den Auftraggebern der freien Berufe, zum andern aber — und hier soll der Schwerpunkt der Arbeit liegen — im Hinblick auf staatliche Einwirkungen auf die freie Berufsausübung. In diesem Fall wird die Freiheit des freien Berufs notwendigerweise mit dem staatsgerichteten, dem „status negativus“ zugehörigen Grundrecht der Berufsfreiheit (Art. 12 GG) konfrontiert. Daraus ergibt sich die verfassungsrechtliche Fragestellung nach dem Geltungsumfang und den Grenzen dieses Freiheitsrechts für die freien Berufe. Insbesondere taucht dabei das Problem der verfassungsmäßigen Beschränkung dieser Freiheit, wie sie Art. 12 Abs. 1 S. 2 GG vorsieht, im Hinblick auf die freiberufliche Tätigkeit auf. Das Gewicht und die Bedeutung der Funktion der freien Berufe im Rechtsstaat wird bei der Bestimmung der Grenzen dieses Gemeinschaftsvorbehalts eine erhebliche Rolle spielen. Die Aufgabe der freien Berufe im Staat wird wiederum erst deutlich und hängt eng zusammen mit Wesen und Inhalt der freiberuflichen Tätigkeit. Eine begriffliche Klärung dessen, was unter rechtlichen Gesichtspunkten als „freier Beruf“ zu bezeichnen ist, muß deshalb Ausgangspunkt dieser Untersuchung sein. Daraus ergibt sich auch der Gang der folgenden Darstellung. In einem ersten Hauptteil soll versucht werden, Wesen und Begriff des freien Berufs zu erforschen und zu durchdringen. Einen Anknüpfungspunkt bietet die steuerrechtliche Behandlung freier Berufe. Im Steuerrecht haben die freien Berufe seit langem eine Sonderbehandlung erfahren, indem sie nicht zu den gewerblichen Berufen gezählt und folglich von der Gewerbesteuer freigestellt werden. Die Feststellung der Nichtgewerblichkeit dieser Berufe hängt dabei notwendigerweise vom Vorliegen bestimmter Unterscheidungsmerkmale ab, die wiederum eine positive Umschreibung des Berufsbegriffs ermöglichen könnten. Eine Analyse der verschiedenen freiberuflichen Tätigkeiten, wie sie dem Steuerrecht zugrunde liegen, erscheint daher geeignet, bestimmte Begriffsmerkmale aufzufinden, die für die Annahme eines freien Berufs konstitutiv sind. Weitere Begriffsmerkmale vermag eine vergleichende Darstellung der verschiedenen berufsgesetzlichen Regelungen zu erbringen, die zugleich die gemeinsame berufs- und standesrechtliche Relevanz der ermittelten Wesenselemente freier Berufstätigkeit hervortreten läßt und die Umschreibung eines Rechtsbegriffs des freien Berufs ermöglicht.

In einem zweiten Hauptteil sollen dann die verfassungsrechtlichen, insbesondere im Hinblick auf Art. 12 GG beachtlichen Konsequenzen der dort gewonnenen Ergebnisse dargestellt werden. Nachdem das BVerfG bei den sogenannten „staatlich gebundenen Berufen“ in seinem berühmten „Apotheken“-Urteil festgestellt hat, „je näher ein Beruf durch öffentlich-rechtliche Bindungen und Auflagen an den ‚öffentlichen Dienst‘ herangeführt (werde)“, um so stärker könnten „Sonderregelungen in Anlehnung an Art. 33 die Wirkung des Grundrechts aus Art. 12 Abs. 1 GG tatsächlich zurückdrängen“ (BVerfGE 7,

377 (398)), wird es sich zunächst fragen, inwieweit auch die hier zu behandelnden Berufe davon betroffen werden. Da einige freie Berufe, wie etwa der Arzt und der Rechtsanwalt, ebenfalls als staatlich gebundene Berufe bezeichnet werden, stellt sich die Frage nach dem Inhalt und der verfassungsrechtlichen Bedeutung dieses Begriffs und nach seinem Verhältnis zum Begriff des freien Berufs. Mit der damit zugleich angeschnittenen Frage nach dem Geltungsumfang und der Einschränkbarkeit des Berufsfreiheitsgrundrechts wird sich die Arbeit im folgenden eingehend beschäftigen. Dabei gilt es insbesondere, die Voraussetzungen staatlicher Einflußnahme auf die freiberufliche Berufsausübung und die Grenzen von Berufsregelungen deutlich zu machen. Den berufsimmanenten Freiheitserfordernissen der einzelnen freien Berufe sowie ihrer besonderen Sozialfunktion wird hierbei entscheidende Bedeutung zukommen.

Die Arbeit hat dem Fachbereich Rechtswissenschaft der Eberhard-Karls-Universität Tübingen im Wintersemester 1969/70 als Dissertation vorgelegen.

Meinem verehrten Lehrer, Herrn Prof. Dr. Thomas Oppermann, bin ich für die Betreuung der Arbeit zu großem Dank verpflichtet.

Herrn Ministerialrat a. D. Dr. J. Broermann danke ich für die Aufnahme der Schrift in sein Verlagsprogramm.

Dank schulde ich nicht zuletzt auch Frl. Gisela Pauldrach, die mir beim Durchlesen von Manuskript und Fahnen wertvolle Hilfe geleistet hat.

Tübingen, im April 1970

Eugen Fleischmann

Erster Teil

Wesen und Begriff des freien Berufes

A. Allgemeines

Man gebraucht vielfach das Wort „freier Beruf“, hat aber in der Regel keine klare Vorstellung, worum es sich dabei handelt. Dies ist in erster Linie darauf zurückzuführen, daß unter diesem Begriff eine Vielfalt von Berufen mit unterschiedlichem wirtschaftlichem, sozialem und kulturellem Erscheinungsbild zusammengefaßt wird, die nicht ohne weiteres der Betrachtung unter einheitlichen Gesichtspunkten zugänglich ist. So zählen nach allgemeinem Sprachgebrauch z. B. sowohl die freien geistigen Berufe wie Ärzte, Zahnärzte, Rechtsanwälte, Patentanwälte, Steuerberater, Wirtschaftsprüfer, Apotheker, Architekten, Ingenieure, Künstler, Schriftsteller usw. als auch sonstige Berufsgruppen, die eine selbständige Tätigkeit ausüben wie etwa Heilpraktiker, Masseure, Hebammen, Feldmesser usw.[1], zu den freien Berufen.

Hinzu kommt, daß nur sehr wenige dieser Berufe eine rechtliche Ordnung gefunden haben, die eine rechtliche Vergleichbarkeit überhaupt erst ermöglicht. Unserer Rechtssprache gehört der Begriff des freien Berufs als solcher noch nicht lange an. Als Gesetzesbegriff hat er erst sehr spät Verwendung gefunden. Er trat zuerst in einigen Steuergesetzen auf und findet sich heute im Einkommensteuerrecht[2], Gewerberecht[3] und im Bewertungsrecht[4]. Im Berufsrecht der verschiedenen freien Berufe hat dieser Begriff erst in den relativ neuen Berufsgesetzen Eingang gefunden[5]. Der Sache nach ist der Begriff aber nicht neu, ebensowenig wie dies die Berufe sind, die er umfassen soll.

---

[1] Siehe die Aufstellung im Großen Brockhaus, Bd. 4, 16. Aufl. 1954, S. 271.

[2] § 18 Abs. 1 des Einkommensteuergesetzes i. d. F. vom 12. 12. 1969 (BGBl. I, 2265).

[3] § 1 Gewerbesteuer-Durchführungsverordnung von 1961 i. d. F. vom 30. 5. 1962 (BGBl. I, 372).

[4] § 96 Bewertungsgesetz vom 10. 12. 1965 (BGBl. I, 1861).

[5] z. B. § 1 Abs. 1 Bundesärzteordnung vom 2. 10. 1961 (BGBl. I, 1857); § 2 Abs. 1 Bundesrechtsanwaltsordnung vom 1. 8. 1959 (BGBl. I, 565); § 1 Abs. 2 Wirtschaftsprüferordnung vom 24. 7. 1961 (BGBl. I, 1049); § 22 Abs. 1 Steuerberatungsgesetz vom 16. 8. 1961 (BGBl. I, 1301); § 25 des Gesetzes über das Seelotsenwesen vom 13. 10. 1954 (BGBl. II, 1035).

Die Verschiedenartigkeit der hier beispielhaft — bei weitem nicht erschöpfend — aufgeführten Berufstätigkeiten und der auf den ersten Blick empfundene Mangel an rechtlichen Gemeinsamkeiten haben dann auch zu der Feststellung des Bundesverfassungsgerichts geführt, beim „freien Beruf" handle es sich um einen soziologischen Begriff, nicht aber um einen eindeutigen Rechtsbegriff[6]. Die Literatur, die sich zumeist nur mit den gesetzlich geregelten freien Berufen befaßt[7], ist dieser Meinung des BVerfG weitgehend gefolgt, wobei allerdings vielfach ohne eigene Reflexion nur die Ansicht des BVerfG wiedergegeben wird. Eine zustimmende Haltung nimmt auch Römer ein[8], der sich jedoch mit dem Begriff des freien Berufs eingehender beschäftigt hat[9]. Nach seiner Ansicht muß der allgemeine Begriff „freier Beruf" für die verschiedenen Rechtsgebiete, für jede einzelne Norm konkretisiert werden. So gesehen, müsse mit ebensovielen Begriffen des freien Berufs gerechnet werden, wie es Normen gebe, die vom freien Beruf sprechen[10]. Diese Aussage ist allerdings inhaltlich nicht neu. Dieselbe Feststellung traf bereits *Gieseke* nach einer Analyse aller einschlägigen Gesetzesnormen in bezug auf einen einheitlichen Rechtsbegriff „Unternehmen"[11]. Zu Recht hat *Rittner*[12] dieser Ansicht entgegengehalten, daß damit nur Definitionen geschaffen werden, die den Begriff zwar in jedem Fall von anderen spezifisch gleich gelagerten abgrenzen können, jedoch zwangsläufig die Beziehungen zu allen übrigen Begriffen unberücksichtigt lassen. Eine dergestalt isolierte Betrachtung des Phänomens würde insbesondere nichts über den rechtlichen Sinngehalt des freien Berufs, seine Funktion in der Rechtsordnung überhaupt aussagen[13]. Wenn der Begriff des freien Berufs mehrfach in gesetzlichen Regelungen und heute immer mehr auch in der Rechtsprechung und Literatur verwendet wird, so fragt es sich doch, ob es gerechtfertigt erscheint, ihn einfach als metajuristisches Gebilde zu deklarieren und damit die Frage nach seinem Inhalt und Wesen anderen wissenschaftlichen Disziplinen wie etwa der Soziologie und der Nationalökonomie zu überlassen. Eine solche Haltung ist dort angebracht, wo es um die Auslegung rein naturwissenschaftlicher Begriffe geht, deren Erforschung und Umschreibung der Jurist getrost anderen Disziplinen überlassen kann. Als Gebilde des sozialen

---

[6] BVerfGE 10, 354 (364).
[7] z. B. *Burger*, S. 22; *Daniels-Bulling*, § 1 Anm. 25; *Seybold-Hornig*, § 1 Anm. 13; *Bühring*, S. 41.
[8] Notariatsverfassung und Grundgesetz, S. 40.
[9] Vgl. etwa S. 37 ff.
[10] a.a.O., S. 40.
[11] Ebenda, S. 112 ff. (118).
[12] a.a.O., S. 7.
[13] a.a.O., S. 10.

Lebens[14] ist der freie Beruf jedoch ebensowenig wie die Ehe, der Verein, der Vertrag und das Eigentum ein metajuristisches Phänomen, sondern vielmehr eine „sinnerfüllte und sinngebende materiale Struktur", die gleich jenen der sozialen Ordnung der Rechtsgemeinschaft dient[15]. Die Erwähnung in verschiedenen Berufs- und Steuergesetzen könnte deshalb ein Indiz dafür sein, daß hier für gewisse gleichartige Erscheinungsformen des sozialen Lebens auch eine einheitliche rechtliche Regelung gefunden wurde. Diese Lebenstatsachen vermögen dann als materiale Kriterien den Begriff auszufüllen und sein Wesen zu bestimmen, womit ihm dann eine ganz bestimmte Aussagekraft zukommt. Gerade deshalb darf die Rechtswissenschaft nicht nur die Lehre von der Interpretation und Anwendung der Gesetze sein, sondern muß „in den Bereich der Strukturen und Begriffe vorstoßen, die hinter dem Gesetz stehen"[16]. Dies bedeutet nichts anderes, als daß auch die Erforschung dessen, was sich hinter dem Begriff des freien Berufs verbirgt, ein Zurückgreifen auf das „Wesen" des freien Berufs erfordert, ebenso wie das Gesetz etwa auf das „Wesen der Ehe" (§ 43 Ehegesetz) verweist, der Richter zurückgreift auf das Wesen des Schuldverhältnisses, des Dauerschuldverhältnisses, des Mietverhältnisses, auf das Wesen des Vertrags, der Gesellschaft usw.[17]. Dieser Rückgriff macht die rechtlichen Zusammenhänge erkenntlich, da das Gesetz stets nur Einzelfragen des betreffenden Rechtsinstituts regelt und im übrigen voraussetzt, daß der Interpretierende das ganze Rechtsverhältnis, das ganze Rechtsinstitut usw. vor Augen hat[17].

Für die Erforschung des Wesens der freien Berufe hat dies zur Folge ein Loslösen von der reinen Einzelnorminterpretation und ein Hinwenden zu einer vergleichenden Gesamtschau, da nur diese gemeinsame materiale Rechtsstrukturen transparent werden läßt, ein Vergleich mit ähnlichen Erscheinungsformen des Berufs in Gewerbe und Verwaltung und schließlich auch ein Heranziehen der Ergebnisse der anderen Sozialwissenschaften: Da sich der freien Berufe als einer Erscheinungsform des Lebens neben der Rechtswissenschaft auch die Soziologie und Volkswirtschaft angenommen haben und ihrer Fragestellung gemäß zu Aussagen über die Stellung der freien Berufe in der Gesellschaft, über ihre soziale Aufgabe und ihre besonderen Berufsprobleme gekommen sind, wird es sich als notwendig erweisen, auch den für die Entstehung und Entwicklung dieser Berufe maßgeblichen soziologischen und ökonomischen Hintergrund, soweit Veranlassung dazu besteht, hervortreten zu lassen. Dieses Vorgehen ist legitim: „Nur eine Rechtswissenschaft, die ihr Feld über das Gesetz

[14] *Rittner*, S. 8.
[15] *Rittner*, S. 8.
[16] *Rittner*, S. 9.
[17] *Rittner*, S. 10.

hinaus erstreckt, taugt zum Gesprächspartner im Kreis der Sozialwissenschaften[18]."

Als geeigneter Anknüpfungspunkt für die Untersuchung von Begriff, Bedeutung und Wesen des freien Berufs bietet sich die Behandlung freier Berufe im Steuer- und Berufsrecht an. Ein Vergleich der verschiedenen berufsgesetzlichen Regelungen untereinander und mit der steuerlichen Gesetzgebung und Rechtsprechung soll zeigen, inwieweit die These *Römers* und *Gieseke*s zutrifft oder ob nicht neben bestimmten soziologischen Gemeinsamkeiten auch rechtliche Übereinstimmungen bestehen, die es rechtfertigen könnten, von einem einheitlichen Begriff des freien Berufs zu sprechen. Die wohl umfangreichste Literatur und Rechtsprechung zum freien Beruf weist das Steuerrecht auf. Daher erscheint es auch zweckmäßig, mit der Darstellung des Bildes des freien Berufs, wie es sich im Steuerrecht ergibt, zu beginnen.

B. Der freie Beruf im Steuerrecht

I. Gewerbesteuerfreiheit

Im Steuerrecht erfahren die freien Berufe insofern seit langem eine Sonderbehandlung, als sie nicht der Gewerbesteuer unterliegen. Der Gesetzgeber früherer Zeit scheute allerdings vielfach die Verwendung des allgemeinen Gattungsnamens und beschränkte sich darauf, bestimmte enumerativ aufgeführte freie Berufe von der Gewerbesteuerpflicht auszunehmen. Bezeichnendes Beispiel dafür war etwa die preußische Gewerbesteuerverordnung vom 23. 11. 1923[19], wo es in § 3 Nr. 2 heißt, daß der Gewerbesteuer nicht unterliegen „die Ausübung eines amtlichen Berufs, einer künstlerischen, wissenschaftlichen, schriftstellerischen, unterrichtenden oder erziehenden Tätigkeit insbesondere auch des Berufs als Arzt, als staatl. geprüfter Dentist, als Rechtsanwalt, als vereidigter Land- und Feldmesser sowie als Markscheider".

Das heutige Steuerrecht begnügt sich nicht mit einer Aufzählung sondern verwendet ausdrücklich den Begriff des freien Berufs. Nach § 2 GewStG vom 25. 5. 1965[20] unterliegt jeder stehende Gewerbebetrieb, soweit er im Inland betrieben wird, der Gewerbesteuer. § 1 GewerbesteuerDVO geht davon aus, daß eine selbständige, nachhaltige Betätigung, die mit Gewinnabsicht unternommen wird und sich als

[18] *Rittner*, S. 9.
[19] = § 4 Nr. 7 GewStG 1891, zitiert nach *Feuchtwanger*, in: Der Staat und die freien Berufe, Königsberg 1929, S. 7, weiterhin zitiert als Feuchtwanger I.
[20] BGBl. I, 459.

Beteiligung am allgemeinen wirtschaftlichen Verkehr darstellt, nur dann als Gewerbebetrieb gilt, wenn die Betätigung weder als Ausübung von Land- und Forstwirtschaft noch als Ausübung eines freien Berufs oder als andere selbständige Arbeit i. S. des Einkommensteuerrechts anzusehen ist[21]. Daraus folgt, daß die Ausübung eines freien Berufs oder einer sonstigen selbständigen Arbeit i. S. des Einkommensteuerrechts nicht der Gewerbesteuer unterliegt. Einkünfte aus selbständiger Arbeit sind gem. § 18 Abs. 1 Nr. 1 EStG[22]:

„Einkünfte aus freiberuflicher Tätigkeit. Zu der freiberuflichen Tätigkeit gehören die selbständig ausgeübte wissenschaftliche, künstlerische, schriftstellerische, unterrichtende oder erzieherische Tätigkeit, die selbständige Berufstätigkeit der Ärzte, Zahnärzte, Tierärzte, Rechtsanwälte, Notare, Patentanwälte, Vermessungsingenieure, Ingenieure, Architekten, Handelschemiker, Wirtschaftsprüfer, Steuerberater, beratenden Volks- und Betriebswirte, vereidigten Buchprüfer (vereidigten Bücherrevisoren), Helfer in Steuersachen, Heilpraktiker, Dentisten, Krankengymnasten, Journalisten, Bildberichterstatter, Dolmetscher, Übersetzer, Lotsen und ähnlicher Berufe. Ein Angehöriger eines freien Berufs im Sinne der Sätze 1 und 2 ist auch dann freiberuflich tätig, wenn er sich der Mithilfe fachlich vorgebildeter Arbeitskräfte bedient; Voraussetzung ist, daß er auf Grund eigener Fachkenntnisse leitend und eigenverantwortlich tätig wird. Eine Vertretung im Fall vorübergehender Verhinderung steht der Annahme einer leitenden und eigenverantwortlichen Tätigkeit nicht entgegen."

Die Ausnahme dieser verschiedenartigen Berufstätigkeiten von der Gewerbesteuerpflicht und ihre Zusammenfassung unter dem einheitlichen Terminus freiberuflicher Tätigkeit, läßt vermuten, daß es sich dabei nicht nur um eine mehr oder weniger willkürliche Maßnahme des Gesetzgebers aus Gründen geschichtlicher Überlieferung und der Entwicklung in ihrem zufälligen Zustand zur Zeit des Erlasses des Gesetzes handelte[23], vielmehr auf der Erkenntnis beruht, daß zwischen allen diesen Berufen eine innere Verbundenheit besteht. Die Frage nach dem Sinn einer Steuerbefreiung ist legitim, wenn nicht der Eindruck willkürlicher Privilegierung bestimmter Berufe entstehen soll. Die steuerrechtliche Sonderbehandlung ergab sich für den Steuergesetzgeber daraus, daß er die freiberufliche Tätigkeit nicht als Gewerbe

---

[21] Diese Definition des Gewerbebetriebs, die auch für die land- und forstwirtschaftlichen sowie für die freien und sonstigen selbständigen Berufe zutrifft, die deshalb ausdrücklich ausgenommen werden müssen, geht zurück auf § 7 Abs. 2 GemVO 1941 (RStBl. S. 937), Abschn. 8 GewStR. — zit. nach *Hartmann-Böttcher-Grass*, § 18, Anm. 4a.

[22] i. d. F. vom 12. 12. 1969 (BGBl. I, 2265).

[23] Vgl. insoweit die Kritik Feuchtwangers an der enumerativen Aufzählung der preußischen GewerbesteuerVO von 1923, I, S. 7.

ansah und demgemäß auch nicht der Gewerbesteuerpflicht unterstellte. Der steuerrechtliche Streit um die Umgrenzung des Begriffs der freien Berufe wurde und wird daher bis heute auf dem Boden des Gewerbesteuerrechts ausgetragen[24].

II. Begriff in § 18 EStG

Da das Gewerbesteuerrecht bezüglich des Begriffs der freiberuflichen Tätigkeit auf das Einkommenssteuerrecht verweist, muß eine begriffliche Klärung und eine Bestimmung des Wesensgehaltes freier Berufstätigkeit, wie sie dem Steuerrecht zugrunde liegt, von § 18 EStG und dessen Auslegung ausgehen. Dabei kommt es in erster Linie darauf an, die Merkmale aufzufinden, die den Begriff des freien Berufs ausfüllen und ihn von der gewerblichen und sonstigen selbständigen Tätigkeit unterscheiden. Ob ein solches Vorgehen erfolgversprechend ist und sich aus einem Vergleich der einzelnen Berufstätigkeiten überhaupt bestimmte gemeinsame Wesensmerkmale freier Berufstätigkeit herausarbeiten lassen, erscheint nach der Rechtsprechung fraglich. Schon der RFH hat es in ständiger Rechtsprechung[25] abgelehnt, der Aufzählung der freien Berufe in § 18 Abs. 1 Ziff. 1 „einen in Wirklichkeit auch nicht einigermaßen sicher zu formulierenden Grundsatz zu entnehmen und alle Berufe, die unter diesen allgemeinen Grundsatz fallen würden, als freien Beruf anzusehen“[26]. Ihm folgend vertritt auch der BFH in ständiger Rechtsprechung[27] die Auffassung, § 18 Abs. 1 Ziff. 1 EStG enthalte nicht „einen allgemeinen Grundsatz in dem Sinn, daß alle Berufe, die gewisse allgemeine Merkmale (haben) als freiberuflich angesehen werden (müssen)“[28]. Damit wollten RFH und BFH eine uferlose Ausdehnung des Begriffs der freiberuflichen Tätigkeit vermeiden, die durch die Erweiterung des Kreises der einzeln aufgeführten freien Berufe durch den Zusatz „und ähnlicher Berufe“ drohte[29]. Niemand soll sich darauf berufen können, daß er allein schon deshalb, weil bei ihm bestimmte, für alle freien Berufe als charakteristisch anerkannten allgemeinen Merkmale vorliegen, als freier Beruf behandelt wird. In einschränkender Auslegung will die Rechtsprechung demzufolge einen im Gesetz nicht besonders erwähnten Beruf nur dann als freien Beruf anerkennen, wenn er einem der

---

[24] *Bühler*, S. 114.

[25] Urteile vom 22. 2. 1939, RStBl. 1939, S. 576; 13. 11. 1940, RGBl. 1941, S. 179; 13. 8. 1941, RStBl. 1941, S. 678.

[26] Urteil vom 15. 7. 1942, RStBl. 1942, S. 989.

[27] Urteile vom 26. 5. 1955, BStBl. III, S. 225; 27. 9. 1956, BStBl. 1956, III, S. 334; 30. 4. 1959, BStBl. 1959, III, S. 267; 12. 12. 1963, BStBl. 1964, III, S. 136.

[28] Urteil vom 16. 8. 1955, BStBl. 1955, III, S. 295.

[29] BFH, a.a.O.

im Gesetz erwähnten Berufe ähnlich ist. Ob eine Ähnlichkeit bestehe, müsse im Einzelfall unter Berücksichtigung aller Umstände geprüft werden[30]. Diese einschränkende Auslegung der gesetzlichen Bestimmung mag aus steuerrechtlichen Gründen notwendig und zulässig sein. Sie kann denjenigen, der das Wesen freiberuflicher Tätigkeit, wie sie dem Steuerrecht zugrunde liegt, ergründen und darüber allgemeine Aussagen machen will, nicht daran hindern, die einzelnen Berufstätigkeiten zu vergleichen und auf das Vorhandensein solcher übereinstimmender Wesensmerkmale zu überprüfen. Letzten Endes können auch nur solche Gemeinsamkeiten der sachliche Grund für eine rechtliche Sonderbehandlung bestimmter Berufe sein. Darauf hat klar *Feuchtwanger*[31] hingewiesen, indem er der in der preußischen Steuergerichtsbarkeit vertretenen Auffassung, die gesetzlich aufgezählten Berufsgattungen ermangelten überhaupt der inneren Zusammengehörigkeit[32], „Verkennung des Wesens der freien Berufe und des Sinnes der Steuerbefreiung" vorwarf und auf die gesellschaftliche und juristisch-wirtschaftliche Eigenart dieser Berufe und auf deren gemeinsame Zugehörigkeit zu einer sozialen Gruppe hinwies[33]. Daß in der Mehrzahl der Fälle „in Übereinstimmung mit der Verkehrsanschauung jeweils solche Merkmale gefunden werden können", räumt der BFH selbst ein[34]. Welche diese übereinstimmenden Merkmale sind und inwieweit auch die Rechtsprechung und Literatur auf ihr Vorhandensein eingeht bzw. ohne sie nicht auskommt, soll im folgenden näher untersucht werden. Will man die bei aller Verschiedenartigkeit der Berufstätigkeit verbindenden gemeinsamen Merkmale herausfinden, so erscheint es zweckmäßig, zunächst die innere Beschaffenheit der freiberuflichen Leistung und sodann die Art, in der sie erbracht wird, einer näheren Betrachtung zu unterziehen.

III. Merkmale freier Berufstätigkeit

1. Die geistige Leistung

Das Gesetz legt zwar nicht umfassend und allgemeingültig fest, worin die besondere Leistung der freien Berufe besteht. Die Aufzählung der verschiedenen Formen freiberuflicher Tätigkeit läßt jedoch möglicherweise Schlüsse zu auf die bestehenden Gemeinsamkeiten in der Beschaffenheit der erbrachten Leistungen. So wird zunächst die

---

[30] Vgl. die unter Fußnote 25 bis 28 aufgeführte Rechtsprechung.
[31] Ebenda, I, S. 9 ff.
[32] Etwa in PrOVG, JW 1929, S. 542.
[33] Ebenda, I, S. 6, 9.
[34] Urteil vom 16. 8. 1955, BStBl. 1955, S. 295.

selbständige wissenschaftliche, künstlerische, schriftstellerische oder erzieherische Tätigkeit allgemein und dann die Tätigkeit besonders aufgeführter und diesen ähnlicher Berufe als freiberuflich angesehen. Welche Qualifikation sich für die Leistung und die Ausbildung des Berufsträgers aus dieser Aufzählung ergeben, soll eine Untersuchung der aufgeführten Tätigkeitsbereiche zeigen.

a) Arten freiberuflicher Betätigung

aa) Die wissenschaftliche Tätigkeit

Der BFH hatte mehrfach Gelegenheit, zum Begriff der „wissenschaftlichen Tätigkeit" Stellung zu nehmen[35]. Er hat die begrifflichen Voraussetzungen einer wissenschaftlichen Tätigkeit in einem neueren Urteil[36] dahingehend zusammengefaßt, daß es sich um eine hochstehende, besonders qualifizierte Tätigkeit handeln müsse, die dazu befähigt, schwierige Streitfälle nach streng objektiven und sachlichen Gesichtspunkten zu lösen. Der Begriff der Wissenschaft sei in besonderem Maße mit den Disziplinen verbunden, die an den Hochschulen gelehrt werden. Wissenschaftliche Arbeit liege demnach nur vor, wenn grundsätzliche Fragen oder konkrete Vorgänge methodisch in ihren Ursachen erforscht, begründet und in einen Sinnzusammenhang gebracht werden. Dabei verlangt der BFH im Gegensatz zum RFH[37] keine abgeschlossene wissenschaftliche bzw. hochschulmäßige Ausbildung mehr, setzt aber wissenschaftliche Kenntnisse i. S. der vorstehenden Betrachtungsweise voraus. Wichtig ist schließlich die Feststellung, daß nicht nur derjenige wissenschaftlich tätig ist, der schöpferische oder forschende Arbeit leistet, wie dies bei der *reinen* Wissenschaft der Fall ist, sondern auch derjenige, der das aus der Forschung hervorgegangene Wissen und Erkennen auf konkrete Vorgänge anwendet (sog. „angewandte" Wissenschaft). Gerade letztere Ausführung des Gerichtshofs ist für die akademischen Arzt- und Beratungsberufe wesentlich, die im Katalog des § 18 EStG noch besonders aufgeführt werden: Sie alle besitzen nicht nur eine Hochschulausbildung, sondern wenden die erlernten wissenschaftlichen Erkenntnisse, sei es in der Heilbehandlung, sei es in der Rechts- und Steuerberatung oder als Wirtschaftsprüfer, unmittelbar an und üben daher eine wissenschaftliche Tätigkeit aus. Aber auch die nichtakademischen Arzt- und Beratungsberufe wie Heilpraktiker, Dentisten und Steuerbevollmächtigte müssen nach der obengenannten Definition als wis-

---

[35] BFH vom 30. 4. 1952, BStBl. 1952, III, S. 165; vom 4. 2. 1954, BStBl. 1954, III, S. 147.

[36] Vom 24. 2. 1965, BStBl. 1965, III, S. 263.

[37] Urteil vom 13. 12. 1933, RStBl. 1934, S. 426 = Bd. 35, S. 10.

senschaftliche Berufe angesehen werden, da sie qualitativ dieselben Arbeiten wie die akademischen Berufe ausüben.

bb) Die künstlerische Tätigkeit

Künstlerisch ist nach allgemeinem Sprachgebrauch eine Tätigkeit, die aufgrund einer persönlichen, nicht erlernbaren Begabung Gegenstände oder Gestaltungen, die nicht notwendig körperlicher Art sein müssen, hervorbringt[38].

Wesentliches Merkmal künstlerischen Schaffens ist dabei die eigenschöpferische Begabung im Gegensatz zu der durch Schulung und Übung erlernbaren handwerksmäßigen Fähigkeit[39]. Diese Abgrenzung zur handwerksmäßigen Tätigkeit ist notwendigerweise nicht scharf konturiert, da sie letzten Endes in besonderem Maße von der jeweiligen persönlichen Bewertung der Tätigkeit durch Dritte (etwa Sachverständige oder sonstige kunstvertraute Beurteiler) abhängig ist[40] und auch der Künstler erst durch Lernen und Übung zu seiner Fertigkeit gelangt. Während aber der Handwerker sich i. d. R. darauf beschränkt, das Erlernbare und Erlernte wiederzugeben und praktisch anzuwenden, muß beim Künstler die individuelle eigenschöpferische, auf der persönlichen Gestaltungskraft beruhende Fähigkeit hinzukommen, die seinem Werk die persönliche Note verleiht und dieses in den Rang der Kunst erhebt[41].

Individuellen, künstlerischen Charakter hat auch die Tätigkeit, durch die über das normale Maß des Erlernbaren hinaus, fremde Kunst eigenschöpferisch und vollendet wiedergegeben wird, wie etwa bei Musikaufführungen, die über das Maß gewöhnlicher Unterhaltungsmusik hinausgehen[42] oder schauspielerische Darstellungen mit individueller Aussagekraft[43].

---

[38] BFH vom 20. 2. 1958, BStBl. 1958, 182; BGH vom 21. 3. 1957 in DB 1957, 447 und vom 25. 10. 1963 in BStBl. 1963, 598.

[39] *Mühling*, § 2 Anm. 8 b, S. 28.

[40] Zur Frage der Künstlereigenschaft eines Malers weist z. B. das FG Kassel (in EFG 57, 161) auf die grundsätzliche Schwierigkeit, ja Unmöglichkeit hin, bei der Beurteilung von Werken der bildenden Kunst objektiv richtig zu verfahren, was sich an zahlreichen Beispielen aus der Kunstgeschichte belegen lasse. Es hat deshalb, obwohl in dem zu entscheidenden Fall ein Gutachterausschuß für bildende und angewandte Kunst die Künstlereigenschaft verneint hatte, den Maler als freiberuflich Tätigen angesehen, weil er nach der Verkehrsauffassung als Künstler betrachtet werden könne.

[41] Siehe dazu etwa RFH vom 30. 6. 1939 in RStBl. 1939, 963.

[42] RFH v. 6. 9. 1939, RStBl. 1939, 1081. Der BFH stellt auf die tatsächlichen Verhältnisse im Einzelfall ab und sieht dementsprechend auch die Darbietung von Tanz- und Unterhaltungsmusik bei Rundfunk- und Schallplattenaufnahmen als künstlerische, nicht gewerbliche Tätigkeit an. — Urteil vom 3. 11. 1955, BStBl. 1956, 112.

[43] So etwa auch Sprechrollen, wie bei einem Hörspiel — vgl. *Blümlich-Falk*, § 18, Anm. 3, S. 1450.

Der Qualifikation als künstlerischer Tätigkeit steht dabei nicht entgegen, daß sie der Gewinnerzielung dient. Allerdings kann eine Befolgung der bis ins einzelne gehenden Anweisungen eines Auftraggebers der Tätigkeit die eigenschöpferische Note nehmen und sie zu einer gewerblichen machen[44].

Auch wenn die entsprechenden Berufsordnungen dies nicht ausdrücklich feststellten[45], müßte die Tätigkeit des Architekten auf Grund seiner persönlichen Gestaltungskraft und der individuellen Formgebung bei der Planung und Erstellung von Bauwerken als künstlerisch in diesem Sinn angesehen werden.

cc) Die schriftstellerische Tätigkeit

Eine Tätigkeit wird im allgemeinen dann als schriftstellerisch angesehen, wenn auf irgendeinem Gebiet selbständige Gedanken, mögen sich diese auch auf rein tatsächliche Vorgänge beziehen, schriftlich der Öffentlichkeit vorgelegt werden[46].

Nicht erforderlich ist demnach, daß das Geschriebene einen wissenschaftlichen oder künstlerischen Inhalt hat. Hat eine schriftstellerische Tätigkeit zugleich wissenschaftlichen Charakter, so ist sie schon deshalb freier Beruf. Die beiden Begriffe überschneiden sich insoweit[47]. Da der reine Tatsachenreporter keine selbständigen Gedanken entwickelt, sondern nur über tatsächliche Vorgänge berichtet, übt er keine schriftstellerische Tätigkeit aus[48]. Er wird aber den besonders aufgeführten freiberuflichen Journalisten zugerechnet[49].

dd) Die unterrichtende oder erzieherische Tätigkeit

Der Begriff der unterrichtenden oder erzieherischen Tätigkeit setzt keine wissenschaftlich ausgerichtete, qualifiziert gehobene Tätigkeit voraus[50]. Es kommt also nicht auf die Art des Unterrichts an. Dementsprechend wurde auch der Betrieb einer Kraftfahrschule als Ausübung eines freien Berufs und die Tätigkeit als Fahrlehrer als unterrichtend i. S. des § 18 EStG angesehen[51]. Maßgeblich ist vor allem, ob eine Unterrichtung, verstanden als Weitergabe von Wissen, Fertigkeiten und Erfahrungen oder als Anregung und Anleitung ande-

---

[44] BFH Urteil vom 20. 2. 1958, in: BStBl. 1958, 183 für einen Werbeberater.

[45] Wie etwa § 1 des baden-württembergischen Architekten-Gesetzes vom 5. 12. 1955, GBl. S. 265.

[46] *Blümlich-Falk*, § 18 Anm. 3, S. 1451; *Hartmann-Böttcher-Grass*, § 18 Anm. 7, S. 14; *Mühling*, § 2 Anm. 8 b, S. 30 b.

[47] *Mühling*, S. 31.

[48] RFH, RStBl. 30, 105.

[49] *Blümlich-Falk*, a.a.O., § 18 Anm. 3, S. 1451.

[50] BFH, in: BStBl. 1956, 334.

[51] BFH, in: BStBl. 1956, 337 und BStBl. 1959, 751. Anders im Gewerberecht. Vgl. *Fuhr*, Einleitung, Abschn. A, II, 2, S. 23.

rer Menschen zu eigener Tätigkeit, vorliegt, wobei die Art des Lehrstoffes und das Niveau der Unterrichtung nicht ausschlaggebend sind. Der BFH macht jedoch die Anerkennung als unterrichtende Tätigkeit davon abhängig, daß der Berufsträger über die entsprechenden Fachkenntnisse verfügt, die ihn zur Berufsausübung befähigen. So hat er die Tätigkeit des Inhabers einer Fahrschule, der zwar die Fahrschulerlaubnis auf Grund von § 20 Abs. 2 der Fahrlehrerverordnung, nicht aber außerdem die Fahrlehr-Erlaubnis (Fahrlehrerschein) besaß, nicht als unterrichtende Tätigkeit i. S. des § 18 I, 1 angesehen[52].

ee) Der Berufskatalog des § 18 EStG und die ähnlichen Berufstätigkeiten

Die meisten der in § 18 Abs. 1 Ziff. 1 EStG einzeln aufgeführten Berufstätigkeiten lassen sich bereits unter eine oder mehrere der vorstehend dargestellten vier Tätigkeitsgruppen einreihen. Die Bedeutung der besonderen Erwähnung liegt deshalb auch nicht darin, daß damit eine abschließende Aufzählung aller freien Berufe erfolgen soll[53], sondern vielmehr darin, daß eine Vergleichsbasis für die ihnen „ähnlichen" Berufe geschaffen wurde.

Durch die Anerkennung „ähnlicher" freier Berufe ist der Katalog freiberuflicher Tätigkeit nicht unerheblich erweitert worden. Dadurch wird der durch die gesellschaftliche, technische und wirtschaftliche Entwicklung bedingten Veränderung und Angleichung von Berufsbildern Rechnung getragen[54] und zugleich verhindert, daß bestimmte Berufe nur deshalb, weil sie im Zeitpunkt des Erlasses des Gesetzes gerade als freie Berufe angesehen und darum besonders aufgeführt wurden, gegenüber anderen Berufen mit ähnlichen Tätigkeitsmerkmalen willkürlich privilegiert werden. Bereits der RFH verlangte jedoch, daß die in § 18 EStG nicht besonders genannten Berufstätigkeiten *tatsächlich* einem im Gesetz aufgeführten Beruf „ähnlich" sein müßten[55]. Die Rechtsprechung hat die Frage, was als „ähnlicher Beruf" anzusehen ist, immer einengend ausgelegt[56]. Der BFH hatte zunächst nur gesagt: Eine im Katalog des § 18 Abs. 1 Ziff. 1 nicht aus-

---

[52] BFH, Urteil vom 4. 10. 1966, BStBl., S. 685; dasselbe gilt für den Inhaber einer Privatschule, der nicht über die entsprechenden pädagogisch-wissenschaftlichen Fachkenntnisse verfügt — *Müthling*, § 2 Anm. 8 b, S. 31.

[53] Insoweit richtig *Stieglitz*, S. 176 FN 47 und *Hartmann-Böttcher-Grass*, S. 13.

[54] Siehe dazu auch *Greiffenhagen*, Freie Berufe, in: FR 1966, S. 350 und besonders *Feuchtwanger*, Die freien Berufe, Versuch einer allgemeinen Kulturwirtschaftslehre, München 1922, S. 28 ff., weiterhin zitiert als Feuchtwanger II.

[55] RStBl. 1939, 576 = Bd. 46, 189 und RStBl. 1941, 179 = Bd. 49, 295.

[56] Vgl. die Hinweise bei *Lademann-Lenski-Brockhoff*, § 18 Anm. 2, S. 4; *Hartmann-Böttcher-Grass*, § 18 Anm. 7, S. 13.

drücklich aufgeführte Berufssparte ist nur dann zu den freien Berufen i. S. dieser Vorschrift zu rechnen, wenn sie einem dort genannten Beruf ähnlich ist[57]. Später hat er ausdrücklich betont, daß es nicht genüge, wenn eine solche Ähnlichkeit allein aus allgemeinen Merkmalen, wie z. B. gleichartiger Vorbildung, hergeleitet werde[58]. Da das Gesetz nicht nur akademische Berufe anführt, sondern auch Heilpraktiker, Dentisten, Buchsachverständige, Ingenieure usw., die teilweise keine bestimmte Vorbildung erfordern, konnte die Vorbildung und die Methode der Berufsausübung kein geeigneter Anknüpfungspunkt für die „Ähnlichkeit" sein. Entscheidend war für den BFH daher im allgemeinen nicht die Ähnlichkeit von fachlicher Ausbildung und Methode der Ausübung, sondern allein die Ähnlichkeit der Tätigkeit[59]. Demzufolge hat der BFH betont, daß § 18 Abs. 1 Ziff. 1 EStG als ähnlichen Beruf weder einen akademischen Beruf noch eine gehobene Tätigkeit verlange, sondern lediglich voraussetze, daß dieser mit einem oder mehreren der aufgeführten Berufe verglichen werden könne[60]. Wenn der zu vergleichende, im Gesetz bezeichnete Beruf aber eine wissenschaftliche Ausbildung verlange, so müsse grundsätzlich auch der ähnliche Beruf auf einer wissenschaftlichen Grundlage beruhen[61]. Die Literatur folgt dieser Auslegung durch den BFH. Eine „Ähnlichkeit" mit einem der in § 18 Abs. 1 Ziff. 1 EStG genannten Berufe soll nur dann gegeben sein, „wenn die Grundelemente und tragenden Funktionen eines der im Gesetz genannten Berufe erfüllt sind"[62].

b) Das Element des „Geistigen" in der freiberuflichen Leistung

Die vorstehende Untersuchung der verschiedenen freiberuflichen Tätigkeiten erfolgte zu dem Zweck, Inhalt und Wesen der freiberuflichen Leistung deutlich werden zu lassen. Vergleichen wir die einzelnen aufgeführten Tätigkeiten miteinander, so zeigt sich zunächst ein einheitliches, bei allen Berufen mehr oder weniger vorhandenes Element: Es handelt sich zumeist um Tätigkeiten gehobener Art[63], im wesentlichen beruht die freiberufliche Arbeit auf der Erbringung geistiger Leistungen. Für die akademischen Berufe, besonders die Arzt-

---

[57] BFH, Urteil vom 3. 12. 1959 und 12. 5. 1960, BStBl. 1960, III, S. 329.
[58] Urteil vom 29. 3. 1961, BStBl. 1961, III, S. 306.
[59] BFH-Urteil vom 12. 12. 1963, BStBl. 1964, III,, S. 136 und 19. 10. 1965, BStBl. 1965, III, S. 692; so auch schon OFH vom 13. 1. 1950, in: FR 1950, 201 R 159.
[60] BStBl. 1959, 268.
[61] BFH, BStBl. 1964, III, 136.
[62] *Kaatz, in:* FR 1956, 205.
[63] Von einem freien Beruf soll nach *Herschel*, S. 15 nur gesprochen werden, wo es sich um „höhere" Leistungen handelt.

und Beratungsberufe sowie die Ingenieurberufe, ist dies eine Selbstverständlichkeit, wenden sie doch gerade wissenschaftliche Kenntnisse und Erfahrungen praktisch an und verrichten dabei im wesentlichen gedanklich-intellektuelle Arbeit. Diese Berufe sind nur typische Vertreter der angewandten Wissenschaft und gehören daher in den großen Rahmen der wissenschaftlich-intellektuellen Geistesarbeit. Die ihnen „ähnlichen" Berufe und die aufgeführten nichtakademischen Berufe (wie etwa Heilpraktiker, Fachschulingenieure usw.) besitzen zwar teilweise nicht dieselbe wissenschaftliche Vorbildung. Ihre Kenntnisse und Fähigkeiten, die sie sich auf andere Weise, etwa auch durch Selbststudium, erworben haben, befähigen sie jedoch zur Verrichtung einer ähnlich qualifizierten geistigen Arbeit wie jene. Daß auch die Dolmetscher, Übersetzer und die ihnen ähnlichen Berufe geistige Leistungen erbringen, dürfte im Hinblick auf die intellektuellen Anforderungen, die das Erlernen und Beherrschen einer fremden Sprache und die Schwierigkeit des kongenialen Übertragens von Gedankeninhalten in eine andere Sprache mit sich bringen, unbestreitbar sein. Bei den künstlerischen, schriftstellerischen und unterrichtenden Tätigkeiten tritt die geistige Arbeit teilweise nicht so sehr in den Vordergrund wie bei den eben genannten Berufen.

Das „Geistige" in der künstlerischen Arbeit liegt dabei in der eigenschöpferischen Gestaltung oder Nachgestaltung bzw. Interpretation eines Werkes aufgrund der speziellen künstlerischen Begabung. Durch letztere unterscheidet sich die geistige Arbeit im Sinne des geistigen Berufs von der sonstigen „ungeistigen" Arbeit[64]. Daß auch die künstlerische Arbeit ohne das geistige Moment nicht auskommt, hat auch die Rechtsprechung erkannt, wenn sie für die Anerkennung einer kunstgewerblichen Tätigkeit als freiberuflich verlangt, daß diese schöpferisch sein und eigene Gedanken und Entwürfe zum Gegenstand haben müsse[65]. Für die schriftstellerische Tätigkeit folgt die im wesentlichen geistige Arbeit aus dem Erfordernis der selbständigen Gedankenentwicklung, wobei es dann auf das geistige Niveau nicht besonders ankommt. So zählen etwa auch Schundromanschreiber, berufsmäßige Gelegenheitsdichter und Lokalberichterstatter zu den schriftstellerisch Tätigen[66]. Die geringsten Anforderungen an eine geistige Leistung verlangen Rechtsprechung und Literatur für die unterrichtende Tätigkeit. So soll der Begriff der unterrichtenden Tätigkeit von jeher Unterrichtserteilung jeder Art umfassen[67] und zu den freien Berufen in jedem Fall auch alle diejenigen Tätigkeiten gehören, die im

---

[64] *Deneke*, S. 209.
[65] RFH, in: RStBl. 1939, S. 159.
[66] So schon *Glaser*, § 9 Ziff. 2 EStG 1920, Anm. 19, zit. nach BFH, in: BStBl. 1956, III, S. 335.
[67] BFH, BStBl. 1956, III, S. 335.

EStG ausdrücklich aufgezählt sind, „gleichgültig, ob in der Art ihrer Ausübung durch den Steuerpflichtigen oder in dem Niveau der Betätigung noch ein Rest von Geistigkeit zu erblicken ist“[68]. Die Erteilung von Tanz-, Turn-, Schwimm-, Reit- und Weißnähunterricht usw. soll demnach ebenfalls eine freiberufliche Tätigkeit sein[69]. Die Art der Ausübung und die Qualität der Betätigung besagen aber hier ebensowenig wie beim anspruchslosen Schriftsteller etwas über die grundsätzlich „geistige“ oder „ungeistige“ Natur der Betätigung, sondern nur über das Niveau der jeweiligen Leistung. Unterrichtende Tätigkeit wird man aber grundsätzlich auch dann, wenn sie „nur“ körperliche Fähigkeiten vermittelt, als geistige Arbeit zu qualifizieren haben, da sie nicht ohne gewisse Mindestvoraussetzungen auf geistiger Grundlage, wie bestimmte Fachkenntnisse und entsprechendes pädagogisches Vermögen und Geschick, auskommen kann[70]. Bei den nichtakademischen Heilberufen wie etwa den Krankengymnasten, Masseuren und Hebammen wird es noch schwieriger, in ihrer Tätigkeit noch eine „geistige“ Leistung festzustellen, da ihre Arbeit, zumindest für den Außenstehenden, überwiegend auf körperlich-mechanischem Gebiet zu erfolgen und mehr in der Ausnutzung technischer Fertigkeiten zu bestehen scheint[71]. Die Rechtsprechung hat hier jedoch keine allzu hohen Erfordernisse an die jeweilige Tätigkeit gestellt. Zwar steht nach ihr bei der freiberuflichen Leistung „der Einsatz des geistigen Vermögens“ beherrschend im Vordergrund[72], jedoch hat sie die Tätigkeit von Hebamme, Masseur und medizinisch-diagnostischer Assistentin ohne weiteres als Ausübung eines freien Berufs angesehen, indem sie bei der Hebamme auf den partiell gleichen Tätigkeitsbereich wie beim Arzt[73], beim Masseur auf die Ähnlichkeit mit der Tätigkeit des Heilpraktikers[74] und die besondere Ausbildung, in der dieser Kenntnisse „in bezug auf Bau- und Einrichtungen des menschlichen Körpers sowie die Krankheitslehre“ erwerbe, die ihn befähigten, eine nicht nur körperliche Arbeit zu leisten[75] oder bei der medizinisch-diagnostischen Assistentin auf die ähnliche gehobene Tätigkeit auf wissenschaftlicher

---

[68] *Glaser*, a.a.O.

[69] *Glaser*, a.a.O.; so auch Müthling, § 2 Anm. 8 b, S. 31.

[70] *Kühn*, S. 5.

[71] Siehe insoweit auch Abs. II der Begründung zu § 18 EStG 1934, RStBl. 1935, S. 42.

[72] BFH, Urteil vom 10. 4. 1953, BStBl. 1953, III, S. 142.

[73] So FG Düsseldorf, Urteil vom 31. 10. 1962, EFG 1963, S. 305. Auch der RFH im Urteil vom 5. 1. 1938, RStBl. 1938, S. 429 und der BFH im Urteil vom 23. 8. 1966, BStBl. 1966, III, S. 677 = Bd. 86, 773 gehen von einer freiberuflichen Tätigkeit der Hebamme aus, allerdings nur im Rahmen einer anderweitigen Entscheidung.

[74] FG Hannover 3. 10. 1955, EFG 1956, S. 315.

[75] Bezirksverwaltungsgericht Berlin, Urteil vom 7. 10. 1947, StuW 1948 II, Sp. 47.

Grundlage wie beim Handelschemiker[76] abhob. Die steuerrechtliche Literatur folgt dieser Rechtsprechung und verlangt für die Anerkennung als freier Beruf nur „ein Mindestmaß von Spezialkenntnissen geistiger Grundlagen", deren „Verwertung nicht ein gewerbliches, sondern geistig schöpferisches Vermögen erfordert"[77]. Damit wird zugleich auch die Problematik der Verwendung des Elements der „geistigen" Leistung als Charakteristikum freier Berufstätigkeit deutlich: Immer wieder wurde auf die Schwierigkeiten, ja die Unmöglichkeit einer klaren Trennung von „geistiger" und sonstiger (praktischer) Arbeit hingewiesen und teilweise die Berechtigung einer solchen Unterscheidung gerade bei den freien Berufen bestritten[78]. Das durch die technische Entwicklung bedingte Ansteigen der geistigen Anforderungen an alle Berufe, wodurch die Grenzlinie zu einer „geistigen" Schicht ausgelöscht sei[79] und die „Intellektualisierung der Handarbeit und die Schematisierung der geistigen Arbeit" werden ebenso als Grund einer Verwischung der Grenzen angesehen wie andererseits die moderne Arbeitsphysiologie, vor der der Gegensatz geistig-körperlicher Arbeit zerfallen müsse[80]. So weist dann auch *Lüben*[81] zu Recht darauf hin, daß es sich bei der geistigen Leistung nicht um ein typisches Charakteristikum der freien Berufe handle, da jede Berufsgruppe für sich in Anspruch nehmen könne, „geistig" tätig zu werden. Trotzdem wird das Element der geistigen Leistung als Merkmal freiberuflicher Tätigkeit auch in der soziologisch-ökonomischen Literatur hervorgehoben[82]. Allerdings wird „geistige Arbeit" dort mehr als idealtypisches Abgrenzungskriterium der gehobenen akademisch-intellektuellen und künstlerisch-schöpferischen Berufe gegenüber den sonstigen selbständigen Berufen angesehen. Wenn *Deneke*[83] den Begriff des geistigen Berufs mit den drei Idealen: Streben nach einer gewissen Universalität des Geistes, Sachbezogenheit der geistigen Tätigkeit und schöpferische Qualität „identifiziert", so werden damit Leitbilder aufgestellt, die nur teilweise für den hier zu behandelnden Berufskatalog gelten können. Welchen Sinn etwa sollte diese Idealisierung für die Berufe der Krankengymnasten, Masseure und Zahnpraktiker haben, die alle im Steuerrecht entweder ausdrücklich[84] oder als „ähnlich"[85] zu den freien Berufen gezählt werden? So zählt dann auch *Deneke* die Masseure zu

---

[76] BFH-Urteil vom 30. 7. 1953, in: BStBl. III, S. 269.
[77] *Greiffenhagen*, a.a.O., S. 350 ff.; *Kühn*, S. 5.
[78] Siehe die Darstellung bei *Stieglitz*, S. 177.
[79] *Gerstenmaier*, in: Das geistige Kapital, 1957, S. 68.
[80] *Feuchtwanger II*, S. 22.
[81] Ebenda, S. 9.
[82] Etwa bei *Stieglitz*, S. 13, 258, 270 und *Deneke*, S. 99, 116, bes. 209.
[83] Ebenda, S. 99.
[84] Krankengymnast im EStG, § 18 Abs. 1 Ziff. 1.
[85] Masseur, siehe oben S. 29, Zahnpraktiker in BFH, BStBl. 1965, 692.

den handwerklichen Berufen und die Krankengymnasten bedingt zu den „freien Berufen im weitesten Sinne" und zwar nur dann, wenn man „die Freiheit der beruflichen Entscheidung und Verantwortung zum Kriterium der Zugehörigkeit zum freien Beruf machen (wolle)"[86]. Ebenso kommt bei *Stieglitz* der geistigen Arbeit eine andere Bedeutung und Abgrenzungsfunktion zu, als dies im Steuerrecht der Fall ist. Dem Gegenstand seiner Arbeit gemäß, nämlich die gesellschaftliche Aufgabe der freien Berufe zu ergründen, ist für ihn das Element der geistigen Arbeit nicht Unterscheidungsmerkmal zur handwerklich-körperlichen Tätigkeit, sondern Verbindungsglied zu den sogenannten Kulturberufen und dient ihm als Anknüpfungs- und Vergleichsobjekt für die Untersuchung der kulturfunktionalen Stellung freier Berufe[87]. „Geistige Arbeit" setzt er mit „kultureller Attitüde" gleich[88], die Bedeutung freiberuflicher Tätigkeit liegt in ihrer „kulturvermittelnden" Funktion[89]. Diese kultursoziologische Betrachtungsweise geht damit in ihrer Fragestellung nicht vom steuerrechtlichen Anknüpfungspunkt ökonomisch-rechtlicher Vergleichbarkeit der Tätigkeiten aus und ist deshalb für die steuerrechtliche Untersuchung wenig ergiebig[90]. Der demnach zwangsläufig „verschwommene"[91] Begriff der geistigen Leistung, wird jedoch im Steuerrecht deshalb konkreter, weil diese geistige Leistung auf Grund bestimmter persönlicher Voraussetzungen beim Berufsträger erbracht wird.

c) Besondere persönliche Voraussetzungen

Jeder der in § 18 Abs. 1 Ziff. 1 des EStG aufgeführten Berufe erfordert im allgemeinen eine langjährige theoretische Ausbildung an Universitäten, sonstigen Hochschulen, Fach- und Berufsschulen und ähnlichen Lehranstalten, die mit einer Prüfung, zumeist einer Staatsprüfung, abschließt. Daneben ist größtenteils eine praktische Ausbildungszeit im zukünftigen Beruf vorgesehen, die teilweise (bei den rechts- und steuerberatenden Berufen) ebenfalls mit einer Prüfung abschließt. Die erlernten Fachkenntnisse befähigen dann die entsprechenden Berufsträger erst zur Verrichtung der ihnen übertragenen geistigen Arbeit. Die Rechtsprechung hat besonders bei der Feststellung, ob ein „ähnlicher" freier Beruf vorliegt, immer wieder das Mo-

[86] a.a.O., S. 127.

[87] Ebenda, S. 14, 15: „Die freiberuflichen Tätigkeiten sowie deren Träger stehen infolge der von ihnen geleisteten „geistigen Arbeit" in einem sachlichen Bezug zur Funktion der Kulturberufe.. "

[88] Ebenda, S. 187, 258.

[89] Ebenda, S. 279.

[90] So weist *Stieglitz* selbst darauf hin, daß die steuerrechtlich-ökonomische Behandlung freier Berufe den Zugang zur kulturgesellschaftlichen Funktionsanalyse unmöglich macht, S. 176.

[91] *Deneke,* S. 61.

ment der fachlichen Befähigung herangezogen und ihm insoweit entscheidende Bedeutung zugelegt, als erst durch sein Hinzutreten die Voraussetzung für eine vergleichbare ähnliche Tätigkeit geschaffen wird[92]. Dabei ist bei den wissenschaftlichen und erzieherischen Berufen, die nicht besonders aufgeführt sind, nicht entscheidend, daß sie ihr Fachwissen auf Grund eines bestimmten gesetzlich vorgeschriebenen Ausbildungsganges erlangt haben, sondern es genügt auch die autodidaktische Erlangung bestimmter Fähigkeiten[93].

Grundsätzlich ist daher festzustellen, daß sowohl die im Berufskatalog erfaßten als auch die ihnen ähnlichen und die wissenschaftlichen und erzieherischen Berufe, also zumeist die Dienstleistungsberufe, im allgemeinen ihre Leistung auf Grund eines bestimmten Fachwissens erbringen.

Für die „Idealgüterproduzenten“[94], also die künstlerisch und publizistisch Schaffenden, stellt sich die Situation anders dar:

Im allgemeinen bestehen für diese Berufe keine gesetzlichen Ausbildungsvorschriften. Da in der Regel niemand bereits als Künstler geboren wird, bedarf auch der Künstler einer „Ausbildung“, eines Erlernens gewisser Fertigkeiten, der Erkenntnis von Zusammenhängen und Grundvoraussetzungen seiner Tätigkeit. Ein bloßes Erlernen von Fähigkeiten und deren mechanische, auch intellektuell-mechanische Anwendung in der Praxis macht noch niemand zum Künstler. Insoweit bestünde kein Unterschied zur handwerklichen oder kaufmännischen Tätigkeit. Wie sich aus dem Überblick über die Rechtsprechung und Literatur zur künstlerischen Tätigkeit i. S. des § 18 EStG ergeben hat, wird immer wieder das Moment der nicht erlernbaren individuellen Eigenschöpfung als Wesensmerkmal der künstlerischen Arbeit herausgestellt, das zum erlernten Wissen und den erlernten Fähigkeiten hinzutreten muß. Wenn deshalb jemand Kunst- oder Musikgeschichte studiert hat, so befähigt ihn dies allein noch nicht zum

---

[92] So z. B. BFH im Urteil vom 30. 7. 1953, BStBl. III, S. 269 (270), wo für den Beruf der medizinisch-diagnostischen Assistentin die „wissenschaftliche“ Grundlage der Tätigkeit auf die besondere Ausbildung zurückgeführt wird; in BFH, BStBl. 1964, III, 136 im Fall eines Ingenieurs als Gutachter in Fahrzeugsachen, wo festgestellt wird, daß dann, wenn die Berufsbezeichnung, wie beim Ingenieur, ungeschützt sei und ohne besondere Ausbildung ausgeübt werden könne, an die Vorbildung des ähnlichen Berufs keine höheren Anforderungen gestellt werden könnten. Weiterhin sind hier zu nennen die Entscheidung des Bezirksverwaltungsgerichts Berlin vom 7. 10. 1947, StuW 1948 II, Sp. 47, wo die besondere Ausbildung des Masseurs als Voraussetzung für eine nicht nur körperliche Arbeit genannt wird und Entsch. FG Rheinland-Pfalz vom 2. 12. 1960 in BB 61, 397, wo im Fall eines Diplomingenieurs als Kfz-Schätzer die aufgrund der Hochschulbildung erlangten Kenntnisse als Voraussetzung der Schätztätigkeit angeführt werden.

[93] So BFH-Urteil vom 30. 4. 1952, in: BStBl. 1952, III, S. 165.

[94] Ausdruck bei *Deneke*, z. B. S. 80.

eigenschöpferischen oder nachschaffenden künstlerischen Arbeiten. Erst durch das Hinzutreten des persönlichen Begabungsmoments wird die Ausübung einer erlernten Fähigkeit künstlerische Tätigkeit. So muß dann auch die „Ausbildung" des Künstlers verstanden werden als Weckung und Förderung der eigenen schöpferischen Phantasie und der künstlerischen Kraft, „übersinnlichen Gedanken und Gefühlen aus Eigenem oder nachgestaltend sinnhaften Ausdruck zu verleihen"[95]. Dies aber erfolgt nicht im Wege der generell-gleichen Ausbildung an Lehranstalten, sondern im Wege der speziell-individuellen Ausbildung durch den Kontakt mit anderen Berufskollegen und durch die praktische Erfahrung, die Beruf und Leben vermitteln[96]. Nicht anders verhält es sich bei den publizistischen Berufen. Die Beherrschung von Orthographie und Syntax und die Kenntnis von Aufbau, Stil, Ausdrucksform und Technik der schriftstellerischen Arbeit allein bewirken noch nicht die schriftstellerische Fähigkeit. Hinzukommen muß auch hier das personale Moment in Form einer individuellen Betrachtungsweise, Darstellungsform und besonderen Aussagekraft, das dem Werk die schöpferische Note verleiht. Die Art der Untersuchung kann dabei wissenschaftlichen Charakter haben, ebenso wie die Form der Darstellung künstlerischen Eigenwert besitzen kann. So erscheint es berechtigt, den Publizisten als Beruf zu bezeichnen, in dem sich die Ideale des Forschers mit denen des Künstlers begegnen[97].

Die geistige Leistung von Künstler und Publizist ist daher gekennzeichnet durch das beiden gemeinsame Merkmal der individuellen Schöpfung.

Die freiberufliche Arbeit, wie sie dem Steuerrecht zugrunde liegt, ist demnach als geistige Leistung, die aufgrund bestimmter Fachkenntnisse oder eines individuellen schöpferischen Vermögens erbracht wird, zu charakterisieren[98].

2. Wirtschaftliche Selbständigkeit

Nach § 18 EStG sind die Einkünfte aus freiberuflicher Tätigkeit ein Teil der Einkünfte aus selbständiger Arbeit. Demgemäß muß es sich bei dem Katalog verschiedener Berufe um „selbständig ausgeübte" Tätigkeiten handeln, die Selbständigkeit ist damit Merkmal freiberuflicher Tätigkeit. Das EStG enthält keine Erläuterung des Begriffs „selbständige Arbeit". Entsprechend dem Wesen des Steuerrechts, an

[95] *Deneke*, S. 75.
[96] *Deneke*, S. 80.
[97] *Deneke*, S. 161.
[98] Als Wesensmerkmal freier Berufstätigkeit bezeichnen die geistige Leistung ausdrücklich *Börnstein-Gérard-Kolbeck-Teske*, § 18 Anm. 136, S. 296.

bestimmte wirtschaftliche Sachverhalte bestimmte Rechtsfolgen zu knüpfen, kann es jedoch über die Art dieser Selbständigkeit keinen Zweifel geben. Gemeint kann nur sein eine Tätigkeit in *wirtschaftlicher* Selbständigkeit. Wirtschaftlich selbständig aber ist eine Arbeit dann, wenn sie auf eigene Rechnung und Verantwortung gegen Entgelt ausgeübt wird[99].

Dem Element der Selbständigkeit kommt damit zunächst die Abgrenzungsfunktion gegenüber der unselbständigen Tätigkeit i. S. des § 19 EStG zu. Bei der unselbständigen Tätigkeit i. S. des § 19 EStG wird die Arbeitskraft als solche auf Grund eines Dienstverhältnisses einem Dienstherrn zur Verfügung gestellt. Dies ist gemäß § 1 Abs. 3 LStDVO der Fall, wenn der Steuerpflichtige bei Ausübung der Arbeit in der Betätigung seines geschäftlichen Willens unter der Leitung eines Arbeitgebers steht oder in dem geschäftlichen Organismus dessen Weisungen zu folgen verpflichtet ist. Wenn eine Tätigkeit u. U. auch höchste Qualifikation verlangt und die mit ihr verbundene Verantwortung eine erhebliche Entschließungs- und Bewegungsfreiheit erfordert, so bleibt sie doch unselbständig, wenn das volle wirtschaftliche Risiko der Dienstherr trägt und die zugestandene Freiheit nicht auf eigener Machtvollkommenheit, sondern auf dem Willen des Dienstherrn beruht[100]. Diese Klarstellung ist deshalb notwendig, weil die in § 18 aufgeführten Tätigkeiten sämtlich auch in wirtschaftlich abhängiger Stellung ausgeübt werden können und damit des Merkmals der Selbständigkeit ermangeln. Mit der Betonung der wirtschaftlichen Selbständigkeit zeigt sich damit eine wesentliche Bedeutung, die das Steuerrecht und die ebenso an wirtschaftliche Sachverhalte anknüpfende nationalökonomische Betrachtungsweise dem Element des „Freien" im Begriff „freier Beruf" zumessen. Mit Freiheit ist zunächst die wirtschaftliche Freiheit angesprochen. Diese Freiheit besteht zum einen in der Berufsstellung, indem der Berufsträger in eigener wirtschaftlicher Verantwortung die Planungs- und Entscheidungsfreiheit über seine berufliche Betätigung und Entfaltung besitzt, zum andern aber auch in der Berufsausübung, indem er, ohne an die Weisung oder die Mitsprache dritter Personen gebunden zu sein, die ihm privatvertraglich übertragenen Berufsaufgaben eigenverantwortlich wahrnimmt. Ein Berufsträger, der letzten Endes trotz größter Entscheidungsfreiheit in Planung und Ausführung dem Weisungsrecht eines Dienstherrn unterliegt und nicht das wirtschaftliche Risiko seiner Arbeit trägt, fällt daher nicht unter den Begriff des „freien Berufs" i. S. des Steuerrechts. Daß das Berufsrecht hier teilweise von anderen Voraussetzungen ausgeht, wird später noch zu zeigen sein.

---

[99] *Lademann-Lenski-Brockhoff*, § 18 Anm. 1; *Mühtling*, § 2 Anm. 8 b, S. 25.
[100] *Hartmann-Böttcher*, § 18 Anm. 5 a; *Blümlich-Falk*, § 18 Anm. 2.

3. Dauer der Tätigkeit, Erwerbsabsicht

Das Steuerrecht versteht unter selbständiger Arbeit weiterhin nur eine gegen Entgelt ausgeübte Tätigkeit, wobei es nicht darauf ankommt, ob diese bisweilen unentgeltlich ausgeübt wird oder keine Einnahmen abwirft[101]. Die Träger der freien Berufe haben in der Regel ihre freiberufliche Tätigkeit auch zum Lebensinhalt gemacht und bestreiten mit den daraus erzielten Einkünften ihren Lebensunterhalt. Ihre Tätigkeit ist damit notwendigerweise auch auf den Erwerb ausgerichtet und auf Dauer angelegt[102]. Daß auch der Gesetzgeber für den Normalfall von einer dauernd ausgeübten Tätigkeit ausgeht, ergibt sich aus § 18 Abs. 2 EStG, wenn dort für den Sonderfall der vorübergehend ausgeübten Tätigkeit ebenfalls eine Steuerpflicht angeordnet wird. Fehlt es aber an einer ernstgemeinten Betätigung am Wirtschaftsleben und kann durch die Tätigkeit auf die Dauer nachhaltig kein Ertrag erzielt werden, so wird es sich zumeist um eine Liebhaberei handeln[103].

4. Die persönliche Leistungserbringung

a) Grundsätzliches

Wirtschaftliche Selbständigkeit allein wird dem Begriff der „selbständig ausgeübten Tätigkeit" nicht gerecht. Die Ausübung einer Tätigkeit auf eigene Rechnung und eigene Verantwortung ist ebenso Element der gewerblichen Betätigung[104].

Hinzukommen muß ein personales Moment: Die Art der Leistungserbringung, nämlich der persönliche Einsatz der eigenen Arbeitskraft des Steuerpflichtigen. Neben dem gemeinsamen Element der geistig-schöpferischen Leistung zeigt ein Vergleich der verschiedenartigen Berufstätigkeiten ein weiteres auffallendes Merkmal der Gemeinsamkeit: Alle die aufgeführten Berufe beruhen nach ihrem sozialen Ver-

---

[101] *Blümlich-Falk*, § 18 Anm. 2, S. 1440.

[102] BGHZ 16, 71 (79); *Lüben*, S. 59. Dazu, daß bei den freien Berufen das wirtschaftliche Gewinnstreben nicht Hauptzweck sein darf, siehe unten C, II., 2.

[103] Vgl. dazu etwa FG Nürnberg, EEF 59, 196 im Falle einer jagdschriftstellerischen Tätigkeit. Weiterhin aufschlußreich: BFH, in: BStBl. III, 1955, 237.

[104] Siehe BFH, BStBl. 1958, III, 37. So weist dann auch zutreffend *Grass*, in: *Hartmann-Böttcher-Grass*, § 18 Anm. 4 a, darauf hin, daß die selbständige Arbeit begrifflich grundsätzlich die gleichen allgemeinen Merkmale aufweise, wie der Gewerbebetrieb und sich — zusammen mit den anderen Ausnahmen von der Begriffsbestimmung des Gewerbebetriebs — nur durch Begriffsmerkmale unterscheide, die sich „aus ihrem besonderen Wesen" ergäben.

halten mehr oder weniger darauf, daß der einzelne Berufsträger, der Mensch, bei der Leistungserbringung im Vordergrund steht und die ihm übertragenen Aufgaben ganz oder überwiegend selbst erfüllt. Das fachliche Können und schöpferische Vermögen befähigen diese Berufe zur Übernahme bestimmter Tätigkeiten und bewirken, daß sie persönlich in Anspruch genommen werden. Demgegenüber kann sich selbst ein Einzelunternehmer so weit von den Geschäften seines Unternehmens zurückziehen, daß seine persönliche Leistungserbringung nicht mehr in Erscheinung tritt, etwa wenn er reine Leitungsaufgaben wahrnimmt. Erst recht erfolgt eine solche „Entpersönlichung" der Leistungserbringung bei den jur. Personen, wo nur noch ein Personenverband, innerhalb dessen bestimmte natürliche oder jur. Personen verfassungsmäßig zugewiesene Aufgaben übernehmen, tätig wird[105]. In der persönlichen Leistungserbringung liegt daher der wesentliche Unterschied dieser Berufe gegenüber der gewerblichen Leistung. Bereits die Begründung zu § 18 EStG von 1934[106] führt deshalb aus, daß „maßgebender Faktor (scil. der freiberuflichen Leistung) nicht, wie beim Gewerbe, der Einsatz eines gewerblichen Vermögens oder, wie bei der Landwirtschaft, der Einsatz landwirtschaftlichen Betriebsvermögens, sondern ausschließlich oder fast ausschließlich die eigene Arbeitskraft des Steuerpflichtigen ist". Diese Auslegung hatte auch der RFH in ständiger Rechtsprechung vertreten[107]. Er lehnte deshalb auch das Vorliegen einer freiberuflichen Tätigkeit bei einer juristischen Person ab, da diese nur persönlich erbracht werden könne[108]. Der BFH vertritt dieselbe Auffassung, indem er bereits in einem frühen Urteil[109] feststellte, bei der freiberuflichen Tätigkeit stehe „der Einsatz des geistigen Vermögens und der eigenen Arbeitskraft beherrschend im Vordergrund". In der steuerrechtlichen Literatur hat sich dieses wesentliche Unterscheidungsmerkmal zwischen freiem Beruf einerseits und Gewerbe und sonstiger selbständiger Tätigkeit andererseits durchgesetzt[110].

---

[105] *Rittner*, S. 21.

[106] RStBl. 1935, S. 42.

[107] z. B. Urteil vom 27. 8. 1930, Bd. 27, 184, 188; Urteil vom 8. 3. 1939, in: Bd. 46, 258.

[108] RFH Urteil vom 14. 8. 1928, RStBl. 1929, S. 19.

[109] Vom 10. 4. 1953, BStBl. 1953, III, S. 142.

[110] Vgl. etwa die Ansicht von *Schmitz*, in: FR 61, S. 403, der die Sonderbehandlung der Freiberufler gegenüber anderen Selbständigen in deren Wesensverschiedenheit begründet sieht. Im Grunde genommen und im eigentlichen Kern (Sachziel) liege diese nämlich darin, „daß der Gewinn des Angehörigen eines freien Berufs eigentlich und ursprünglich auf seiner höchstpersönlichen eigenen geistigen Arbeitsleistung beruht und nicht, wie beispielsweise bei den ‚produzierenden bzw. stoffverteilenden' Gewerbetreibenden zumeist, auf kapitalistischer Grundlage, d. h. auf einem mehr oder weniger großen Einsatz von Wirtschaftsgütern (Maschinen, Waren) und zahlreichen Arbeits-

b) *Verwendung von Hilfskräften*

Die Betonung des Einsatzes der eigenen Persönlichkeit durch den RFH und BFH führte jedoch gleichzeitig zu einer Einschränkung der Gewerbesteuerfreiheit freier Berufe. Nach der ständigen Rechtsprechung des RFH[111] und ihr folgend des OFH[112] und BFH[113] war eine freie Berufstätigkeit i. S. des § 18 EStG dann nicht mehr als gegeben anzunehmen, wenn sich Angehörige eines freien Berufs zur Erledigung der ihnen obliegenden Arbeiten der Hilfe von Personen bedienten, die die eigene Arbeitsleistung des Berufsträgers teilweise ersetzten oder vervielfältigten. Dabei wurde die zur Gewerbesteuerpflicht führende Beschäftigung von Hilfskräften bereits dann als gegeben angesehen, wenn die Arbeiten der beschäftigten Hilfskräfte der des Berufsträgers gleichgeartet waren. Unschädlich war demnach nur die Beschäftigung von Hilfskräften für im wesentlichen mechanische oder technische Verrichtungen oder von Personen in der Berufsausbildung. Diese Rechtsprechung führte schließlich so weit, daß ein Freiberufler bereits dann als Gewerbetreibender angesehen wurde, wenn er mehr als einen fachlich vorgebildeten Mitarbeiter beschäftigte[114]. Diese sogenannte „Vervielfältigungstheorie“ wurde allgemein als änderungsbedürftig angesehen[115]. Die Auslegung durch die Rechtsprechung folgte weder zwingend aus der Begründung zu § 18 EStG noch berücksichtigte sie genügend die Interessenlage verschiedener freier Berufe, die auf die Mithilfe fachkundiger Hilfskräfte bei ihrer Arbeit nicht verzichten können.

So sind die steuer- und wirtschaftsberatenden Berufe, die den meisten Stoff für die Entscheidungen der obersten Steuergerichte über die Vervielfältigungstheorie geliefert haben, bei der Bewältigung ihrer umfangreichen Aufgaben sehr oft auf die Inanspruchnahme qualifizierter Mitarbeiter angewiesen, die sie durch die Vorbereitung und Erarbeitung von Zahlenmaterial und sonstiger Unterlagen oder durch die nachträgliche Ausführung von Anweisungen erst in die Lage versetzen, ihre „geistige Kraft voll wirksam werden zu lassen“[116].

---

kräften“. Ähnlich: *Hartmann-Böttcher-Grass,* § 18 Anm. 4 b, S. 8; *Müthling* § 2 Anm. 8 b, S. 25.

[111] RStBl. 1939, S. 577; 1941, S. 393; 1941, S. 665; 1941, S. 721; 1942, S. 1066; 1943, S. 434.

[112] MinBlFin. 1949/50, 168 = FinR 1950, 168; MinBlFin. 1950, 328, 346.

[113] BStBl. 1952, III, S. 99; BStBl. 1952, III, S. 287, BStBl. 1953, III, S. 361.

[114] BFH vom 7. 11. 1957, BStBl. 1958, III, S. 34.

[115] Siehe etwa *Ehlers,* Triumph der Vervielfältigungstheorie?, StuW 1958, Sp. 447 ff.; *Greiffenhagen,* Auseinandersetzung mit der Vervielfältigungstheorie auf der Grundlage der Wirtschaftsprüferpraxis, Düsseldorf 1955.

[116] *Greiffenhagen,* Gegen die Heranziehung freier Berufsausübung zur Gewerbesteuer, Düsseldorf 1955, S. 34 ff.

Ebenso verhält es sich bei den Architekten. Steht etwa die Planung und Durchführung eines größeren Bauprojekts an, so muß der Berufsträger Hilfspersonen, oft zahlreiche, einsetzen, um seine Aufgabe erfüllen zu können. Wenn er dabei die Bauaufsicht — eine an sich dem Architekten übertragene Aufgabe — teilweise von Mitarbeitern durchführen läßt, so macht er sich damit nur die Hände frei für die von ihm eigentlich verlangte geistig-schöpferische Arbeit und die übergeordnete Konzeptionierung des Bauvorhabens. Auch hier hatte der BFH eine gleichartige Tätigkeit, die die Arbeit des Berufsträgers vervielfältigte, angenommen und war daher zur Bejahung eines Gewerbebetriebs gekommen[117].

Auf Drängen der betreffenden Berufskreise erfolgte schließlich durch das Steueränderungsgesetz vom 30. 7. 1960[118] eine Neufassung des § 18 EStG.

Die wesentlichste Änderung gegenübeer der früheren Behandlung der freien Berufe, die mehr als eine fachlich vorgebildete Hilfskraft beschäftigten, ergibt sich aus den § 18 Abs. 1 Ziff. 1 eingefügten Sätzen 3 und 4:

„Ein Angehöriger eines freien Berufs i. S. der Sätze 1 und 2 ist auch dann freiberuflich tätig, wenn er sich der Mithilfe fachlich vorgebildeter Arbeitskräfte bedient. Voraussetzung ist, daß er auf Grund eigener Fachkenntnisse leitend und eigenverantwortlich tätig wird."

Bei der Abgrenzung zwischen freiberuflicher und gewerblicher Tätigkeit ist nach der Neuregelung die Zahl der fachlich vorgebildeten Mitarbeiter demnach kein Beweisanzeichen mehr dafür, steuerlich die Eigenschaft einer freien Berufstätigkeit zu verneinen[119]. Trotzdem genügt auch in Zukunft die rein formelle Zugehörigkeit zu einem der aufgeführten Berufe auf Grund der fachlichen Vorbildung allein noch nicht zur Anerkennung einer freiberuflichen Tätigkeit. Durch das Erfordernis der leitenden und eigenverantwortlichen Tätigkeit aufgrund eigener Fachkenntnisse ist hierfür weiterhin die Art der Leistungserbringung entscheidend. Nachdem das Gesetz diese Begriffe nicht erläutert, blieb die Auslegung hauptsächlich der Rechtsprechung überlassen. Der BFH[120] sieht eine Tätigkeit dann als leitend an, wenn sie „die Festlegung der Grundzüge für die Organisation des Tätigkeitsbereichs und die Durchführung der Tätigkeiten, die Fällung von Entscheidungen in grundsätzlichen Fragen und die Überwachung des Ablaufs der Tätigkeiten nach den festgelegten Grundregeln" umfaßt. Eine leitende Tätigkeit in diesem Sinne übt i. d. R. auch der sein Be-

---

[117] BFH-Urteil vom 2. 6. 1959, BStBl. III, S. 334.
[118] BGBl. I, S. 616.
[119] *Mutze*, S. 4.
[120] Urteil vom 25. 10. 1963, BStBl. 1963, III, 595.

triebskapital und Arbeitskräfte einsetzende Unternehmer aus. Deshalb kommt dem Moment der „eigenverantwortlichen“ Tätigkeit entscheidende Bedeutung zu. Durch die Hinzufügung des Begriffs der Eigenverantwortlichkeit sollte zum Ausdruck gebracht werden, daß der Gesetzgeber grundsätzlich bei dem geschichtlich entstandenen Begriff des Freiberuflers verbleibt, dessen Tätigkeit durch den unmittelbaren, persönlichen und deshalb individuellen Einsatz und den eigenen Kontakt mit dem Klienten sein Gepräge erhält[121]. Demzufolge hat der BFH betont, daß nicht nur bei der Leitung, sondern bei der Tätigkeit selbst, der persönliche Einsatz des Berufsträgers maßgeblich sei und es nicht genüge, daß der Berufsträger seinem Auftraggeber gegenüber die Verantwortung für die vereinbarungsgemäße Ausführung übernehme[122]. Die in der Literatur teilweise vertretene Auffassung, für die Eigenverantwortlichkeit genüge ein gewisses Maß geistiger Einwirkung des Berufsträgers auf die vorgebildeten Mitarbeiter, das diese gewissermaßen zum verlängerten Arm des Berufsträgers stemple[123], erscheint deshalb zu weitgehend, weil sich die geistige Einwirkung auch in der bloßen Aufstellung zu beachtender Grundregeln aufgrund der leitenden Tätigkeit erschöpfen kann. Der BFH hat daher mit Recht darauf hingewiesen, daß jemand nach außen auch die Verantwortung für ein Werk übernehmen könne, ohne daß er auf sein Zustandekommen eingewirkt habe, weil er im Vertrauen auf die Beachtung der von ihm in seiner leitenden Tätigkeit aufgestellten Grundregeln glaubt, diese Verantwortung übernehmen zu können. Der Berufsträger müsse auch tatsächlich in der Lage sein, die Verantwortung zu übernehmen. Dies könne er aber nur, wenn er in einem solchen Maß an der praktischen Arbeit beteiligt sei, daß er den seine Praxis aufsuchenden Personen die Behandlung zuteil werden lassen könne, die sie gerade von ihm erwartet hätten. Die von den Hilfskräften erbrachten Leistungen müßten den Stempel seiner Persönlichkeit tragen; er habe die geistig-sittliche Verantwortung vor dem Beruf und Mandantenkreis zu tragen. Deshalb könne ein Arzt im allgemeinen eine eigene Verantwortung nur dann tragen, wenn er sich von dem Patienten, auch nach Voruntersuchungen durch Hilfskräfte, auf Grund einer persönlichen Untersuchung ein Bild mache, und zwar in einem Zeitpunkt, in dem dessen Behandlung noch zu beeinflussen sei[124]. Daß Verantwortung nur tragen kann, wer bei der berufstypischen Tätigkeit eigenverantwortlich mitwirkt, hat der BFH auch im Fall eines Steuerbevollmächtigten betont, der zur Betreuung von etwa 800 Betrieben in einer Buchstelle 53 Personen beschäftigte und einen

[121] BFH, Urteil vom 29. 7. 1965, BStBl. 1965, III, S. 557.
[122] BFH, BStBl. 1963, III, 595.
[123] *Littmann*, Kurze Steuer- und Rechtsnachrichten, Abt. 10 b, S. 400/401.
[124] BFH, BStBl. 1963, III, 595.

Teil der anfallenden Buchführungsarbeiten selbständig durch Angestellte ausführen ließ. Das Erfordernis der persönlichen Leitung und der Eigenverantwortung schließe angesichts der Grenzen der menschlichen Leistungsfähigkeit eine Ausdehnung der freiberuflichen Tätigkeit über ein gewisses Maß hinaus aus. Die leitende und eigenverantwortliche Tätigkeit des Berufsträgers müsse sich auf die Gesamttätigkeit seiner Berufspraxis ertrecken und dürfe nicht nur auf einen Teil der Berufstätigkeit beschränkt bleiben. Im Hinblick auf die Bedeutung der Buchführung für die steuerrechtlich erhebliche Betriebsgestaltung wolle der Klient die Ansicht des Berufsträgers selbst, nicht die des von diesem bereitgestellten Substituten hören[125].

c) *Verwendung sachlicher Hilfsmittel*

Neben dem Einsatz persönlicher Hilfskräfte ist für einen freien Beruf vielfach auch die Verwendung sachlicher Hilfsmittel, wie etwa der Betrieb bestimmter Anlagen, erforderlich. Dazu gehören z. B. der Betrieb einer Krankenanstalt durch einen Arzt, eines Laboratoriums, in dem er die Prothesen seiner Patienten anfertigt, durch einen Zahnarzt, eines Zeichenbüros durch einen Architekten oder einer Maschinenbuchhaltung durch einen Steuerberater oder Wirtschaftsprüfer. Die Rechtsprechung kam auch hier i. d. R. zur Annahme einer freiberuflichen Tätigkeit, wenn es sich lediglich um Anlagen handelte, die die eigentliche freiberufliche Tätigkeit des Berufsträgers erst ermöglichten oder unterstützten und mit ihnen nicht ein eigener Erwerbszweck verfolgt wurde. Bereits der RFH nahm bei einem Arzt, der eine eigene Krankenanstalt betreibt, eine freiberufliche Tätigkeit an, wenn es sich bei dem Betrieb der Krankenanstalt „um ein notwendiges Hilfsmittel für die ärztliche Tätigkeit handelt". Dies sei anzunehmen, wenn der von dem Arzt erstrebte Heil- oder Forschungszweck die Unterbringung in einer derartigen Anstalt erforderlich mache, wie bei bestimmten Fachärzten, die ihre Tätigkeit nicht im Dienst eines öffentlichen oder privaten Krankenhauses ausübten und bei denen daher die Angliederung eigener Kliniken vielfach unentbehrliche Voraussetzung für ihre Berufsausübung sei[126].

Ein Gewerbebetrieb soll nach dieser Rechtsprechung aber vorliegen, wenn aus der Beherbergung und Verpflegung der Kranken ein besonderer Gewinn erstrebt werde, die Klinik also eine besondere Einnahmequelle neben der ärztlichen Tätigkeit bilde[127]. Die gleichen Grundsätze wandte der RFH auch auf den Fall an, daß ein Arzt neben

---

[125] BStBl. 1965, III, 557.

[126] BFH, Urteil vom 3. 9. 1931, RStBl. 1932, S. 491; vom 15. 3. 1939, RStBl. 1939, S. 853.

[127] RFH, RStBl. 1939, 853.

seiner Praxis eine Hausapotheke betrieb[128]. Beim Zahnarzt, der ein eigenes Labor zur Anfertigung von Prothesen seiner Patienten betreibt, ging der BFH[129] davon aus, daß im Hinblick auf die Ausbildungsvorschriften des Zahnheilkundegesetzes auch die technischen Arbeiten zu den Tätigkeiten eines Zahnarztes gehörten und damit Teil seiner freiberuflichen Arbeit seien. Für die Behandlung der technischen Hilfsmittel beim Architekten und den rechts- und wirtschaftsberatenden Berufen müssen die Grundsätze des vorbezeichneten RFH-Urteils[130] entsprechend anwendbar sein[131].

Es zeigt sich somit auch hier die von der Rechtsprechung verfolgte Linie, den Einsatz des geistigen Kapitals, der persönlichen Fähigkeiten und Kenntnisse gegenüber dem Einsatz von Sachkapital zu betonen und nur solange einen freien Beruf anzunehmen, als die Tätigkeit überwiegend vom Einsatz der eigenen Persönlichkeit bestimmt ist. Die persönliche Leistungserbringung ist demnach ein unverzichtbares Merkmal freiberuflicher Tätigkeit, da nur so eine sinnvolle Abgrenzung von der gewerblich-unternehmerischen Tätigkeit erfolgen kann[132].

5. Ergebnis: Steuerrechtlicher Begriff des freien Berufs

Die bisherigen Untersuchungen lassen sich daher wie folgt zusammenfassen:

Im Steuerrecht zeichnet sich ein freier Beruf dadurch aus, daß der Berufsträger über eine gewisse Dauer hinweg eine im wesentlichen geistige Leistung, die auf eine bestimmte fachliche Vorbildung oder einem schöpferischen Vermögen beruht, in wirtschaftlicher Selbständigkeit und unter Einsatz der eigenen Persönlichkeit erbringt. Man kann diese Umschreibung als den steuerrechtlichen Begriff des freien Berufs bezeichnen, ohne sich dadurch unbedingt in Widerspruch mit der zu Anfang angeführten höchstrichterlichen Rechtsprechung zu setzen. Zwar soll es nach ihr gerade keine allgemeinen Merkmale geben, bei deren Vorliegen ein freier Beruf angenommen werden muß. Wenn aber eine steuerliche Sonderbehandlung bestimmter Berufe nicht gegen den Grundsatz der steuerlichen Gleichbehandlung verstoßen soll, so muß es für sie einen sachlichen Grund geben. Dieser sachliche Grund kann im Gewerbesteuerrecht nur darin liegen, daß alle diese Berufe ganz bestimmte Gemeinsamkeiten aufweisen, die

---

[128] Urteil vom 20. 9. 1939, RStBl. 1940, S. 14.

[129] BStBl. 1953, III, 292.

[130] RStBl. 1939, 853.

[131] Siehe insoweit auch *Blümlich-Falk*, § 18 Anm. 3 c a. E., S. 1458.

[132] Siehe dazu bes. auch BFH, in: BStBl. 1958, III, S. 38 mit Hinweis auf *Deneke*, S. 180.

einerseits ihre Eigenart ausmachen und sie andererseits vom Gewerbe unterscheiden. Dem Verfasser erscheint es nun nicht sinnvoll, sich in diesem Zusammenhang über die Berechtigung einer allgemeinen Umschreibung dessen, was im Steuerrecht als freier Beruf gilt, auseinanderzusetzen. Tatsache ist, daß auch die Rechtsprechung — wie die vorstehende Untersuchung gezeigt hat — nicht ohne die Annahme ganz bestimmter Merkmale für die Anerkennung einer freien Berufstätigkeit auskommt. Die Steuerrechtsprechung und Literatur betonte immer wieder, daß bestimmte Merkmale den freien Beruf kennzeichnen[133] und machte infolgedessen die Anerkennung als freier Beruf vom Vorliegen dieser Merkmale abhängig. Damit kommt diesen allgemeinen Merkmalen auch rechtliche Relevanz zu. Der BFH hat selbst zur Verteidigung seiner inzwischen überholten Vervielfältigungstheorie dem Merkmal der persönlichen Leistungserbringung eine derart entscheidende Bedeutung beigelegt, daß man „insoweit von einem steuerrechtlichen Begriff des freien Berufs" (gegenüber dem weitergehenden, von den Standesorganisationen vertretenen Begriff, der auch die Beschäftigung mehrerer qualifizierter Mitarbeiter zuläßt) sprechen könne[134]. Soweit sich die Rechtsprechung dabei nicht auf eine allgemeine begriffliche Umschreibung festlegen und sich nur von der Ähnlichkeit mit einem der gesetzlich aufgeführten freien Berufe leiten lassen will, ergibt sich daraus keine Besonderheit. Wie gezeigt wurde, impliziert gerade die Ähnlichkeit mit allen angeführten Berufen auch wieder das Vorhandensein der entsprechenden Berufsmerkmale. Wenn sich auch heute mehr und mehr die Tendenz zeigt, daß gewisse Berufe für sich das Signum des „freien" Berufs in Anspruch nehmen möchten, teils aus Prestigegründen, teils aber aus naheliegenden wirtschaftlichen Gründen, nämlich um der Gewerbesteuerpflicht zu entgehen[135], so ist das kein Grund, von vornherein eine begriffliche Umschreibung des „freien" Berufs abzulehnen. Die steuerliche Rechtsprechung und Literatur haben hier seit langem durch die Aufstellung und Anwendung bestimmter Merkmale ein wirksames Filter gefunden, durch das die steuerrechtlich relevanten freien Berufe ermittelt werden können und gleichzeitig eine uferlose Ausdehnung des Begriffs verhindert wird. Die vorstehende Begriffsdefinition beruht demzufolge auch nicht auf abstrakt-theoretischen Erwägungen, sondern gibt vielmehr nur ein Bild des freien Berufs wieder, wie es Rechtsprechung und Literatur im Steuerrecht in der Beurteilung und Entscheidung zahlreicher Einzelfälle aufgezeichnet haben.

---

[133] z. B. in: BStBl. 1955, III, 295; BStBl. 1958, III, 38; *Kaatz*, in: FR 1954, S. 66; *Greiffenhagen*, in: FR 1966, 350 ff.

[134] In: BStBl. 1958, III, S. 37.

[135] Siehe *Deneke*, S. 113 ff. (S. 114) und BFH, BStBl. 1958, III, S. 37.

6. Relationsbegriff

Notwendigerweise ist dieses Bild aber nicht umfassend. Den Erfordernissen des Steuerrechts gemäß zeigt es vielmehr den freien Beruf nur in seiner Eigenschaft als nichtgewerbliche Tätigkeit. Die gefundenen Begriffsmerkmale hatten nur den einen Zweck, den freien Beruf hinreichend deutlich von jedweder gewerblichen Tätigkeit abzugrenzen. Das Phänomen des freien Berufs wurde dabei nur in seinem Verhältnis zur gewerblichen Tätigkeit untersucht. Damit wird der steuerrechtliche Begriff des freien Berufs zu einem reinen „Relationsbegriff"[136], der nur geeignet ist, das Verhältnis des freien Berufs zu anderen ähnlichen Berufen unter einem Aspekt — nämlich der Nichtgewerblichkeit — darzustellen. Andere Aspekte, die den freien Beruf in seinem besonderen Verhältnis zu seiner Arbeit und seinem Gegenüber, seiner spezifischen Funktion in der Gemeinschaft zu zeigen vermögen, waren für die steuerrechtliche Definition nicht relevant. Sie erlangen aber Bedeutung dort, wo es um die Art der Berufsausübung, um die Entfaltung einer bestimmten Berufstätigkeit im Rahmen der Rechtsordnung geht. Da es sich hierbei um den Regelungsbereich des Berufsrechts handelt, erscheint es naheliegend, daß eine Untersuchung der verschiedenen berufsrechtlichen Regelungen gemeinsame Merkmale erkennen läßt, die eine umfassendere und zugleich materiale Umschreibung des Begriffs zulassen.

C. Der freie Beruf in den Berufsgesetzen

I. Überblick über die gesetzlichen Regelungen

Neben der ausdrücklichen Erwähnung des Begriffs in mehreren Steuergesetzen, wobei insbesondere die Behandlung im Einkommens- und Gewerbesteuerrecht Bedeutung erlangt hat, verwendet der Gesetzgeber in verschiedenen Berufsgesetzen den Begriff des freien Berufs. Dabei ist er teilweise positiv davon ausgegangen, daß eine gewisse Tätigkeit die Ausübung eines freien Berufs darstellt oder er hat negativ entschieden, daß eine gewisse Berufsausübung kein Gewerbe ist. Als berufsgesetzliche Regelungen dieser Art bestimmen etwa:

---

[136] Im Sinne *Erich Kaufmanns*, in: Juristische Relationsbegriffe und Dingbegriffe in Rechtsidee und Recht, Gesammelte Schriften, 1960, Bd. III, S. 266 ff.; siehe dazu auch *Rittner*, S. 6.

§ 1 Abs. 2 der Bundesärzteordnung[137], daß der ärztliche Beruf kein Gewerbe, sondern seiner Natur nach ein freier Beruf ist; dieselbe Formulierung findet sich in § 1 Abs. 2 Bundestierärzteordnung[138]; § 1 Abs. 3 des Gesetzes über die Ausübung der Zahnheilkunde[139], daß die Ausübung der Zahnheilkunde kein Gewerbe ist;

§ 2 der Bundesrechtsanwaltordnung[140], daß der Rechtsanwalt einen freien Beruf ausübt und seine Tätigkeit kein Gewerbe ist; ebenso § 2 der Patentanwaltsordnung vom 7. 9. 1966[141]; § 2 letzter Satz Bundesnotarordnung[142], daß der Beruf der Notare kein Gewerbe ist;

§ 1 Abs. 2 der Wirtschaftsprüferordnung[143], daß der Wirtschaftsprüfer einen freien Beruf ausübt und daß seine Tätigkeit kein Gewerbe ist[144];

§ 1 Abs. 2 des Steuerberatungsgesetzes[145], daß die Ausübung der Steuerberatung kein Gewerbe ist, und

§ 25 Abs. 1 des Gesetzes über das Seelotsenwesen[146], daß der für ein Revier bestellte Seelotse seine Tätigkeit als freien, nicht gewerblichen Beruf ausübt.

Aus älterer Zeit sei nur auf § 1 Abs. 2 der Reichstierärzteordnung[147] und auf § 2 Abs. 2 des Hebammengesetzes[148] hingewiesen, wonach der tierärztliche Beruf und auch der Hebammenberuf kein Gewerbe sind. Doch kann diese Aufzählung nicht alle freien Berufe umfassen, weil nicht jeder von ihnen gesetzlich umschrieben und geschützt ist.

Neben diesen bundesgesetzlichen Berufsregelungen müssen noch die verschiedenen landesgesetzlichen Regelungen für Architekten genannt werden, die ebenfalls eine ausdrückliche Benennung der Architektentätigkeit als freiberuflich enthalten, wie z. B. § 2 Abs. 2 des baden-württembergischen Architektengesetzes vom 5. 12. 1955[149], wonach derjenige, der sich „freiberuflich den Berufsaufgaben nach § 1 widmet und nicht baugewerblich tätig ist, ... verpflichtet (ist), die Berufsbezeichnung ‚Architekt' in der erweiterten Fassung ‚freier Architekt', ‚freier Innenarchitekt', ‚freier Garten- und Landschaftsarchitekt' zu führen".

---

137 Vom 2. 10. 1961, BGBl. I, S. 1857.
138 Vom 17. 5. 1965, BGBl. I, 416.
139 Vom 31. 3. 1952, BGBl. I, S. 221.
140 Vom 1. 8. 1959, BGBl. I, S. 565.
141 BGBl. I, 557.
142 Vom 24. 2. 1961, BGBl. I, S. 97, 1680.
143 Vom 24. 7. 1961, BGBl. I, S. 1049.
144 Dasselbe bestimmt § 130 des gleichen Gesetzes durch eine Verweisung auch für die vereidigten Buchprüfer.
145 Vom 16. 8. 1961, BGBl. I, S. 1301.
146 Vom 13. 10. 1954, BGBl. II, S. 1035.
147 Vom 3. 4. 1936, RGBl. I, S. 347.
148 Vom 21. 12. 1938, RGBl. I, 1893.
149 GBl., S. 265.

Die Behandlung in den einzelnen Berufsgesetzen und Berufsordnungen sowie die Auslegung und Bedeutung, die sie durch Literatur und Rechtsprechung erfährt, sollen auch hier Anknüpfungs- und Ausgangspunkt einer Untersuchung über Begriff und Wesen freiberuflicher Tätigkeit sein.

Schon ein erster Blick auf die einzeln geregelten Berufe zeigt, daß nur ein kleiner Ausschnitt der Berufstätigkeiten, die im Steuerrecht als freiberuflich gelten, auch eine berufsgesetzliche Regelung gefunden hat. Im wesentlichen sind dies — neben den Berufen von Seelotse, Architekt und Hebamme — die akademischen Heil- und Beratungsberufe. Sie sollen im folgenden deshalb auch Objekt einer eingehenderen Betrachtung sein. Die Frage, warum gerade diese Berufe eine besondere berufsgesetzliche Regelung erfahren haben, ist naheliegend. Ihre Beantwortung soll noch solange zurückgestellt werden, bis eine nähere Untersuchung des Berufsrechts dieser Berufsgruppen konkretere Aussagen über Wesen und Begriff des freien Berufs, wie er dem Berufsrecht zugrunde liegt, zuläßt.

II. Nichtgewerblichkeit

1. Grundsätzliches

Die mehrfache Erwähnung, es handle sich bei dem jeweiligen Beruf um kein Gewerbe, bzw. die Herausstellung eines direkten Gegensatzes in der Feststellung, es läge ein freier Beruf und kein Gewerbe vor, enthält zumindest die negative Aussage des Gesetzgebers, daß freier Beruf und Gewerbe einander ausschließende Begriffe sind. Die Verwendung desselben Begriffs freier Beruf in den verschiedenen Berufsgesetzen und die gleichzeitige Betonung der Nichtgewerblichkeit der darunter fallenden Tätigkeiten läßt vermuten, daß der Gesetzgeber dabei von einer einheitlichen Erscheinung im sozialen Leben ausgegangen ist, die sich durch bestimmte Begriffsmerkmale umschreiben und damit gleichzeitig von einer anderen Erscheinungsform (dem Gewerbe) begrifflich abgrenzen läßt. Damit ließe sich aber die teilweise in der Literatur vorgenommene Unterscheidung nach nicht gewerblichen und gewerblichen freien Berufen nicht vereinbaren[150]. Bereits die steuerrechtliche Untersuchung hat bei der Abgrenzung der freien Berufstätigkeit zum Gewerbe einige wesentliche Unterschiede und damit zugleich Merkmale erkennen lassen, die für den Begriff des freien Berufs konstitutiv sind. So liegt der wesentliche Unter-

[150] So aber *Ipsen*, S. 38, 56, der Ärzte und Rechtsanwälte zu den nichtgewerblichen, Architekten, Rechtsberater, Wirtschaftsprüfer zu den gewerblichen freien Berufen zählt. Zumindest für letztere trifft diese Unterscheidung nach § 1 Abs. 2 WPO nicht zu.

schied zum Gewerbe zum einen darin, daß eine hauptsächlich geistige Leistung auf Grund des Einsatzes der eigenen Persönlichkeit im Gegensatz zur handwerksmäßig-gewerblichen (kapitalistischen) Betätigung erbracht wird.

2. Mangelndes Gewinnstreben

Daneben besteht im Berufsrecht ein weiteres markantes Abgrenzungskriterium, das auf den unterschiedlichen Zweck der freiberuflichen, beziehungsweise gewerblichen Betätigung abstellt. Der Gewerbetreibende produziert, erbringt seine Leistung i. d. R. nur um der erwarteten Gegenleistung willen. Seine Leistung erfolgt daher nicht um ihres eigentlichen sachlichen Zwecks, der möglichst sinnvollen Befriedigung des Bedürfnisses des Leistungsempfängers oder der Allgemeinheit willen, sondern zu einem außerhalb ihrer selbst liegenden Zweck: der Gewinnerzielung[151]. Die Leistung ist damit nur Mittel zur Erreichung dieses Hauptzwecks gewerblicher Betätigung. Die Güte der Leistung und ihre Brauchbarkeit für den Leistungsempfänger erstrebt der Geschäftsmann grundsätzlich nur um seines eigenen wirtschaftlichen Vorteils willen[152]. Sein geschäftliches Verhalten und seine Geschäftsintentionen sind insoweit nicht ethisch gebunden und richten sich allein nach dem erstrebten wirtschaftlichen Erfolg. Wie aber *Feuchtwanger* bereits richtig erkannt hat, gibt es Arbeiten, die nicht rein um des Geldgewinnes, nicht rein um des Tauschwertes ihrer Produkte (Güter, Dienste) willen, die also nicht als bloße Mittel zu einem sachfremden Zweck (des Gelderwerbs) geleistet werden dürfen, wenn sie kulturwirtschaftlich produktiv sein sollen[153]. Hier liegt das Arbeitsfeld der freien Berufe. Worin deren kulturwirtschaftliche Produktivität liegt, zeigt sich etwa am Beispiel der Tätigkeiten von Arzt und Rechtsanwalt. Ist es die Aufgabe des Arztes, das Leben zu erhalten, die Gesundheit zu schützen und wieder herzustellen sowie Leiden zu mildern[154], so ergibt sich daraus die notwendige Folge, daß sich Art und Umfang der Behandlung sowie die Aussicht auf einen Heilerfolg in erster Linie nach den konkreten Erfordernissen des Einzelfalles, das heißt, nach den Bedürfnissen des jeweiligen Patienten, richten. Damit steht der einzelne Leistungsempfänger, der kranke Mensch, im Vordergrund der Betrachtung. Ihn gilt es zu behandeln, zu heilen, sein individuelles Heilbedürfnis ist zu befriedigen. Entsprechend richtet sich der Erfolg der ärztlichen Tätigkeit nach der „Brauchbarkeit“ der

[151] PrOVGE 2, 33; 10, 61; 11, 54; 15, 41; 16, 87;; 20, 250.
[152] *Feuchtwanger I*, S. 42, 43.
[153] *Feuchtwanger I*, S. 10.
[154] § 1 Abs. 2 S. 1 Berufs- und Facharztordnung für die deutschen Ärzte (BFAOÄ).

ärztlichen Leistung für den individuellen Leistungsempfänger, den Patienten. Der Zweck und die Komplexität der Berufsaufgabe und der damit zusammenhängenden beruflichen Pflichten verlangen somit in erster Linie ein Handeln im Interesse des Patienten, ein Abstellen auf das konkrete Heilbedürfnis, ohne daß die Leistung nach dem zu erwartenden wirtschaftlichen Erfolg differenziert wird. Die „Produktivität" der ärztlichen Leistung liegt damit in ihrem Gebrauchswert für den einzelnen Patienten. Ebenso richtet sich die fachkundige Beratung und Vertretung durch einen Rechtsanwalt zuvorderst nach dem jeweiligen konkreten Anliegen des Rechtssuchenden, die „Produktivität" der anwaltlichen Leistung ergibt sich aus deren Nutzung und Verwendbarkeit zur Lösung der anstehenden Rechtsprobleme. Diese freiberuflichen Leistungen tragen damit ihren Wert in sich selbst und erhalten ihre Qualität von der Person des jeweiligen Leistungserbringers, des Berufsträgers. Ihre unmittelbare Werthaftigkeit und Bedeutung für den Leistungsempfänger bewirken zugleich eine Verantwortung und ethische Verpflichtung des Leistenden gegenüber dem anderen Menschen. Diese ethische Verantwortung und Verpflichtung verlangt eine verantwortliche Hingabe des Produzenten an den sachlichen Produktionszweck, an den Gebrauchswert der Leistung für die Befriedigung des Bedürfnisses des Leistungsempfängers und zugleich des Bedürfnisses der Allgemeinheit[155]. Damit ist der wesentliche Unterschied zur gewerblichen Tätigkeit angesprochen: Die freiberufliche Tätigkeit ist in erster Linie ethisch bestimmt, sie erfolgt nicht primär aus wirtschaftlichem Gewinnstreben, sondern zur Verwirklichung ideeller Werte im gesellschaftlichen Leben[156]. Das bedeutet konkret, daß sich diese Berufe bei der Ausübung ihrer Funktion, d. h. ihrer beruflichen Handlungen, bei Fassung ihrer beruflichen Entschlüsse, im idealen Interesse des einzelnen und der Gesamtheit nicht von dem Motiv ihres geldlichen Vorteils, sondern zunächst von den sachlichen Bedürfnissen der ihnen übertragenen Aufgabe bestimmen lassen müssen. So zeigt sich z. B. die Pflicht zu einer dem Gemeinwohl dienenden Aufgabenerfüllung unter Hintanstellung eigener, insbesondere wirtschaftlicher Interessen, darin, daß in bestimmten Fällen ein Tätigwerden im öffentlichen Interesse vorgeschrieben wird, wie etwa beim Arzt in Notfällen[157] oder für den Rechtsanwalt in Armenrechtssachen und als Pflichtverteidiger[158], wo letzterer teilweise kaum ein seine Auslagen deckendes Honorar zu erwarten hat[159].

---

[155] *Feuchtwanger I*, S. 10.
[156] BVerfGE 10, 354 (364).
[157] § 19 BFAOÄ.
[158] §§ 115 ZPO, 140 StPO.
[159] §§ 121 ff. BRAO; zu den Armenrechtsgebühren siehe insbesonders *Ostler*, S. 16 f.

Bereits das Reichsgericht hat in einer frühen Entscheidung die besondere ethische Verpflichtung und die daraus resultierende Pflicht zur Zurückhaltung in der Verfolgung wirtschaftlicher Ziele herausgestellt, indem es ausführt: „Dem durchschnittlichen Maßstab, dem Anstandsgefühl aller billig und gerecht Denkenden ist es anstößig, wenn der Beruf des Arztes und der des Rechtsanwalts lediglich zum Zweck des Geldverdienens und nach den Antrieben dieses Zwecks ausgeübt wird. Das eigentümliche und entscheidende Gepräge beider Berufe liegt darin, daß sie fundamentale allgemeine öffentliche Zwecke, nämlich die der Gesundheit und der Rechtspflege, auf Grund staatsseitig geforderter und gewährleisteter wissenschaftlicher Vorbildung unter besonderer Verantwortung zu erfüllen haben[160]."

Die berufsrechtliche Literatur und Rechtsprechung ist dieser Auffassung weitgehend gefolgt[161].

Dagegen hat die steuerrechtliche Rechtsprechung dem ethischen Element freiberuflicher Tätigkeit keine besondere Bedeutung zugemessen. Für die Zugehörigkeit zu einem freien Beruf kam es dem RFH entscheidend auf den sachlichen Gehalt der Tätigkeit dieser Berufe, ihre Eingliederung in das Wirtschaftsleben des Volkes und in das Steuerrecht an. Nicht entscheidend sollte die persönliche Einstellung des Berufsträgers, etwa, ob dieser seinen Betrieb mehr nach idealen oder mehr nach eigensüchtigen Beweggründen einstellte, sein[162].

In neuerer Zeit werden gegen die wohl heute noch als herrschend anzusehende idealistische Berufsauffassung verschiedentlich Bedenken geäußert. Dem Merkmal des mangelnden Gewinnstrebens auf seiten des Freiberuflers wird eine Unterscheidungsqualität gegenüber gewerblicher Betätigung abgesprochen. Dabei wird einerseits auf die von einer Vermehrung der freiberuflich Tätigen und der Ausdehnung und Wandlung ihrer Aufgaben gekennzeichnete wirtschaftliche und soziale Entwicklung hingewiesen, die auch bei dem Freiberufler dazu geführt habe, in dem materiellen Gewinn den wichtigsten Erfolg seiner Arbeit zu sehen[163]. Andererseits wird auch für die gewerblichen Be-

---

[160] RGZ 66, 148.

[161] *Ältere Literatur: Feuchtwanger I*, S. 10, 11; *Friedländer*, Allgemeine Einleitung Anm. 11, S. 8. *AA. etwa noch: Ring*, in: *Buschs*, Z 7, 132; *Meyer*, in: *Hirths*, Ann. 1882, 773; *Isay*, Mitteilungen vom Verband Deutscher Patentanwälte 7, 36; *Kisch*, Unsere Gerichte und ihre Reform (1908) S. 97, die den Anwaltsberuf als gewerbliche Tätigkeit ansahen. *Neuere Literatur: Kalsbach*, Bundesrechtsanwaltsordnung und Richtlinien für die Ausübung des Rechtsanwaltsberufs, Kommentar, Köln 1956, § 2 Anm. 3, weiterhin zitiert als Kalsbach, BRAO; *Bülow*, § 2 Anm. 2; *Daniels-Bulling*, § 1 Anm. 17. Außerdem: Die ehrengerichtliche Rechtsprechung, wie sie etwa bei *Kalsbach*, BRAO, § 2 Anm. 3 aufgeführt ist.

[162] RFH, Urteil vom 26. 1. 1938, RStBl. 1938, S. 733.

[163] *Müller*, S. 62, 63 unter Bezugnahme auf BGHZ 16, 71 (79) und *Gutersohn*, Das Gewerbe in der freien Marktwirtschaft, Zürich und St. Gallen 1954, S. 166.

rufe eine geistig-seelische Verankerung der darin Tätigen und eine „Liebe zur Sache" beansprucht[164], womit wohl festgestellt werden soll, daß das idealistische Berufsempfinden keine Besonderheit der freien Berufe darstellt.

Diese Auffassung wird jedoch der Sache nicht gerecht.

Daß die Veränderung der wirtschaftlichen und sozialen Umwelt, besonders seit dem 1. Weltkrieg, auch die Berufsindividuation, das Berufsempfinden und die Berufsintentionen der freien Berufe nachhaltig beeinflußt hat, ist unbestreitbar[165]. In einer hochtechnisierten Massengesellschaft mit der ihr entsprechenden „kapitalistischen" Erwerbswirtschaft muß auch der Angehörige eines freien Berufs um den ihm zustehenden Platz in der Wirtschaftsordnung kämpfen. Deshalb gehört das Element erwerbswirtschaftlicher Selbstbehauptung heute längst zum Berufsbild des freien Berufs[166]. Die Situation der freien Berufe ist bis heute gekennzeichnet durch eine Anpassungskrise an die „kapitalistische" Wirtschaftsentwicklung, deren Sachzwänge zu spät erkannt wurden[167]. Wenn daher auch die Honorar-, Steuer- und Sozialpolitik der freien Berufe eine mehr kapitalistisch-erwerbswirtschaftliche Ausrichtung erhalten hat, so entspricht dies nur der aus Gründen der wirtschaftlichen Selbsterhaltung notwendigen Anpassung an das moderne Wirtschaftssystem. Ebenso wird es heute niemand dem einzelnen Berufsträger verargen können, wenn dieser seine Arbeit nicht allein in altruistischer Selbstverleugnung bis zur Selbstgefährdung hin verrichtet, sondern auch die wirtschaftliche Seite, also die Ertragsmöglichkeit, gebührend berücksichtigt[168]. Sind mit der Berufsausübung erhebliche finanzielle Investitionen verbunden, so versteht sich diese Feststellung von selbst. So wird sich kein Arzt oder Zahnarzt teure Apparaturen (und das, wie vielfach üblich, auf Kredit) kaufen und eine entsprechende Praxis aufbauen, ohne sich über die Verwendungs- und Ausnutzungsmöglichkeit, letztlich um die Rentabilität, Gedanken zu machen. Ebenso wird sich eine umfangreiche Anwaltspraxis, deren Aufträge vornehmlich von größeren Gewerbebetrieben und Industrieunternehmen kommen und die demzufolge zwangsläufig einen sachlich-persönlich anderen Zuschnitt haben wird als eine kleine Einmann-Praxis, nicht um wenig rentable Einzelaufträge von Privatpersonen bemühen und diese u. U. zurückweisen müssen.

Aber auch der einzelne Berufsträger ist gezwungen, seine Tätigkeit nach finanziellen Gesichtspunkten auszurichten. Er kann vielfach nicht

---

[164] *Müller*, S. 62 unter Bezugnahme auf *Gutersohn*, a.a.O., S. 223 und *Wieland*, Handelsrecht I. Band, 1921, S. 157.
[165] Siehe dazu *Deneke*, S. 67 ff., 107 ff., 287 ff.
[166] *Deneke*, S. 108.
[167] *Deneke*, S. 290.
[168] *Kalsbach*, BRAO § 2 Anm. 3.

mehr, wie dies bei seinen Berufskollegen in der Zeit bis zum 1. Weltkrieg der Fall war, auf einer gesicherten materiellen (Besitz-)Basis aufbauen. Vielmehr sind einziges Gut und Grundlage seiner Existenz vielfach seine Arbeitskraft und die erlernten Fähigkeiten. Die freiberuflichen Einkünfte dienen daher in erster Linie dem Lebensunterhalt des Berufsträgers. Da der Freiberufler aber seinen Beruf größtenteils nicht in einem gesicherten Dienst- oder Arbeitsverhältnis ausübt, ist er gezwungen, sich und seine Familie gegen die Wechselfälle des täglichen Lebens, besonders für den Fall seiner eigenen Berufsunfähigkeit, selbst ausreichend zu sichern. Dazu bedient er sich nicht zuletzt der Form der Kapitalansammlung und des Grunderwerbs usw. mit den aus seiner Tätigkeit erzielten Einkünften. Wenn somit diesen freien Berufen aus Gründen der ökonomischen Selbsterhaltung die Berechtigung zugestanden wird, bei ihrer Tätigkeit auch von wirtschaftlichen Erwägungen auszugehen und sich den wirtschaftlichen Gegebenheiten anzupassen, so ist dies doch nur in einem bestimmten Rahmen vertretbar. Anpassung an wirtschaftliche Verhältnisse darf nicht zur Angleichung und damit zur Herrschaft des händlerischen „do, ut des" führen[169]. Wo das Gewinnstreben alleiniger Antriebsmotor für die berufliche Tätigkeit ist, wird die Leistung zum reinen Tauschobjekt für wirtschaftliche Gegenwerte. Sie wird um so qualifizierter erbracht, je höher der Gegenwert ist, die Individualität der Aufgabenerledigung hängt von der Individualität der Bezahlung ab. Sicher gibt es Ärzte, Rechtsanwälte, Steuerberater usw. für die allein der wirtschaftliche Erfolg über die Intensität, die Qualität und das Vorgehen bei ihrer Arbeit entscheidet. So ist den gesetzlichen Krankenkassen bei den Ärzten die Erscheinung des „Krankenscheinsammlers", dem es gelingt, durch großzügige Krankschreibungs- und Verordnungspraktiken seinen Patientenkreis zu erweitern, nicht unbekannt. Ebenso wird es nicht auszuschließen und vor allem schwer nachzuweisen sein, daß ein Anwalt seinem egoistischen Geldinteresse nachgibt (und einen kostspieligen und bedenklichen Prozeß führt), anstatt das wohlverstandene Interesse seiner Klienten wahrzunehmen (und auf eine gütliche Einigung im Vergleichsweg hinzuarbeiten). Eine Heilung, eine Rechtsvertretung 2. Klasse, die das Interesse des Patienten, Klienten vernachlässigt, darf es aber nicht geben. Der Dienst an der menschlichen Gesundheit, am Recht, erfordert den Einsatz und die Hingabe der ganzen Persönlichkeit ohne Differenzierung nach dem wirtschaftlichen Erfolg[170].

Versteht sich diese Forderung nach dem bisher Gesagten eigentlich von selbst, so hat sie doch auch positiven Eingang in die einschlägi-

[169] *Deneke*, S. 288.
[170] *Feuchtwanger I*, S. 10, 11.

gen Berufsordnungen gefunden. So ist z. B. nach § 46 der Richtlinien für die Ausübung des Rechtsanwaltberufes „der Rechtsanwalt verpflichtet, der Behandlung der Armensachen und Pflichtverteidigungen die gleiche Sorgfalt zu widmen, die er bei Erledigung der sonstigen Aufträge anzuwenden hat". Da er nicht den Anschein erwecken darf, als behindere oder beschränke die geringe Höhe der Armenrechtsgebühren seinen vollen Einsatz[171], ist eine Honorarvereinbarung mit der armen Partei unzulässig[172]. Für den Arzt folgt die Pflicht zur undifferenzierten Behandlung sowohl aus dem ärztlichen Gelöbnis[173], sich in seiner ärztlichen Pflichterfüllung nicht durch die soziale Stellung beeinflussen zu lassen, als auch aus § 1 Abs. 1 Satz 3 BFAOÄ, wonach der Arzt seine Aufgabe „nach seinem Gewissen und den Geboten der ärztlichen Sitte" zu erfüllen hat, nach § 1 Abs. 2 S. 2 BFAOÄ, demzufolge der Arzt seinen Beruf nach den Geboten der Menschlichkeit ausübt, womit eine ungleiche Behandlung kranker, gleichermaßen hilfsbedürftiger Menschen aufgrund ihrer verschiedenen finanziellen Leistungsfähigkeit nicht zu vertreten wäre und schließlich aus § 10 BFAOÄ, der dem Arzt bei seiner Honoraraufstellung die Berücksichtigung der wirtschaftlichen Lage des Zahlungspflichtigen nahelegt.

In diesen Zusammenhang gehören auch die standesrechtlichen Vorschriften, die dem Berufsträger ein unbeschränktes Gewinnstreben faktisch unmöglich machen. So etwa beim Rechtsanwalt das Verbot eines Erfolgshonorars, vornehmlich in der Form der Vereinbarung einer quota litis[174] und das Gebot, daß Honorarforderungen die Grenzen der Mäßigung nicht überschreiten dürfen[175]. Ebenso beim Arzt die standesrechtlich relevante Vorschrift des § 10 I BFAOÄ, wonach dieser bei seiner Honorarstellung die üblichen Grundsätze zu beachten hat, die Berufsauffassung und Berufssitte entsprechen. Weiterhin verbieten die Berufsgesetze und Berufsordnungen im allgemeinen jede Art von Werbung und Anpreisung[176], da der Berufsträger für sich nicht anders als durch seine Leistung werben soll[177]. Damit soll ein Konkurrenzkampf, wie er gerade in der gewerblichen Wirtschaft üblich ist, ausgeschaltet werden. Allein die Leistung soll die Stellung im freien Wettbewerb der Standesgenossen bestimmen, nicht die auf-

---

171 *Kalsbach*, BRAO, § 47 Richtlinien, Anm. 1, S. 358; Standesrecht, S. 254, 465.
172 § 47 Richtlinien.
173 Vorspruch zur BFAOÄ.
174 §§ 40, 41 Richtlinien.
175 Vgl. EGH II (Bay) 108.
176 § 20 BFAOÄ; §§ 61 ff. Richtlinien für die Ausübung des Rechtsanwaltsberufs; §§ 28 ff. der Berufsgrundsätze der Steuerberater — Richtlinien der Bundessteuerkammer —; VIII (Kundmachung und Auftragsschutz) der Richtlinien für die Berufsausübung der Wirtschaftsprüfer und vereidigten Buchprüfer.
177 EGH II (Bay) 150.

wendig betriebene Werbung, die es dem weniger qualifizierten Berufsinhaber erlaubt, den Vorsprung der echten Leistung des Kollegen wettzumachen[178].

Gerade in diesen Bestimmungen in den Berufsordnungen zeigt sich, daß für die entsprechenden freien Berufe über die Forderungen der allgemeinen bürgerlichen und geschäftlichen Moral, die natürlich auch für den Gewerbetreibenden gelten, hinaus besondere standesrechtliche Bindungen bestehen. Sie bringen zum Ausdruck, daß die Forderung nach einer besonderen ethischen Einstellung zur Arbeit unter Hintanstellung wirtschaftlicher Interessen für den Freiberufler nicht zu einer rein theoretisch-idealistischen Berufsbildvorstellung geworden ist, sondern nach wie vor realen Wert besitzt. Dabei wird deutlich, inwieweit nach wie vor das Moment der ethischen Gebundenheit ein geeignetes Abgrenzungskriterium zu der gewerblichen Betätigung darstellt. Es ist durchaus zuzugeben, daß ohne eine gewisse „Liebe zur Sache", ohne ein „Aufgehen" im Beruf auch eine zufriedenstellende gewerbliche Arbeit vielfach nicht denkbar ist, wobei allerdings wieder die zunehmende Automation und Rationalisierung eine Entpersönlichung und abstumpfende Gleichförmigkeit der Arbeitsvorgänge mit sich bringt. Das auch dort vorhandene Berufsempfinden ist aber ein „interner" Vorgang in der Sphäre des Berufsinhabers ohne relevante „Außeneinwirkung". Welche Einstellung zu seiner Arbeit der Berufsträger hat, ist höchstens insoweit von Bedeutung, als es sich auf sein Produkt auswirkt. Ist dieses vertragsgerecht, so interessiert nicht, welche Einstellung ihm zugrunde lag. Den Freiberufler aber verpflichten Berufs- und Standesrecht zu einem Verhalten, das einerseits den Interessen des Auftraggebers dient, andererseits dem Ansehen und der Würde des Standes, dem er angehört, gerecht wird. Sein Standesethos als „ideales Streben, das Recht zu verwirklichen"[179] der Gesundheit zu dienen, verlangt von ihm Zurückhaltung und Mäßigung gerade bei der Wahrnehmung von finanziellen Interessen, wie sie dem Gewerbetreibenden unbekannt sind. Dieses Standesethos bleibt aber nicht nur unverbindliche ethische Richtlinie des Handelns, sondern wirkt über die standesrechtlichen Vorschriften unmittelbar verpflichtend für den Berufsträger mit der Folge, daß ein Fehlverhalten die ehrengerichtliche Heranziehung zur Verantwortung bedeuten kann. Eine solche „Außenwirkung", solche konkreten rechtlichen Wirkungen aus dem Standesethos aber kennen die gewerblichen Berufe nicht. Für sie besteht nicht die doppelte Verpflichtung gegenüber Auftraggeber und Stand. Sie bindet allein die eingegangene vertragliche Verpflichtung, ohne Rücksicht darauf, ob diese den Interessen des Vertragspartners

178 *Kalsbach*, § 61 Richtl. Anm. 1, S. 404.
179 EGH I (BrZ) 121.

gerecht wird[180]. Insbesondere aber bewegt sich ihr Gewinnstreben nicht in den Schranken eines durchsetzbaren Standesethos, sondern in dem weiten Rahmen der allgemeinen geschäftlichen Moral. So erscheint es auch heute gerechtfertigt, dem Merkmal des mangelnden Gewinnstrebens bei den freien Berufen Unterscheidungsqualität gegenüber den gewerblichen Berufen zuzuerkennen[181].

3. Besonderes Vertrauensverhältnis

Charakteristisch für die hier interessierenden Berufe ist es weiterhin, daß diese zu ihrem Vertragspartner (Patienten, Mandanten, Klienten) in ein besonderes persönliches Verhältnis treten. Dies ergibt sich zwangsläufig aus der besonderen Aufgabenstellung und Verantwortung des Freiberuflers gegenüber dem andern. Sie bringen es mit sich, daß der Berufsträger nicht nur einen umfassenden Einblick in die persönliche Sphäre des Leistungsempfängers erhält, sondern auch, daß es diesem auf Grund seiner Fachkenntnisse möglich ist, diese Intimsphäre entscheidend zu beeinflussen. Der Erfolg freiberuflicher Arbeit hängt nicht zuletzt davon ab, wieweit es dem Berufsträger gelingt, den intimen Lebensbereich seines Gegenüber zu ergründen. Um aber einem andern freiwillig Einblick und Einfluß in seinen persönlichen Bereich zu gewähren, ist es erforderlich, daß der Leistungsempfänger dem Freiberufler vertrauen kann. Dieses Vertrauen muß notwendig in doppelter Hinsicht vorliegen: Zunächst ist dies meistens ein Sich-Anvertrauen, ein Vertrauen in die Fähigkeiten des Freiberuflers, da man die fachliche Qualifikation in der Regel nicht beurteilen kann. Zum andern ist dies aber ein Vertrauen darauf, daß der andere die ihm durch seine Tätigkeit bekanntgewordenen Geheimnisse nicht weiterverbreitet oder gar sich zunutze macht[182]. Unverzichtbarer Kern des besonderen Vertrauensverhältnisses muß daher eine dem Berufsträger auferlegte Schweigepflicht sein[183]. Sie ist nicht nur Bestandteil des freiberuflichen Berufsethos[184], sondern zugleich ein staatliches Schutzobjekt. So stellt das StGB (§ 300) die Offenbarung solcher Geheimnisse unter Strafe, die Ärzten, Rechtsanwälten, Wirtschaftsprüfern und einigen anderen aufgeführten Berufen in ihrer beruflichen Eigenschaft

---

[180] *Feuchtwanger I*, S. 42/43.

[181] Vgl. die Begründung zu § 2 BRAO im 3. Regierungsentwurf; Deutscher Bundestag, 3. Wahlperiode, Drucksache Nr. 120, S. 49, und ähnlich die Begründung zu § 1 WPO, Deutscher Bundestag, 3. Wahlperiode, Drucksache Nr. 201, S. 34.

[182] *Kalsbach*, BRAO, § 30 Richtlinien Anm. 2.

[183] Siehe etwa § 30 Richtlinien, wonach die Pflicht zur Verschwiegenheit eine der „vornehmsten Standespflichten des Rechtsanwalts (ist)".

[184] *Deneke*, S. 88.

bekanntgeworden sind. Diese Regelung wird ergänzt durch die Bestimmungen der §§ 53 I Nr. 3 StPO, 383 I Nr. 5 ZPO und 177 RAO, die dem Personenkreis, der sich mit dem eben genannten deckt, ein Recht zum Schweigen konzedieren, indem sie ihm ein Aussage- bzw. Zeugnisverweigerungsrecht über die ihm in beruflicher Eigenschaft bekanntgewordenen Geheimnisse einräumen.

Den Wirtschaftsprüfern und Steuerberatern hat der Gesetzgeber zur Wahrung dieser Berufsgeheimnisse darüber hinausgehend noch besondere Beschränkungen der Berufsausübung auferlegt. So haben sich diese jeder Tätigkeit zu enthalten, die mit ihrem Beruf oder mit dem Ansehen des Berufs nicht vereinbar ist[185].

Nicht vereinbar mit dem Beruf eines Wirtschaftsprüfers, Steuerberaters oder Steuerbevollmächtigten ist aber insbesondere eine nebenher ausgeübte gewerbliche Tätigkeit[186]. Der Schutzzweck dieser Norm ist offensichtlich:

Eine gewerbliche Tätigkeit könnte das Vertrauensverhältnis des jeweiligen Berufsträgers zu seinem Klienten beeinträchtigen, da es diesem möglich wäre, die ihm bei seiner Beratung oder Prüfung bekannt gewordenen internen Geschäftsvorgänge der Betriebe seiner Klienten in seinem eigenen Gewerbetrieb zu verwerten[187].

Da die gewerblichen Berufe ein solches, gesetzlich und standesrechtlich geschütztes Vertrauensverhältnis nicht kennen, kommt diesem Merkmal für die hier behandelten Arzt- und Beratungsberufe auch eine klare Abgrenzungsfunktion zu[188].

III. Die Freiheit des freien Berufs

1. Die geistig-ethische und sachliche Unabhängigkeit

Wurden die bisher erörterten Begriffsmerkmale mehr durch ein Vorgehen „von außen nach innen“, durch einen Vergleich mit den gewerblichen Berufen gewonnen, so soll im folgenden der umgekehrte Weg eines „von innen nach außen“ Vorgehens, d. h. einer Analyse des Begriffs freier Beruf, gegangen werden. Eine Definition des Begriffs „freier Beruf“ muß notwendig an dem Punkt ansetzen, wo sich dieser von anderen Berufen zu unterscheiden scheint — am Element des „Freien“.

---

[185] §§ 43 Abs. 2 WPO, 22 Abs. 2 StBG.

[186] Gem. §§ 43 Abs. 3 Nr. 1 WPO, 22 IV Nr. 1 StBG.

[187] So für den Steuerbevollmächtigten ausdrücklich BVerfGE 21, 173 ff. (182). Vgl. auch *Thümmel*, Erläuterungen zur WPO, in: Das deutsche Bundesrecht III, A, 12, S. 57, § 43.

[188] Über die Ungeeignetheit als allgemeines Abgrenzungsmerkmal für alle freien Berufe siehe unten C, III, 7 bb.

Die Frage muß daher lauten, was macht einen Beruf zu einem „freien“, bzw. worin liegt die „Freiheit“ dieser Berufe? Während jedoch der Begriff der Freiheit etwas Absolutes verspricht[189], kann es eine absolute rechtliche, wirtschaftliche und soziale Unabhängigkeit in der sozialen Wirklichkeit, in der der einzelne als Glied der Gemeinschaft nur einen eingeschränkten Freiheitsraum beanspruchen kann, nicht geben[190]. So kann auch die Frage nach der Freiheit bestimmter Berufe nur auf eine relative Freiheit[191], nämlich in bezug auf eine ganz bestimmte geistige, wirtschaftliche, von Gesellschaft und Staat freie Tätigkeit gerichtet sein. Wie die vorstehenden Untersuchungen gezeigt haben, ist für die Nationalökonomie und die ihr folgende steuerrechtliche Betrachtungsweise die wirtschaftliche Freiheit der entscheidende Gesichtspunkt, weshalb nach deren Definition die Angehörigen der freien Berufe einen Teil der wirtschaftlich Selbständigen bilden und sich von anderen Selbständigen im wesentlichen nur dadurch unterscheiden, daß sie — wie die Unselbständigen — Bezieher unfundierter Einkommen aus Entgelten für persönliche und zwar geistige Arbeit sind[192]. Ein Vergleich der im Berufsrecht erfaßten Berufe mit der Umschreibung freiberuflicher Tätigkeit im geltenden Einkommenssteuerrecht zeigt aber bereits einen entscheidenden Unterschied: Während § 18 EStG nur wirtschaftlich selbständig ausgeübte Tätigkeiten als freiberufliche begreift, enthalten die Berufsgesetze eine weitgehend differenziertere Regelung.

a) Ärztliche Berufe

So bezeichnet z. B. die Bundesärzteordnung den ärztlichen Beruf als „seiner Natur nach“ freien Beruf. Dem Zusatz wird die Bedeutung zugelegt, daß es für die Qualifizierung des ärztlichen Berufs als freien Beruf nicht darauf ankommen soll, in welcher wirtschaftlichen Form der Beruf ausgeübt wird, ob in wirklicher freier Berufstätigkeit (im wirtschaftlichen Sinn) oder als Angestellter oder Beamter.

Seinem „inneren Wesen“ nach, „seiner Natur nach“, soll der ärztliche Beruf in allen seinen Erscheinungsformen als „freier Beruf“ angesehen und entsprechend behandelt werden[193]. Hiernach gehören also zu den freien Berufen sowohl die freipraktizierenden Ärzte einerseits als auch die in Krankenhäusern, Sanatorien usw., sowie die bei anderen freipraktizierenden Ärzten und bei sonstigen Privaten angestellten

---

[189] *Deneke*, S. 96.
[190] *Deneke*, S. 103.
[191] So auch *Herschel*, S. 14.
[192] *Deneke*, S. 116.
[193] *Daniels-Bulling*, § 1 Anm. 29.

Ärzte und die Medizinalbeamten (Amtsärzte, Vertrauensärzte, Militärärzte) andererseits[194].

Wenn somit die Freiheit aller Arzttätigkeiten nicht in der gemeinsamen wirtschaftlichen Selbständigkeit besteht, so fragt es sich, welchen Aussagewert dann die Bezeichnung „freier Beruf“ hat. Anders ausgedrückt: Wo liegt die besondere Freiheit dieser Berufe, die ihnen „ihrer Natur nach“ oder „ihrem inneren Wesen nach“ zukommt?

Aufschluß darüber vermag das Berufs- und Standesrecht der Ärzte, wie es in den Berufs- und Facharztordnungen der einzelnen Länder und in der — allerdings nicht rechtsverbindlichen[195] — Berufs- und Facharztordnung für die deutschen Ärzte (BFOÄ) niedergelegt ist, zu geben. Die Berufs- und Facharztordnungen unterscheiden bei der Festlegung der ärztlichen Berufspflichten und -rechte nicht nach selbständigen, angestellten oder beamteten Ärzten. Das ärztliche Gelöbnis, eine Abänderung des hippokratischen Eides, wie sie durch den Beschluß des 53. Deutschen Ärztetages festgelegt wurde[196], gilt für „jeden Arzt“[197]. Der ärztliche Beruf verlangt in erster Linie, daß der Arzt seine Aufgabe nach seinem Gewissen und nach den Geboten der ärztlichen Sitte erfüllt und keine Grundsätze anerkennt und Vorschriften oder Anweisungen beachtet, die mit seiner Aufgabe das Leben zu erhalten, die Gesundheit zu schützen und wiederherzustellen sowie Leiden zu mildern, nicht vereinbar sind[198]. Deshalb ist der Arzt in der Ausübung seines Berufs grundsätzlich frei[199]. Darin liegen die entscheidenden Aussagen für alle Ärzte. Welche konkreten Folgen sich daraus ergeben, mag eine Entscheidung des Bundesarbeitsgerichts in einem Fall verdeutlichen, in dem es um die Arbeitnehmereigenschaft eines Krankenhaus-Chefarztes ging. Das Bundesarbeitsgericht hat den Leitsatz aufgestellt: „Daß der Chefarzt eines Krankenhauses oder einer Abteilung eines Krankenhauses bei seiner rein ärztlichen Tätigkeit, d. h. bei der Behandlung der Patienten, eigenverantwortlich und an Weisungen des Krankenhausträgers nicht gebunden ist, schließt nicht aus, daß sein Beschäftigungsverhältnis dennoch ein Arbeitsverhältnis sein kann. Ein Arbeitsverhältnis ist es dann, wenn der Chefarzt im übrigen im wesentlichen weisungsgebunden und damit vom Krankenhausträger persönlich abhängig ist[200].“ In Fortführung der Rechtsprechung des ehemaligen Reichsarbeitsgerichts erkennt das Bundesarbeitsgericht an, „daß der Chefarzt bei seiner rein ärztlichen

---

[194] *Kühn*, S. 4.
[195] Siehe dazu S. 116.
[196] *Kuhns I*, 255.
[197] Vgl. etwa den Vorspruch zur Berufsordnung in Baden-Württemberg (BO/B-W).
[198] § 1 Abs. 2 BFAOÄ; ähnl. Vorspruch zur BO/B-W.
[199] § 1 Abs. 4 S. 1 BFAOÄ; § 1 Abs. 2 S. 1 BO/B-W.
[200] BAG, Urteil vom 27. 7. 1961 SAE 1962, S. 86 ff.

Tätigkeit selbständig ist", daß aber diese notwendige Weisungsfreiheit des Chefarztes bei Ausübung seines ärztlichen Berufes die Annahme einer abhängigen Angestelltentätigkeit nicht hindere. In jedem Fall komme es darauf an, „ob der Chefarzt, wenn er auch in der Ausübung seines ärztlichen Berufes eigenverantwortlich ist, im übrigen bei seiner Tätigkeit im wesentlichen vom Krankenhausträger persönlich abhängig und an dessen Weisungen gebunden ist".

Diese Ausführungen lassen erkennen, worin die Freiheit des Arztes bei der Berufsausübung liegt. Bei Ausübung seiner rein ärztlichen Tätigkeit, die vorwiegend in der Behandlung von Patienten besteht, soll der Arzt nicht an Weisungen irgendeines Dritten gebunden sein, sondern soll diese allein nach den sachlichen Erfordernissen des Behandlungsfalles und nach seinem ärztlichen Gewissen in eigener Verantwortung durchführen.

Andererseits ist eine daneben bestehende arbeitsvertragliche Abhängigkeit in Fragen der Organisation des Krankenhauses, der Arbeitszeit, der Bezahlung, des Urlaubs, der Vertretung und ähnlichem mehr ohne weiteres denkbar. Weisungen, die der Ordnung des Arbeitsverhältnisses dienen, sind deshalb auch unbedenklich. Entscheidend ist nur, daß die rein ärztliche Tätigkeit weisungsfrei in der Sache ausgeführt werden kann. Was aber für den Chefarzt gilt, hat ebenso Bedeutung für den ihm unterstellten approbierten Arzt oder allgemeiner gesprochen, für jeden dienstlich untergeordneten, voll ausgebildeten und zugelassenen Arzt. Daß Ärzte in der Ausbildung kein Recht auf ein sachlich-weisungsfreies Arbeiten haben können, ergibt sich aus der Natur der Sache. Sie erhalten ja gerade erst durch praktische Anleitungen und Weisungen des dafür qualifizierten Vorgesetzten die Ausbildung, die sie später zum selbständigen ärztlichen Tätigwerden befähigt.

Auch der approbierte angestellte Arzt ist insoweit an Weisungen seiner Vorgesetzten gebunden, als es um Fragen der Ordnung und Organisation der ärztlichen Tätigkeit geht. So muß z. B. einem leitenden Arzt (Chefarzt, Oberarzt) eines Krankenhauses das Recht zugestanden werden, angestellte Ärzte zu bestimmten Zeiten in bestimmten Abteilungen (Stationen), zu bestimmten Tätigkeiten einzuteilen und dabei die fachliche Vorbildung und Befähigung sowie sonstige persönliche Verhältnisse entscheidend sein zu lassen. Dabei wird in der Regel der auf Grund seiner Erfahrung und (oder) seines wissenschaftlichen Ranges qualifiziertere Vorgesetzte auch bestimmenden Einfluß auf das Wie der ärztlichen Tätigkeit ausüben.

Der approbierte Arzt muß jedoch bei seiner Tätigkeit, gleichgültig in welcher Stellung er sich befindet, allein nach seinem ärztlichen Gewissen entscheiden können, ob und wie er in einem bestimmten

Fall tätig werden will. Verlangt der Dienstvorgesetzte demnach eine Handlungsweise, die der angestellte Arzt mit seinem Gewissen nicht vereinbaren oder die er nicht verantworten kann, so muß er sie — ebenso wie dies bei entsprechenden Anforderungen von anderer Seite (etwa vom Patienten, Krankenhausträger, Versicherungsunternehmen usw.) der Fall wäre — ablehnen[201].

Daß diese spezifische Freiheit und Unabhängigkeit bei der Berufsausübung auch von den Berufsträgern richtig gesehen wird, zeigen etwa die Ausführungen von *Bihl*[202] im Anschluß an die Feststellung, daß auch der angestellte Arzt einen freien Beruf ausübe: „Würdigen wir das Wort ‚freier Beruf' im ärztlichen Sektor, so bedeutet es an erster Stelle, daß der Arzt nicht weisungsgebunden, daß er allein verantwortlich ist und daß er seine ärztlichen Entschlüsse nur mit der eigenen Verantwortlichkeit fassen kann."

b) *Rechtsanwälte*

aa) Die Unabhängigkeit des Rechtsanwalts

Die Bundesrechtsanwaltsordnung unterscheidet bei der Verwendung des Begriffs „freier Beruf" ebenfalls nicht nach wirtschaftlich unabhängigen und angestellten Rechtsanwälten. Wenn die BRAO in den §§ 1 und 3 Abs. 1 BRAO den Rechtsanwalt als *„unabhängiges* Organ der Rechtspflege" und „berufenen *unabhängigen* Vertreter in allen Rechtsangelegenheiten" bezeichnet, so ist damit eine andere Art von Unabhängigkeit als die wirtschaftliche gemeint. Diese Vorschriften beinhalten für den Rechtsanwalt im Verhältnis zu seinem Klienten und Dritten die Pflicht, bei der Erfüllung seiner Berufsaufgaben allein seiner Rechtsüberzeugung und dem Willen, nur dem Recht zu dienen, zu folgen und sich dabei von allen Bindungen, besonders wirtschaftlicher Art, gegenüber dem Mandanten freizuhalten[203].

Bei der Kollision zwischen dem Recht und den Interessen des Mandanten hat sich der Rechtsanwalt demnach allein nach den Forderungen des Rechts zu richten und sich auf alle Fälle die Freiheit seiner allein dem Recht verpflichteten Berufsausübung zu erhalten[204].

Der Rechtsanwalt darf sich deshalb niemals um die Freiheit seiner Entschließungen bringen und sich insoweit von seinem Klienten ab-

---

[201] § 1 Abs. 2 BFAOÄ.

[202] In: Ärzteblatt Baden-Württemberg, Heft 3/1968 — Sonderbeilage Kommentar zur Berufsordnung der Landesärztekammer Baden-Württemberg, § 1 Anm. 6.

[203] *Kalsbach*, Standesrecht des Rechtsanwalts, Köln 1956, S. 46 ff., weiterhin zitiert als Kalsbach, Standesrecht; BRAO, § 1 Anm. 3, S. 6; *Bülow*, § 1 Anm. 1.

[204] Siehe § 29 der Richtlinien.

hängig machen. Dabei kann schon der „böse Schein" für die Annahme eines standeswidrigen Verhaltens genügen, so, wenn etwa ein Rechtsanwalt durch sein Verhalten und seine Folgen den Eindruck entstehen läßt, er könne in seiner beruflichen Betätigung nicht mehr so wie er wolle[205].

Aus diesen Ausführungen versteht sich auch die bereits besprochene standesrechtliche Beschränkung von Honorarvereinbarungen. Da eine Beteiligung an dem zu erstreitenden Betrag (quota litis) bzw. ein Erfolgshonorar den Rechtsanwalt in die Gefahr bringen kann, daß er sein Prozeßvorgehen weniger nach dem Recht als nach den wirtschaftlichen Interessen des Mandanten, die ja auch die seinen sind, ausrichtet[206], er somit in ein Abhängigkeitsverhältnis zum Mandanten geraten kann, sind solche Honorarvereinbarungen unzulässig[207]. Auf derselben Linie liegen die Fälle, in denen der Anwalt etwa durch die Annahme eines besonders günstigen Darlehens oder von Gaben des Auftraggebers diesen veranlaßt, mit einer in seinem Interesse liegenden besonderen Dankbarkeit des Anwalts zu rechnen, aufgrund welcher der Anwalt im Interesse des Mandanten zu einer vom Recht abweichenden Behandlung des Falls bereit wäre[208]. Ebenso ist die Unabhängigkeit des Rechtsanwalts dadurch gefährdet, daß er sich in die Interessen des Mandanten verstrickt, indem er sich an dessen Geschäften beteiligt und in sie Geld investiert. Die äußere Abhängigkeit ist in allen diesen Fällen dazu angetan, auch die allein entscheidende „innerliche Freiheit"[209], die sich nur nach Recht und Rechtsgefühl richtet, zu zerstören. Da aber nach außen nicht sichtbar ist, inwieweit die innere Unabhängigkeit erhalten bleibt, ist es anwaltliche Pflicht, sich diesen Konfliktsituationen fernzuhalten und so den „bösen Schein" zu meiden[210].

bb) Der angestellte Rechtsanwalt

Gilt die Pflicht zur Erhaltung der Unabhängigkeit für die berufliche Betätigung des Rechtsanwalts schlechthin, so trifft dies erst recht zu für den Fall, daß der Rechtsanwalt Angestellter eines Unternehmens oder Verbandes ist oder werden will.

Das Eingehen eines festen Dienstverhältnisses bringt i. d. R. einen Komplex rechtlicher Verpflichtungen gegenüber dem Arbeitgeber mit

---

205 *Kalsbach,* Zur Rechtsprechung des Ehrengerichtshofes der Rechtsanwaltskammern der Britischen Zone, S. 196, in: Anwälte zur Reform des Strafrechts und Standesrechts, Gedenkschrift für Josef Cüppers, Essen 1955, weiterhin zitiert als Kalsbach, Rechtsprechung.

206 *Kalsbach,* Standesrecht, S. 435.

207 §§ 40, 41 Richtlinien.

208 *Kalsbach,* Standesrecht, S. 47.

209 *Kalsbach,* Rechtsprechung, S. 196.

210 *Kalsbach,* Standesrecht, S. 48.

sich, die den Berufsträger in verschiedener Hinsicht binden. Hierunter fallen etwa die Weisungsgebundenheit an die Anordnungen des dienstlichen Vorgesetzten, die Pflicht zur Einhaltung bestimmter Dienststunden, von Urlaubs- und Kündigungszeiten usw. Alle diese Bindungen bewirken zumeist neben der wirtschaftlich-sozialen Abhängigkeit auch eine persönliche Abhängigkeit des Angestellten von seinem Arbeitgeber. Ein solches Abhängigkeitsverhältnis entspricht nicht den Vorstellungen des Berufs- und Standesrechts von einer unabhängigen, nur dem Gewissen und dem Recht verpflichteten Anwaltstätigkeit[211].

Es ist daher die Frage, inwieweit ein Angestelltenverhältnis überhaupt mit der in den §§ 1, 2, 3 BRAO niedergelegten Freiberuflichkeit und Unabhängigkeit des Rechtsanwalts zu vereinbaren ist. Rechtsprechung und Literatur haben das Problem der Vereinbarkeit eines Angestelltenverhältnisses mit dem Beruf eines Rechtsanwalts zumeist im Zusammenhang mit dem Rechtsinstitut des sogenannten „Syndikusanwalts" behandelt. Unter einem Syndikusanwalt ist ein Rechtsanwalt zu verstehen, der zu seinem Auftraggeber „in einem ständigen Dienst- oder ähnlichen Beschäftigungsverhältnis" steht[212]. Das Institut des Syndikusanwalts hat seinen Ursprung in der wirtschaftlichen und rechtlichen Entwicklung nach dem ersten Weltkrieg, als viele der neugegründeten wirtschaftlichen Großunternehmen sich eigene Rechtsabteilungen schufen und deren Leitung ihrem Hausanwalt übertrugen. Damals folgten viele freipraktizierende Rechtsanwälte dem Ruf der Unternehmen der Grundstoffindustrie, der Banken und Versicherungen und traten in deren feste Dienste ein. Dem Beispiel der Wirtschaft schlossen sich später Arbeitgeberverbände, Gewerkschaften, Haus- und Grundbesitzervereinigungen, Innungen, Automobilclubs usw. an, die oft mit dem Bestreben, den Anwalt ihres Vertrauens fester an sich zu binden, die Absicht verfolgten, dessen Aufgabenkreis über das Tätigwerden für sie selbst hinaus auf die Beratung und Vertretung ihrer Mitglieder auszudehnen[213].

Heute finden sich derartige Syndikusanwälte in großem Umfang in leitenden Positionen der Wirtschaft als Syndici oder Justitiare von Gesellschaften, Verbänden und Organisationen[214]. Der Gesetzgeber ist in § 46 BRAO offensichtlich von dem Grundsatz ausgegangen, daß ein Rechtsanwalt neben seinem Anwaltsberuf zugleich in einem ständigen Dienst- oder ähnlichen Vertragsverhältnis stehen darf, und zwar sogar dann, wenn er seine Arbeitszeit und -kraft jenem Auftraggeber

[211] *Kalsbach*, Standesrecht, S. 46 ff.; BRAO, § 7 Anm. 10.
[212] Vgl. § 46 BRAO; *Wecks*, Der Syndikusanwalt, BB 1955, 424.
[213] *Brandi*, Von der Freiheit der Advokatur, S. 45, in: Anwälte zur Reform des Strafrechts und Standesrechts, Gedächtnisschrift für Josef Cüppers, weiterhin zitiert als Brandi, Advokatur.
[214] *Wecks*, a.a.O., 424.

überwiegend zur Verfügung stellen muß. Damit ist aber keineswegs ausgesprochen, daß sich Rechtsanwälte nebenher in Berufen jeder beliebigen Art betätigen dürfen[215]. Vielmehr ergibt sich aus den Bestimmungen über die Zulassung[216] und über die Zurücknahme der Zulassung[217], daß es dem Anwalt untersagt ist, als Zweitberuf eine Tätigkeit auszuüben, die mit dem Beruf eines Rechtsanwalts oder mit dem Ansehen der Rechtsanwaltschaft unvereinbar ist. Unter welchen Voraussetzungen eine unabhängige Anwaltstätigkeit angenommen werden kann und somit eine Vereinbarkeit der Angestelltentätigkeit mit dem Beruf eines Rechtsanwalts besteht, hat die ehrengerichtliche Rechtsprechung in zahlreichen Entscheidungen präzisiert[218].

Der Anwaltssenat des BGH hat die gesetzliche Generalklausel des § 7 Ziff. 8 BRAO durch Aufstellung einiger wichtiger, für die Zulassungspraxis der Rechtsanwaltskammern notwendiger Rechtssätze ergänzt, die den im Gesetz bewußt offengelassenen Rahmen ausfüllen[219].

Der BGH geht davon aus, daß zur Rechtsanwaltschaft nur zugelassen werden kann, „wer rechtlich und tatsächlich in der Lage ist, den Anwaltsberuf in einem nicht unerheblichen Maße auszuüben“[220]. Damit folgt der BGH der Rechtsprechung des früheren Ehrengerichtshofs für deutsche Rechtsanwälte, der als Zulassungsvoraussetzung immer gefordert hatte, daß das Angestelltenverhältnis „die rechtliche und tatsächliche Möglichkeit offen läßt, die freie Anwaltstätigkeit auszuüben“[221]. Der Zulassungsbewerber muß daher nachweisen, daß es allein von seiner eigenen freien Entscheidung, ohne den Dienstherrn jemals fragen zu müssen, abhängt, „ob er nach pflichtgemäßer Abwägung seiner beruflichen Pflichten ein Mandat übernehmen, einen Termin wahrnehmen kann“[222]. Problematisch waren schon immer die Fälle, in denen der angestellte Anwalt nach dem Anstellungsvertrag „seine ganze Kraft“ in den Dienst des Unternehmens stellen muß. Da hier die rechtliche und tatsächliche Möglichkeit zur freien Anwaltstätigkeit — sei es auch nur nebenberuflich — nicht gegeben ist, schloß nach überwiegender Meinung[223] ein solches Dienstverhältnis die Zulassung als Anwalt aus. Allerdings kommt es auch hier auf die Lage des Einzelfalls an. Vielfach werden derartige Bestimmungen in formularmäßige Mitarbeiterverträge übernommen. Die Vertragsauslegung

---

215 BGH 35, 287 ff. (288).
216 § 7 Nr. 8 BRAO.
217 § 15 Nr. 2 BRAO.
218 Siehe dazu insbes. *Brandi*, Advokatur, S. 47 ff.
219 *Brandi*, Der Syndikusanwalt, NJW 1961, 390.
220 NJW 1961, 217.
221 EGH 20, 18 ff.
222 So *Brandi*, NJW 1961, 390; ebenso schon EGH 20, 6 ff.; 21, 16; 22, 16.
223 *Kalsbach*, Standesrecht, S. 52; *Brandi*, Advokatur, S. 50; EGH 19, 17; 20, 45; 22, 19.

und die tatsächlichen Verhältnisse können dann ergeben, daß dem Anwalt durchaus anheimgestellt ist, inwieweit er über seinen beruflichen Pflichtenkreis hinaus noch selbständig als Rechtsanwalt tätig sein will. Hier steht dann auch eine solche Vertragsbestimmung, wonach der Syndikus seine ganze Arbeitskraft und sein ganzes Können dem Arbeitgeber zu widmen habe, einer Anwaltszulassung nicht entgegen[224]. Der BGH hat aber klar zum Ausdruck gebracht, daß derjenige, der seine Arbeitszeit und -kraft nicht bloß überwiegend, sondern ausschließlich einem privaten Arbeitgeber zur Verfügung stellen muß, nicht Rechtsanwalt sein kann[225]. Nach der Fassung des § 46 selbstverständlich war der Ausspruch, daß „die Ausübung des Anwaltsberufs auch im Nebenberuf zulässig ist“[226].

Bezüglich der Art der Angestelltentätigkeit war es schon immer allgemeine Meinung, daß sie sich vorwiegend im Rahmen des allgemeinen anwaltlichen Berufsbildes halten müsse[227]. Auf dieser Linie liegt somit auch die Feststellung des BGH, wenn er von einem Zulassungsbewerber, der in einem ständigen Dienstverhältnis steht, den „Willen verlangt, die Pflichten eines Rechtsanwalts sowohl bei der Ausübung seines freien Berufs als Rechtsanwalt wie in seiner abhängigen Stellung zu erfüllen“[228]. Im Zusammenhang mit der Auffassung des BGH, daß der Syndikusanwalt „vorwiegend juristisch“ tätig werden müsse[229], ergibt sich hieraus die Forderung, daß der Syndikusanwalt ebenso wie der frei tätige Rechtsanwalt in erster Linie juristisch[230] und dabei in der spezifischen anwaltlichen Unabhängigkeit tätig werden muß. Worin der BGH diese besondere anwaltliche Unabhängigkeit sieht, hat er später in mehreren Entscheidungen konkretisiert. Hatten Rechtsprechung und Literatur früher teilweise die im Anstellungsvertrag zugestandene Weisungsfreiheit in der Sache, d. h. soweit es um die rechtliche Beurteilung und Begutachtung von Sachverhalten, ganz allgemein um die Rechtsberatung, ging, für die Wahrung der anwaltlichen Unabhängigkeit vom Mandanten für ausreichend ange-

---

[224] *Brandi*, Advokatur, S. 50; EGH 22, 19; 23, 5 und ebenso heute BGHZ 33, 269.

[225] NJW 1961, 216 ff. (217).

[226] NJW 1961, 216 ff. (217) ebenso in ständiger Rechtsprechung EGH 19, 14, 20; 20, 25, 27; 22, 25. Anders: § 5 der württ.-bad. RAO vom 6. 2. 1948, § 5 der bay. RAO vom 6. 8. 1946 und dementsprechend EGH II, Bay., 10.

[227] *Neubert*, Fragen des Anwaltsrechts, insbes. die Stellung des in der Wirtschaft tätigen Rechtsanwalts, in: Festschrift für Erwin Bumke, Berlin 1939, S. 331 ff., 335; *Brandi*, Advokatur, S. 50, 55; *Cüppers*, RAO brit. Zone, § 15 Ziff. 5 A. 3 und § 37 Abs. 2 A. 3; *Brandi* NJW 1961, 391 und ebenso schon EGH 21, 25 ff.

[228] NJW 1961, 216 ff. (218).

[229] NJW 1961, 218.

[230] Und nicht kaufmännisch-gewerblich, siehe dazu *Brandi*, Advokatur, S. 56.

sehen[231], so geht heute der BGH von wesentlich strengeren Voraussetzungen aus. Er hatte in mehreren Fällen über die Zulassung von Bewerbern zu entscheiden, die als Syndici von Unternehmen und Verbänden oder als Angestellte eines Steuerberaters oder Wirtschaftsprüfers den Mitgliedern bzw. Klienten Rechtsrat erteilen sollten. Diesen Bewerbern war jeweils dienstvertraglich in der Beurteilung spezifisch rechtlicher Fragen und ihrer praktischen Anwendung vor Gerichten und Behörden Weisungsfreiheit eingeräumt worden. Der BGH ließ aber nicht diese formale Weisungsfreiheit, die eine faktische Abhängigkeit nicht zu verhindern vermag, entscheidend sein, sondern untersuchte im Einzelfall die tatsächliche Stellung des Bewerbers im Unternehmen. In mehreren Entscheidungen entwickelte der Gerichtshof sodann den Rechtsgrundsatz, daß der Syndikus eines Verbandes oder Angestellte eines anderen Beratungsberufes, der auf Grund seines Anstellungsvertrags den Verbandsmitgliedern oder Klienten in deren persönlichen Angelegenheiten Rechtsrat zu erteilen hat, nicht zur Rechtsanwaltschaft zugelassen werden kann, weil er sich durch diese Art von Rechtsberatung dem üblichen Berufsbild des Rechtsanwalts entfremdet habe und sich zum ausführenden Organ eines den anwaltlichen Pflichten nicht unterworfenen Rechtsberatungsunternehmens bzw. Berufsstandes mache[232].

Dabei kam es dem BGH weniger auf den Gesichtspunkt der Bindung an konkrete Anweisungen, als auf den Gesichtspunkt der fehlenden Eigenverantwortlichkeit des in abhängiger Stellung befindlichen Rechtsberaters an. Was er unter dieser Eigenverantwortlichkeit versteht, hat der Gerichtshof in mehreren Entscheidungen deutlich gemacht. Er hat zunächst festgestellt, daß eigenverantwortlich nur derjenige handeln könne, der nicht nur formal, sondern auch tatsächlich weisungsfrei sei, was eine leitende oder zumindest gehobene Stellung im Unternehmen voraussetze[233]. Daß trotz einer solchen leitenden Stellung keine eigenverantwortliche Tätigkeit vorzuliegen braucht, hat er am Beispiel eines geschäftsführenden Syndikus eines Arbeitgeberverbandes ausgeführt. Der BGH stellt in dem konkreten Fall fest, daß der Syndikus trotz der zugestandenen Weisungsfreiheit aufgrund der arbeitsrechtlichen Abhängigkeit nicht in der Lage sei, sich wirklich, wie §§ 1, 3 Abs. 1 BRAO dies verlangten, bei allen von ihm wahrgenommenen Rechtsangelegenheiten kraft eigenverantwortlicher Prüfung von allen rechtsfremden Erwägungen freizumachen und allein einen

---

[231] *Karlsbach*, BRAO, § 7 Anm. 10 IV und Standesrecht, S. 59, EGH V brit. Zone, 43.
[232] BGHZ 35, 287 = NJW 1961, 1862; BGHZ 38, 241 = NJW 1963, 445; BGHZ 40, 282 = NJW 1964, 251 L.
[233] BGHZ 35, 119 ff. (123) = NJW 1961, 1468; vgl. weiterhin BGH in NJW 1965, 1015 ff. (1017).

dem Recht entsprechenden Rat zu erteilen. Dabei weist er einerseits auf die faktische Unmöglichkeit des Syndikus hin, einen für die beratenen Mitgliedsunternehmen nachteiligen Rechtsstandpunkt einzunehmen, andererseits auf die Tatsache, daß die Verbandsmitglieder vielfach nicht die Rechtsauffassung des Syndikus, sondern die des Verbandes wissen wollten[234]. Wenn der BGH im Gegensatz zu diesen Fällen bereits mehrfach eine doppelte Betätigung als Syndikus und als Rechtsanwalt für zulässig erklärt hatte[235], so lag dies darin, daß es sich in den vorangegangenen Entscheidungen um echte Syndikustätigkeiten, nämlich um die Rechtsberatung für den Arbeitgeber in dessen eigenen Rechtsangelegenheiten handelte. Diese Tätigkeit ist aber nicht damit vergleichbar, daß die Rechtsberatung Dritter Gegenstand des Anstellungsvertrags ist[236]. Hier wäre der Anwalt nicht mehr Berater eines Auftraggebers, sondern wäre Hilfsperson für seinen Auftraggeber, der selbst seinem Kunden- oder Mitgliederkreis anwaltliche Hilfe zukommen lassen will. Deshalb wurde es schon vor der Klärung durch den BGH als mit dem Wesen der freien Advokatur nicht vereinbar angesehen, wenn ein Anwalt in Abhängigkeit und im Namen eines andern, sei es bei einem Unternehmen, sei es bei einem Verband, sei es bei einem Angehörigen eines anderen Beratungsberufs anwaltliche oder anwaltsähnliche Aufgaben durchführt[237].

Werden somit im Zulassungsverfahren an den Bewerber strenge Anforderungen in bezug auf die unabhängige Berufsausübung gestellt, so gibt es doch andererseits nicht wenige Syndici, die zwar den Titel eines Rechtsanwalts tragen, in Wirklichkeit aber keine Anwaltstätigkeit mehr ausüben und nur noch für ihren Verband, ihr Unternehmen usw. tätig, teilweise nicht einmal mehr vorwiegend mit juristischen Aufgaben betraut, sind. Es handelt sich hier um solche Berufsinhaber, die bereits vor Inkrafttreten der BRAO als Syndikusanwälte zugelassen waren oder aber erst nach Zulassung eine Syndikusstellung annahmen. Diese Berufsträger entsprechen offensichtlich nicht dem Berufsbild des angestellten Rechtsanwalts, das die Rechtsprechung aufgezeichnet hat. Hier zeigt sich der Unterschied zwischen der Mußvorschrift des § 7 Nr. 8 und der Kannbestimmung des § 15 Nr. 2 BRAO, die eine Rücknahme der Zulassung ins Ermessen der Landesjustizverwaltung stellt. Der BGH hat bereits mehrfach betont, daß es sich bei diesen Syndikusanwälten um einen Sondertatbestand handelt. Der Gesetzgeber habe bei Einführung der Bundesrechtsanwaltsordnung bewußt darauf verzichtet, die Grundsätze des § 7 Nr. 8 BRAO zur Frage

[234] NJW 1966, 2062 ff., 2063.
[235] BGHZ 33, 266 = NJW 1961, 216; BGHZ 33, 272 = NJW 1961, 218; NJW 1961, 921 Nr. 9 und NJW 1962, 202 Nr. 6.
[236] BGHZ 40, 284.
[237] *Brandi*, Advokatur, S. 57.

der Vereinbarkeit auch gegenüber den bereits zugelassenen Rechtsanwälten in aller Grundsätzlichkeit angewendet zu sehen. Im übrigen weist der BGH darauf hin, daß mit Rücksicht auf wohlerworbene Rechte noch geraume Zeit mit einer erheblichen Rechtsuneinheitlichkeit gerechnet werden müsse[238]. Ohne Rücksicht auf Art und Umfang der beruflichen Unabhängigkeit gilt jedoch für alle Syndikusanwälte das Verbot, für ihren ständigen Arbeitgeber vor Gerichten oder Schiedsgerichten in ihrer Eigenschaft als Rechtsanwalt aufzutreten. Diese Regelung beruht in erster Linie auf dem Gedanken, daß die arbeitsrechtliche Bindung gegenüber dem Arbeitgeber zumindest in Prozessen, die dieser selbst führt, eine echte unabhängige Stellung, wie sie der freie Anwalt gegenüber seinem Mandanten hat, nicht erlaubt. Die amtliche Begründung des § 58 des Entwurfs einer Bundesrechtsanwaltsordnung[239] legt entscheidenden Wert darauf, die beiden Aufgabengebiete des Syndikusanwalts — einerseits abhängige Tätigkeit für einen ständigen Arbeitgeber, andererseits selbständige Rechtsanwaltstätigkeit — gegeneinander abzugrenzen. Sie geht davon aus, daß der Syndikusanwalt bei seiner Tätigkeit als Syndikus für seinen Dienstherrn nicht dem allgemeinen anwaltlichen Berufsbild entspreche, wie es in der Vorstellung der Allgemeinheit bestehe. Der Tätigkeit des Syndikusanwalts werden aufgrund seiner arbeitsrechtlichen Abhängigkeit die typischen Wesensmerkmale der freien Berufsausübung, die das Bild des Anwalts bestimmen, abgesprochen. Demnach soll sich nur die Tätigkeit, die der Syndikus als Anwalt außerhalb seines Dienstverhältnisses ausübt, in das Berufsbild des Anwalts, das sich von ihm als einem unabhängigen Organ der Rechtspflege geformt habe, einfügen. Da die anwaltliche Unabhängigkeit beim Auftreten in Prozessen des eigenen Arbeitgebers somit nicht gewahrt schien, entschied man sich für den Weg eines Verbots. Gegen diese Auffassung vom Wesen der Tätigkeit eines Syndikusanwalts, der sich auch der BGH angeschlossen hat[240], wurden in der Literatur gewichtige Bedenken erhoben. So hat *Wecks*[241] zu Recht darauf hingewiesen, daß Syndikusanwälte, soweit ihr Arbeitgeber überhaupt Prozesse führt, im allgemeinen weniger weisungsgebunden und weniger wirtschaftlich abhängig sind, als viele sogenannte freie Anwälte, die von ihren Mandanten häufig ganz fest umrissene Aufträge erhalten und möglicherweise auf deren Mandat wirtschaftlich angewiesen sind.

Auch wenn in vielen Fällen eine rechtliche Weisungsfreiheit und Unabhängigkeit bestehen mag, die teilweise — wenn etwa der Syn-

---

[238] BGHZ 40, 282, 288 = NJW 1964, 251 L; BGH NJW 1965, 1015 ff. (1017).

[239] 3. Regierungsentwurf 1957, vorgelegt dem deutschen Bundestag, 3. Wahlperiode, Drucksache 120, S. 77.

[240] BGH NJW 1961, 219.

[241] a.a.O., S. 425.

dikus gleichzeitig Mitglied eines Organs ist — bis zu einer unternehmergleichen Eigenverantwortlichkeit reichen kann, so darf doch nicht übersehen werden, daß in zahlreichen Konfliktsituationen ein Angestellter eben doch faktisch nicht frei entscheiden und handeln kann. So wird vielfach weniger die arbeitsrechtliche Bindung, als vielmehr eine schwer zu bestimmende innere Abhängigkeit, die auf einem Zugehörigkeits- und Treuedenken, einer Identifizierung mit den Interessen des Unternehmens, dem man angehört, beruht, einen Angestellten — zumeist unbewußt — veranlassen, sich die Auffassung des Unternehmens zu eigen zu machen und die Rechtsberatung und -vertretung nach dem Betriebsinteresse auszurichten. Zumindest in den Fällen der Prozeßvertretung des eigenen Arbeitgebers erscheint daher das Verbot des § 46 BRAO gerechtfertigt und die Begründung teilweise akzeptabel[242]. Nicht gefolgt werden kann allerdings der amtlichen Begründung und der ihr folgenden Rechtsprechung und Literatur[243] insoweit, als diese sich mit dem Berufsbild des Syndikusanwalts befassen. Die allgemeine Aussage, „daß bei der Tätigkeit, die der Anwalt als Syndikus für den Dienstherrn leistet, die typischen Wesensmerkmale der freien Berufsausübung, die das Bild des Anwalts bestimmen, nicht gegeben sind“[244], ist zumindest mißverständlich. Wenn Rechtsprechung und Literatur gerade auch für den in (arbeitsrechtlich) abhängiger Stellung tätigen Syndikus eine anwaltliche oder anwaltsgleiche Tätigkeit[245] verlangen und dabei betonen, daß auch der Syndikus in seiner abhängigen Stellung die Pflichten eines Anwalts zu erfüllen hat[246], so stehen diese Feststellungen in einem gewissen Widerspruch zu der vorstehend geäußerten Aussage zum Berufsbild des Syndikusanwalts. Gerade für den Rechtsanwalt, der in ein Angestelltenverhältnis eintritt, fordert das Standesrecht, daß er sich die Freiheit seiner anwaltlichen Tätigkeit zu erhalten habe[247]. Die damit incidenter getroffene Feststellung, daß auch die dienstvertragliche Syndikustätigkeit dem allgemeinen Berufsbild des Anwalts entsprechen muß, wird aber verwischt, wenn andererseits dem Berufsträger diese Qualifikation abgesprochen wird[248]. In diesem Zusammenhang ist es auch nicht recht einzusehen, weshalb der Bundesgerichtshof in jedem Zulassungsfall die rechtliche und tatsächliche Möglichkeit verlangt, „sich außerhalb des Dienstverhältnisses noch als freier Anwalt in einem nicht unerheblichen Maße zu betätigen“[249]. Für den „klassischen“ Fall der Syn-

---

[242] Siehe hierzu besonders auch *Kalsbach*, Standesrecht, S. 50 ff.
[243] z. B. *Scholle*, in: AnwBl. 1963, S. 37; BGHZ 33, 276 = NJW 61, 219.
[244] BGH, a.a.O.
[245] *Neubert*, a.a.O., S. 331 ff., 335; EGH 21, 25 ff.
[246] BGH, NJW 1961, 218.
[247] § 29 Nr. 3 Richtlinien.
[248] *Brandi* NJW 1961, 392.
[249] BGH, NJW 1961, 217.

dikustätigkeit, daß ein Leiter der Rechtsabteilung eines großen Unternehmens oder ein Dezernent für alle bei einem mittleren Unternehmen einlaufenden Rechtsfragen Anwalt werden will, sollte dies nicht gelten: Hier handelt es sich stets um echte anwaltliche oder jedenfalls anwaltsartige Tätigkeit, die nicht für eine Vielzahl von Mandanten, sondern für einen einzigen Auftraggeber ausgeführt wird. Da hier regelmäßig auch die Unabhängigkeit in der Erfüllung der beruflichen Aufgaben gewährleistet ist, kann es nicht entscheidend darauf ankommen, ob diesem Syndikusanwalt noch die Zeit und Möglichkeit „freier Tätigkeit" für andere Auftraggeber verbleibt[250]. Jedenfalls sind nicht wenige solcher nur für einen Auftraggeber tätige Syndici Mitglieder der Anwaltschaft, denen mit Rücksicht auf die bloße Fakultativbestimmung des § 15 Nr. 2 BRAO die Zulassung nicht entzogen wurde.

c) *Wirtschaftsprüfer und Steuerberater*

Ein ähnliches Bild wie in der Anwaltschaft bietet sich in den weiteren hier relevanten Beratungsberufen der Wirtschaftsprüfer und Steuerberater bzw. Steuerbevollmächtigten.

Berufsaufgabe der Steuerberater und Steuerbevollmächtigten ist es, im Rahmen ihres Auftrags ihre Auftraggeber in Steuersachen zu beraten, sie zu vertreten und ihnen bei der Bearbeitung ihrer Steuerangelegenheiten und bei der Erfüllung ihrer steuerlichen Pflichten Hilfe zu leisten, wozu auch die Hilfeleistung in Steuerstrafsachen, Bußgeldsachen wegen einer Steuerordnungswidrigkeit und bei der Erfüllung von Buchführungspflichten gehört[251].

Wirtschaftsprüfer haben die berufliche Aufgabe, betriebswirtschaftliche Prüfungen, insbesondere solche von Jahresabschlüssen wirtschaftlicher Unternehmen, durchzuführen und Bestätigungsvermerke über die Vornahme und das Ergebnis solcher Prüfungen zu erteilen. Daneben sind sie befugt, ihre Auftraggeber in bestimmtem Umfang in steuerlichen Angelegenheiten zu beraten und zu vertreten sowie als Sachverständige auf dem Gebiet der wirtschaftlichen Betriebsführung aufzutreten[252].

Die Berufsgesetze verlangen, daß der Berufsträger diese Aufgaben als freier Beruf unabhängig, eigenverantwortlich, gewissenhaft und verschwiegen erfüllt[253]. Dabei ist zunächst an den einzelnen selbstän-

---

[250] *Brandi*, Advokatur, S. 55; so schon der EGH, Bd. 21, 25 ff. Vgl. auch die Bedenken *Ostlers*, in: Der deutsche Rechtsanwalt, Schriftenreihe der jur. Studiengesellschaft Karlsruhe, Heft 56/57, 1963, S. 32, 33.

[251] § 2 Steuerberatungsgesetz (StBG).

[252] § 2 Wirtschaftsprüferordnung (WPO).

[253] § 22 I Steuerberatungsgesetz; § 43 I Wirtschaftsprüferordnung.

digen Steuerberater, Steuerbevollmächtigten und Wirtschaftsprüfer gedacht, bei dem die Einhaltung dieser Berufspflichten unproblematisch erscheint.

aa) Der angestellte Wirtschaftsprüfer und Steuerberater

Die wirtschaftliche Entwicklung sowie der Umfang und die Kompliziertheit der zu erfüllenden Berufsaufgaben haben es jedoch mit sich gebracht, daß ein großer Teil der Berufsträger heute in Steuerberatungs- und Wirtschaftsprüfungsgesellschaften tätig ist. Die Gesetze lassen solche Gesellschaften in der Form von Aktiengesellschaften, Kommanditgesellschaften auf Aktien und Gesellschaften mit beschränkter Haftung (für Wirtschaftsprüfungsgesellschaften unter den Voraussetzungen des § 27 Abs. 2 WPO auch als Offene Handelsgesellschaften und Kommanditgesellschaften) unter der Bedingung zu, daß die Mitglieder des Vorstandes, die Geschäftsführer oder die persönlich haftenden Gesellschafter Steuerberater oder Wirtschaftsprüfer sind[254].

Die als Vorstandsmitglieder bzw. als Geschäftsführer beschäftigten Steuerberater und Wirtschaftsprüfer werden aber auf Grund von Anstellungsverträgen[255] tätig und sind somit Angestellte des Unternehmens[256]. Neben diesen leitenden Funktionen kennen die Berufsgesetze auch den Steuerberater, Steuerbevollmächtigten und Wirtschaftsprüfer, der in einem sonstigen Anstellungsverhältnis steht. Da sich diese Berufsträger jeder Tätigkeit zu enthalten haben, die mit ihrem Beruf oder mit dem Ansehen des Berufs nicht vereinbar ist[257], kommen nur bestimmte Angestelltentätigkeiten in Frage. Die Berufsgesetze enthalten bereits eine Aufzählung der zu vereinbarenden Tätigkeiten, wobei es sich im wesentlichen um sonstige freiberufliche Beratung und Interessenwahrnehmung, Hochschultätigkeiten und freie schriftstellerische und künstlerische Betätigung handelt[258]. Ausdrücklich für zulässig erachtet werden insbesondere Angestelltentätigkeiten an wissenschaftlichen Instituten und Hochschulen und als Treuhänder sowie solche Tätigkeiten, die als Angestellter bei einem Kollegen oder Unternehmen desselben Berufs[259] oder des anderen wirtschaftlichen Beratungsberufs[260] ausgeübt werden. Für das Steuerrecht zählen die Einkünfte aus solcher Angestelltentätigkeit — ohne Rücksicht auf die

---

[254] §§ 27, 28 StBG, 16, 17 WPO.

[255] § 84 Abs. 2 S. 5, § 87 Abs. 3 AktG, § 46 GmbH.

[256] Siehe dazu *Metzner*, Die zweckmäßige Rechtsform der Wirtschaftsprüfergemeinschaften, in: Der Wirtschaftsprüfer 1949, S. 174 und *Wollert*, ebenda, S. 66.

[257] § 22 Abs. 2 S. 1 StBG; § 43 Abs. 2 S. 1 WPO.

[258] § 22 Abs. 3 StBG; § 43 Abs. 4 WPO.

[259] § 23 S. 1 und 2 StBG, § 43 Abs. 3 Nr. 2 i. V. mit § 43 Abs. 4 Nr. 3 und 4 und § 44 Abs. 1 Nr. 3 WPO.

[260] § 23 S. 3 StBG.

Planungs- und Entschließungsfreiheit, wie sie etwa bei Vorstandsmitgliedern und Geschäftsführern in erheblichem Maß vorhanden ist — ausnahmslos nicht zu denjenigen aus freiberuflicher Tätigkeit[261]. Diese Zurechnung zu den Unselbständigen beruht auf der bereits mehrfach festgestellten Tendenz des Steuerrechts, nur wirtschaftlich selbständige Tätigkeiten als freiberufliche anzuerkennen.

α) Unabhängigkeit

Im Berufsrecht ergibt sich für den angestellten Steuerberater und Wirtschaftsprüfer ebenso wie beim Rechtsanwalt das Problem, ob eine solche Beschäftigung mit den Grundsätzen freiberuflicher Tätigkeit vereinbar ist, insbesondere, inwieweit die unabhängige Berufsausübung durch das Eingehen eines Arbeitsverhältnisses beeinträchtigt wird. Dabei sind vornehmlich die Konsequenzen zu beachten, die sich aus der Eingliederung in eine Kapitalgesellschaft ergeben. In erster Linie sind dies die teils faktischen, teils rechtlichen Bindungen, die sich daraus ergeben, daß der Aufsichtsrat einer Wirtschaftsprüfungs- oder Steuerberatungs-AG oder die Gesellschafter einer entsprechenden GmbH auf die Tätigkeit der angestellten Berufsträger Einfluß nehmen können. Der Aufsichtsrat einer AG bestellt nach § 84 AktG den Vorstand und muß ihn nach mindestens 5jähriger Tätigkeit bestätigen, die Geschäftsführer werden nach § 46 Nr. 5 GmbHG von den Gesellschaftern bestellt. Da Aufsichtsratsmitglieder bzw. Gesellschafter einer solchen Kapitalgesellschaft nicht notwendigerweise auch Wirtschaftsprüfer oder Steuerberater sein müssen, wäre denkbar, daß berufsfremde Kapitalgeber, die nicht an die berufsrechtlichen und standesrechtlichen Verpflichtungen der Steuerberater und Wirtschaftsprüfer gebunden sind, ihre Personenwahl nach rein erwerbswirtschaftlich-kapitalistischen Erwägungen vornehmen und eine Führung der Gesellschaft[262] verlangen, die den Berufsgrundsätzen dieser Berufe widerspricht. Diese Gefahr wird noch verstärkt durch die ihnen eingeräumte Möglichkeit, die Geschäftsführungsbefugnis der Vorstandsmitglieder bzw. Geschäftsführer nach § 82 Abs. 2 AktG bzw. § 37 Abs. 1 GmbHG zu beschränken. Schließlich besteht für die Vorstandsmitglieder einer AG darüber hinaus eine Bindung gegenüber den Aktionären, da sie nach § 83 Abs. 2 AktG Beschlüsse der Hauptversammlung auszuführen haben. Die Berufsgesetze enthalten deshalb mehrere Bestimmungen, die darauf angelegt sind, die sachliche Unabhängigkeit der Berufsträger zu wahren. Nach § 56 WPO gilt § 43 WPO, der eine

---

[261] Siehe § 18 EStG und *Blümlich-Falk*, § 19 Anm. 2 und 5, S. 1473, 1486, 1487 sowie die obenstehenden Ausführungen auf S. 33 ff. und die dort angeführte Literatur.

[262] Die nach § 90 AktG und § 46 Nr. 6 GmbHG ihrer Kontrolle unterliegt.

unabhängige und eigenverantwortliche Berufstätigkeit fordert, auch für die in Wirtschaftsprüfergesellschaften tätigen Wirtschaftsprüfer[263].

β) Eigenverantwortlichkeit

Dabei fällt auf, daß die Berufsgesetze für Steuerberater, Steuerbevollmächtigte und Wirtschaftsprüfer im Gegensatz zur BRAO neben der beruflichen Unabhängigkeit noch besonders eine eigenverantwortliche Tätigkeit verlangen. Eine eigenverantwortliche Tätigkeit von angestellten Steuerberatern und Wirtschaftsprüfern wird — außer bei Vorstandsmitgliedern, Geschäftsführern und persönlich haftenden Gesellschaftern einer Wirtschaftsprüfergesellschaft[264] — dann angenommen, wenn der jeweilige Berufsträger ein Zeichnungsrecht hat[265]. Doch gehen Steuerberatungsgesetz und Wirtschaftsprüferordnung davon aus, daß das formale Moment der Zeichnungsbefugnis ein widerlegbares Indiz für eine eigenverantwortliche Tätigkeit ist. Wer sich trotz Zeichnungsberechtigung als Angestellter an die Weisungen seines Arbeitgebers zu halten hat, durch die ihm die „Freiheit zu pflichtmäßigem Handeln genommen wird" oder die ihn verpflichten, „Prüfungsberichte und Gutachten auch dann zu unterzeichnen, wenn ihr Inhalt sich mit seiner Überzeugung nicht deckt", übt keine eigenverantwortliche Tätigkeit aus[266]. Daraus erhellt, was in erster Linie unter „Eigenverantwortlichkeit" in diesem Sinn zu verstehen ist. Wesentliches Element der beruflichen Unabhängigkeit ist die weisungsfreie, nicht an Anordnungen Dritter, sondern allein an die Erfüllung der gesetzlich bestimmten Aufgaben gebundene Berufsausübung. Davon gehen auch die amtlichen Begründungen zu den beiden Berufsgesetzen aus. Nach der amtlichen Begründung zum Steuerberatungsgesetz[267] soll ein Auftraggeber einen Steuerberater oder Steuerbevollmächtigten „zu keinem Verhalten veranlassen können, das mit den Gesetzen oder Berufspflichten nicht zu vereinbaren ist". Der beauftragte Steuerberater oder Steuerbevollmächtigte trage selbst die Verantwortung für sein Tun und könne sich zur Entlastung nicht auf den Auftraggeber berufen. Ebenso versteht die amtliche Begründung zur Wirtschaftsprüferordnung[268] unter eigenverantwortlicher Tätigkeit eine solche,

[263] Ebenso gilt gemäß § 30 StBG der die wesentlichen Berufspflichten des Steuerberaters enthaltende § 22 StBG auch für die in Steuerberatungsgesellschaften tätigen Steuerberater und Steuerbevollmächtigten.

[264] § 44 Abs. 1 Nr. 2 WPO; eine entsprechende Vorschrift enthält das Steuerberatungsgesetz nicht, jedoch kann davon ausgegangen werden, daß diese leitenden Angestellten Zeichnungsbefugnis besitzen.

[265] § 24 Abs. 1 Nr. 2 und 3 StBG; § 44 Abs. 1 Nr. 3 WPO.

[266] § 24 Abs. 2 StBG; § 44 Abs. 2 WPO.

[267] Zu § 1 Abs. 1 im Entwurf eines Steuerberatungsgesetzes, vorgelegt dem Deutschen Bundestag, 3. Wahlperiode, 1958, Drucksache Nr. 128, S. 24.

[268] Deutscher Bundestag, 3. Wahlperiode, Drucksache Nr. 201, zu § 56 des Entwurfs.

bei der „die Unabhängigkeit der Entscheidung gewährleistet ist", denn der Wirtschaftsprüfer könne bei der „Durchführung von Pflichtprüfungen und bei der Erteilung von Bestätigungsvermerken nur seinem Gewissen und seinem pflichtgemäßen Ermessen unterworfen sein". Dementsprechend verlangen z. B. auch die „Richtlinien für die Berufsausübung der Wirtschaftsprüfer", daß der Wirtschaftsprüfer sich bei seinen Feststellungen, Beurteilungen und Entscheidungen frei zu halten hat von Einflüssen, Bindungen und Rücksichten[269], die seine Unabhängigkeit und Unbefangenheit beeinträchtigen könnten[270], und daß er sein Handeln in eigener Verantwortung zu bestimmen hat[271]. Damit zeigt sich zum einen, daß mit den Begriffen Unabhängigkeit und eigenverantwortlich im wesentlichen nichts anderes gemeint ist als das, was im Anwaltsrecht unter dem einheitlichen Begriff „Unabhängigkeit" behandelt wurde[272]. Zum anderen wird deutlich, daß die gleiche Aufgabenstellung für selbständige und angestellte Berufsträger es mit sich bringt, für beide eine gleichermaßen freie, und zwar sachlich unabhängige Berufsausübung zu fordern. Die daneben wie in jedem Arbeitsverhältnis bestehende persönliche Bindung an den Arbeitgeber in Fragen der Geschäftsverteilung, der Arbeitszeit, des Arbeitsumfangs und der Dauer des Anstellungsverhältnisses ist — ebenso wie dies schon für den angestellten Anwalt aufgezeigt wurde — insoweit ungefährlich, als sie den Berufsträger nicht in seiner von Weisungen des Arbeitgebers unabhängigen Berater- und Prüfertätigkeit beeinflußt. Weisungen, die lediglich der Ordnung des Arbeitsverhältnisses dienen und von dem Dienstverpflichteten ein bestimmtes Verhalten verlangen, berühren auch hier nicht die unabhängige Prüferbzw. Beratertätigkeit[273].

Die gesetzliche Regelung geht von einer wirtschaftlich-sozialen Abhängigkeit aus, läßt sie aber erst relevant werden, wenn dadurch die sachliche Unabhängigkeit beeinträchtigt wird. Denn gerade auf die Wahrung der sachlichen Unabhängigkeit, die Stärkung der persönlichen Verantwortung und die Sicherung der fachlichen Entscheidungsfreiheit der angestellten Berufsträger kam es dem Gesetzgeber entscheidend an[274]. Die Situation bei diesen Beratungsberufen ist dem-

---

[269] Letzteres wieder besonders im Hinblick auf gewisse Honorarvereinbarungen, vgl. Nr. I; ähnlich § 18 der Richtlinien der Bundessteuerberaterkammer.

[270] Nr. I der Richtlinien für Wirtschaftsprüfer; § 2 der Richtlinien der Bundessteuerberaterkammer.

[271] Nr. III der Richtlinien.

[272] Zur Eigenverantwortlichkeit bei Beschäftigung mehrerer Hilfskräfte vgl. die Ausführungen im Steuerrecht S. 35 ff., bes. S. 37.

[273] Für den Anwalt vgl. insoweit: BGH, NJW 1961, 219.

[274] *Lindenberg*, Wirtschaftsprüfungsgesellschaften und Wirtschaftsprüferordnung, BB 1961, 1284 ff. (1287).

nach ähnlich wie in den Anwaltsberufen. Die dort zur anwaltlichen Unabhängigkeit gemachten Ausführungen gelten grundsätzlich auch für diese Berufe. Allerdings kennen Wirtschaftsprüferordnung und Steuerberatungsgesetz nicht den bei einem gewerblichen Unternehmen fest angestellten Steuerberater oder Wirtschaftsprüfer, der daneben eine selbständige Berufstätigkeit ausübt, also eine Art Steuersyndikus oder Wirtschaftssyndikus wäre[275].

bb) Wirtschaftsprüfungs- und Steuerberatungsgesellschaft

Innerhalb der Abhandlungen zum Begriff des freien Berufs wird den hier behandelten Berufen darüber hinaus insoweit besondere Aufmerksamkeit geschenkt, als deren Berufsaufgaben nicht nur von einzelnen Wirtschaftsprüfern oder Steuerberatern, sondern auch von Wirtschaftsprüfungs- bzw. Steuerberatungsgesellschaften in der Form juristischer Personen erfüllt werden können.

Die Vorschriften über die Rechte und Pflichten der Steuerberater und Wirtschaftsprüfer[276] gelten sinngemäß auch für die Steuerberatungs- und Wirtschaftsprüfungsgesellschaften[277]. Diese sind ebenso wie natürliche Personen Mitglied bei der Steuerberater- bzw. Wirtschaftsprüferkammer[278] und unterliegen deren Berufsaufsicht[279], ebenso sind Wirtschaftsprüfungsgesellschaften an die Richtlinien der betreffenden Prüferkammern für die Berufsausübung gebunden[280]. Damit werden einer juristischen Person in wesentlichen Punkten dieselben Rechte und Pflichten eingeräumt, die sonst nur natürlichen Personen zukommen. Die Stellung einer juristischen Person in einem freien Beruf ist ein besonders interessantes juristisches Problem[281], nicht zuletzt deshalb, weil die Übernahme und Erledigung von Aufträgen durch eine juristische Person zumeist gerade als Gegenteil der für den freien Beruf typischen eigenpersönlichen Leistungserbringung angesehen wird[282]. An diesem Merkmal des freien Berufs ist festzuhalten. Der Einsatz der eigenen Persönlichkeit, der gekennzeichnet ist durch die Zurverfügungstellung der persönlichen Fähigkeiten, Kenntnisse und Erfahrungen und eine damit verbundene besondere fachlich-ethische

---

[275] *Megow*, Deutsches Bundesrecht, VII A 19, S. 50, und *Thümmel*, ebenda, III A 12, S. 58. Vgl. die in BVerfGE 21, 173 ff. (182) dafür aufgeführten Gründe.

[276] §§ 22, 26 bis 29 StBG und §§ 43, 49 bis 53 WPO.

[277] § 30 StBG; § 56 Abs. 1 WPO.

[278] § 32 StBG; § 58 Abs. 1 WPO.

[279] § 34 Abs. 2 StBG; § 57 Abs. 2 WPO.

[280] § 57 Abs. 1 WPO.

[281] *Lindenberg*, BB 1961, 1286; *Deneke*, S. 136 spricht von „einer interessanten Sonderstellung" der Wirtschaftsprüfungsgesellschaften.

[282] Siehe etwa *Rittner*, S. 21; RFH, in: Urteil vom 14. 8. 1928, RStBl 1929, S. 19 und die vorstehenden Ausführungen unter B, II, 4.

Verantwortung des Berufsträgers sind das entscheidende Abgrenzungskriterium zu den gewerblichen und industriellen Betätigungen und den ihnen gemäßen Organisationsformen. Adressat von besonderen ethischen und fachlichen Verhaltensnormen kann nie eine juristische Person sein, allenfalls die hinter ihr stehenden natürlichen Personen. Deshalb kann auch eine juristische Person als solche nicht einen freien Beruf ausüben, sondern nur die sie repräsentierenden oder bei ihr beschäftigten natürlichen Personen. Demzufolge ist den Ausführungen des Wirtschaftsausschusses im schriftlichen Bericht über den Entwurf einer Wirtschaftsprüferordnung[283] zuzustimmen, wonach dieser ausdrücklichen Wert auf die Feststellung legt, „daß die Ausübung des Berufs eines Wirtschaftsprüfers nur an die natürliche, jedoch nicht an die juristische Person gebunden sein soll“ und Berufsausübender i. S. der gesetzlichen Bestimmungen allein der einzelne Wirtschaftsprüfer, nicht aber die Gesellschaften sein können[284]. Die gesetzlichen Regelungen enthalten daher auch eine Reihe von Bestimmungen, aus denen sich klar ergibt, daß allein der einzelne Berufsträger, nicht aber die Gesellschaften als solche den Beruf eines Wirtschaftsprüfers ausüben. So machen etwa § 1 Abs. 3 StBG und § 1 Abs. 3 WPO die Anerkennung einer Steuerberatungs- bzw. Wirtschaftsprüfungsgesellschaft von dem Nachweis abhängig, daß die Gesellschaft von Steuerberatern oder Wirtschaftsprüfern verantwortlich geführt wird. Aus § 32 WPO ergibt sich, daß nur Wirtschaftsprüfer[285] die gesetzlich vorgeschriebenen Bestätigungsvermerke abgeben dürfen. Schließlich kommt das Charakteristikum der „eigenverantwortlichen Steuerberater- bzw. Wirtschaftsprüfertätigkeit“ nicht den Steuerberatungs- bzw. Wirtschaftsprüfungsgesellschaften als solchen, sondern nur dem in ihnen tätigen Steuerberater bzw. Wirtschaftsprüfer zu[286].

Die Tätigkeit von Steuerberatungs- und Wirtschaftsprüfungsgesellschaften ist seit Bestehen[287] des Berufsrechts in den verschiedenen Rechtsformen, besonders der der juristischen Person zulässig. Mit der Anerkennung dieser Arten des Zusammenschlusses von einzelnen Berufträgern wurde nur der wirtschaftlichen Entwicklung auf dem Gebiete des Steuerberatungs- und wirtschaftlichen Prüfungswesens Rechnung getragen, die dadurch gekennzeichnet ist, daß die vielfältigen und umfangreichen Berufsaufgaben oftmals nicht mehr allein von

---

[283] Deutscher Bundestag, 3. Wahlperiode, Drucksache Nr. 2565, zu § 1 des Entwurfs einer Wirtschaftsprüferordnung.

[284] Ebenso *Höppner*, Problematik und Widersprüche der Wirtschaftsprüferordnung, BB 1961, 1209 ff. (1210).

[285] Und nicht etwa sonstige Organe der Gesellschaft, die nicht Wirtschaftsprüfer sind.

[286] § 24 StBG § 44 WPO, siehe hierzu *Lindenberg*, BB 1961, 1286, 1287.

[287] Früher nur landesgesetzlich geregelt.

einem einzelnen oder mehreren in einer Sozietät zusammengeschlossenen Berufsträgern ausgeführt werden können. Die steuerliche Beratung und Abschlußprüfung bzw. Begutachtung der wirtschaftlichen Lage großer Unternehmen übersteigen zumeist die finanziellen und personellen Möglichkeiten und Voraussetzungen eines Einzelsteuerberaters oder -wirtschaftsprüfers. Sie haben dazu geführt, daß bereits 1965 von 2026 praktizierenden Wirtschaftsprüfern 814, also 40 % in 326 Wirtschaftsprüfungsgesellschaften[288] und von 4429 Steuerberatern 681, also etwa 15 %, in 205 Steuerberatungsgesellschaften[289] tätig waren. Die verschiedenen Arten des Zusammenschlusses, insbesondere in der Form von Kapitalgesellschaften, ermöglichen einerseits in persönlicher Hinsicht eine klare Regelung der Geschäftsführungs- und Vertretungsmacht und eine vom Wechsel der Gesellschafter unabhängige und kontinuierliche Aufgabenerfüllung, weiterhin — was bei großen Beratungs- und Prüfungsaufträgen besonders wichtig ist — die Anstellung der erforderlichen Zahl von Mitarbeitern und Hilfskräften sowie die Anschaffung der entsprechenden technischen Hilfsmittel und andererseits in finanzieller Hinsicht die Beschränkung der Haftung auf das Gesellschaftskapital.

Wenn daher solche Beratungs- bzw. Prüfungsgesellschaften gesetzlich zugelassen werden, so ist davon auszugehen, daß der Gesetzgeber damit nicht die juristische Person als Berufsträger anerkennen wollte, sondern vielmehr nur eine Organisationsform, nur ein „Instrument"[290] für die Zusammenarbeit von Steuerberatern und Wirtschaftsprüfern bereitstellen wollte[291].

2. Ständischer (sozialethischer) Berufsbegriff

Bei der Klärung der Frage, worin das Berufsrecht die „Freiheit" der hier interessierenden Berufe sieht, hat sich zunächst ergeben, daß Adressat der berufsgesetzlichen Normen ganz allgemein der Berufsträger ist, ohne Rücksicht darauf, ob er seine Tätigkeit in wirtschaftlich selbständiger Praxis oder als Angestellter ausübt. Jede Tätigkeitsform wird in den Berufsgesetzen als freiberufliche Tätigkeit umschrieben. Allen diesen Berufen ist gemeinsam, daß an sie bestimmte fachlich-ethische Anforderungen gestellt werden, die als Korrelat ein großes Maß an innerer Unabhängigkeit, insbesondere Gewissensfrei-

---

[288] Wirtschaftsprüferverzeichnis 1965.

[289] Lt. Auskunft der Bundessteuerberaterkammer. Am 1. 1. 1968 betrugen die Vergleichszahlen: 4642 Steuerberater, davon 956, etwa 20 %, im Angestelltenverhältnis bei 240 Steuerberatungsgesellschaften.

[290] So der Wirtschaftsausschuß des Deutschen Bundestages, 3. Wahlperiode, Drucksache Nr. 2565 zu § 1 des Entwurfs.

[291] *Höppner*, BB 1961, 1210.

heit erfordern. Diese geistig-ethische Freiheit wird ergänzt durch eine weitgehende sachliche Weisungsfreiheit und Eigenverantwortlichkeit als Voraussetzung einer nur der Berufsaufgabe verpflichteten, von Dritten unabhängigen Berufsausübung. Für die in einem wirtschaftlich-sozialen Abhängigkeitsverhältnis stehenden angestellten Berufsträger wird vielfach eine besondere Gefährdung dieser Unabhängigkeit angenommen, weil wirtschaftlich-soziale Abhängigkeit immer auch die Gefahr in sich birgt, Bindungen für die geistige Freiheit und die allein der Sache (Dienst am Recht, an der Volksgesundheit usw.) verpflichtete Berufsausübung zu erzeugen[292]. Wirtschaftlich-soziale Abhängigkeit, wie sie in einem Arbeitsverhältnis besteht, muß aber durchaus nicht geistige Unfreiheit nach sich ziehen. Vielmehr schafft die wirtschaftliche Sicherstellung in einem Dienstverhältnis oft erst die Grundlage für eine geistige Freiheit und sachlich unabhängige Berufsausübung, wie sich dies etwa beim Richter und Beamten zeigt[293].

Wie die vorstehenden Ausführungen ergeben haben, gehen sowohl die Berufsgesetze als auch ein Teil der Literatur davon aus, daß ein freier Beruf funktionell und materiell im Rahmen eines Arbeitsverhältnisses ausgeübt werden kann. Wenn dies teilweise im Hinblick auf das fehlende wirtschaftliche Risiko verneint wird[294], so beruht diese Ansicht auf dem steuerrechtlich-ökonomischen Berufsbegriff, der sich für das Berufsrecht als nicht ausreichend erwiesen hat. Ist der wirtschaftlich-sozial abhängige Berufsträger ebenso Adressat der berufsgesetzlichen Normen wie der selbständig Tätige und verlangt das Berufsrecht von ihm dieselbe freie und unabhängige Berufsausübung, so kann dem Element des „freien" im Berufsbegriff nicht dieselbe umfassende Bedeutung wie im Steuerrecht zukommen. Hier zeigt sich die Notwendigkeit, zwischen einer „Freiheit in der Berufsstellung" und einer „Freiheit in der Berufsausübung" zu unterscheiden[295]. Die Freiheit in der Berufsstellung zielt auf die soziale Einordnung, auf die Stellung im Sozialgefüge ab. Sie betrifft zunächst lediglich den Ausüber des freien Berufs persönlich, nicht die von ihm erbrachte Leistung als solche[296]. Um die Qualität der freiberuflichen Leistung als solche, d. h. um deren den gesetzlichen Anforderungen entsprechende Erbringung geht es aber den Berufsgesetzen insbesondere. Daher legen sie auch besonderen Wert auf die Entscheidungsfreiheit in der Berufsausübung, also die gegenständliche und funktionelle Frei-

[292] *Deneke*, S. 102, 104; *Kalsbach*, Standesrecht, S. 46 ff., BRAO § 7 Anm. 10 IV und insbesondere die Ausführungen von *Müller*, S. 106 ff., 143 ff., 168 ff.

[293] *Deneke*, S. 102; *Stieglitz*, S. 260.

[294] So insbesondere von *Müller*, Diss., S. 106 ff., 143 ff. (146), 168 ff. (172).

[295] *Deneke*, S. 318; *Stieglitz*, S. 260.

[296] *Herschel*, S. 16.

heit in Vollzug der beruflichen Arbeit[297]. Die wirtschaftlich-soziale Abhängigkeit ist insofern irrelevant, als sie nicht die Entscheidungsfreiheit in der Sache beeinträchtigt. Jedenfalls insoweit ist die Freiheit in der Berufsstellung auch kein notwendiges Kriterium freiberuflicher Tätigkeit[298]. Da Berufs- und Standesrecht dieselben fachlich-ethischen Anforderungen an selbständige wie wirtschaftlich-sozial abhängige Berufsträger stellen, ist demnach *Deneke* zuzustimmen, der dem bereits bekannten nationalökonomisch-steuerrechtlichen Begriff einen sozialethischen (oder ständischen) Berufsbegriff gegenüberstellt, wonach als „Angehörige der freien Berufe jedoch auch solche in abhängiger Stellung geistig Tätige (gelten), die in ihrer spezifischen Berufsausübung trotz des wirtschaftlichen Abhängigkeitsverhältnisses nicht an Weisungen ihrer Arbeitgeber oder Auftraggeber gebunden sind oder sein können"[299].

3. Kritik der ständischen Begriffsdefinition

a) Sonstige „freie" Berufstätigkeiten

Ist es einerseits ein Vorteil dieser ständischen Berufsauffassung, daß sie auch die denselben Berufsnormen unterworfenen abhängig Tätigen zu erfassen vermag, so bestehen andererseits gewichtige Bedenken gegen die Verwendbarkeit dieses weit gefaßten Begriffs. Sie beruhen einerseits auf der Erwägung, daß es auch andere Berufstätigkeiten gibt, die eine ähnliche, teils sogar weitergehende ethisch-geistige Freiheit und sachliche Unabhängigkeit voraussetzen. Zu denken ist hier an den Hochschullehrer, dessen geistige Berufsarbeit trotz seines Beamtenstatus aufgrund der grundrechtlich gesicherten Freiheit von Forschung und Lehre (Art. 5 III GG) hinsichtlich der Weisungsgebundenheit nicht mit der geistigen Berufsarbeit etwa eines höheren Verwaltungsbeamten verglichen werden kann, sondern insoweit der Tätigkeit eines Freiberuflers sehr viel näher steht[300]. Gerade wegen dieser besonderen Stellung des Hochschullehrers innerhalb der Beamtenschaft wurde schon die Frage gestellt, ob nicht die gesamte Gelehrtenrepublik zu den freien Berufen zu zählen wäre[301]. Ähnliche Überlegungen treffen für leitende Angestellte in der Industrie zu, die weitgehend sachlich-persönlich unabhängig sind und deren Existenzrisiko sich in der Verbindung zwischen geistiger und wirtschaftlicher Existenz dem Risiko des freien Berufs nähert[302]. Stellt man also nur auf

---

[297] *Herschel*, S. 15.
[298] *Herschel*, S. 16.
[299] S. 116; ebenso *Rittner*, S. 30; *Herschel*, S. 15/16 und S. 28 ff.
[300] *Deneke*, S. 104; *Herschel*, S. 28.
[301] Vgl. *Fritz Marbach*, Theorie des Mittelstandes, Bern 1942, S. 417.
[302] *Deneke*, S. 104.

das Maß der geistig-ethischen Freiheit und sachlichen Unabhängigkeit, damit auf die Freiheit der Berufsausübung ab, so zeigen sich hier Gemeinsamkeiten zwischen den wirtschaftlich abhängigen Freiberuflern einerseits und diesen gehobenen Tätigkeiten andererseits, die eine begriffliche Differenzierung auszuschließen scheinen. Dabei darf jedoch eines nicht übersehen werden:

Während die Tätigkeit als angestellter Freiberufler bei allen hier untersuchten Berufen nur *eine* Form der Berufsausübung ist und i. d. R. zu der freien Berufsausübung auch die Freiheit in der Berufsstellung, also die wirtschaftliche Selbständigkeit, hinzukommt, ist dies bei den genannten gehobenen Tätigkeiten nicht der Fall. Davon auszugehen ist, daß zum einen vielfach erst aus ganz bestimmten Sachzwängen heraus (wirtschaftliche Entwicklung, Zunahme des Umfangs und der Schwierigkeit der Berufsaufgaben) ursprünglich selbständige freiberufliche Arbeit von angestellten Berufsträgern übernommen wurde. Andererseits umfaßt die Tätigkeit des angestellten oder beamteten Freiberuflers zum Teil nur bestimmte Bereiche der jeweiligen Berufsaufgaben[303] oder ist oft nur Durchgangsstation zur selbständigen Berufsausübung, wie etwa bei Krankenhausärzten oder angestellten Rechtsanwälten, Steuerberatern und Wirtschaftsprüfern. Der Angestelltentätigkeit kommt somit vielfach nur eine aus wirtschaftlichen und gesellschaftlichen Gründen notwendige Ergänzungsfunktion zu, während sie in ihrer Ausrichtung und Ausformung von der selbständig ausgeübten Berufstätigkeit geprägt ist. Da hinsichtlich der Berufsauffassung und der Berufspflichten eine Unterscheidung nach dem Grad der wirtschaftlichen Selbständigkeit nicht zu rechtfertigen ist, kommt dann auch dieser sozialethisch-ständischen Definition besondere Bedeutung in den gesellschaftspolitischen und berufsständischen Auseinandersetzungen zu, insbesondere, soweit es um die Aufgaben der freien Berufe in der Gesellschaft, um die Umschreibung der Berufsbilder bestimmter freier Berufe und um die Stellung in der Rechtsordnung (Berufsrecht) geht[304]. Aus dieser Teilhabe am rechtlichen und gesellschaftlichen Schicksal der freipraktizierenden Berufskollegen rechtfertigt sich daher letzten Endes allein eine Differenzie-

---

[303] So etwa in der Medizin, wo die überwiegende Krankenbehandlung durch freipraktizierende Ärzte und Zahnärzte und ein Tätigwerden angestellter oder beamteter Berufsträger nur dort erfolgt, wo aus kollektiven Bedürfnissen staatlicher Fürsorgetätigkeit oder Daseinsvorsorge auf dem Gebiet der Gesundheitspflege (Krankenhäuser, Polizei-, Gefängnis-, Amts-, Bundeswehr-, Gerichts-, Schulärzte usw.) betrieben wird (*Feuchtwanger I*, S. 18 ff.). Desgleichen die Beschränkungen, die sich für angestellte Berufsträger bei den Beratungsberufen ergeben, wie dies oben unter C, III, 1 dargestellt wurde.

[304] *Deneke*, S. 116, *Kühn*, S. 5.

rung gegenüber den hier interessierenden gehobenen Berufstätigkeiten, für die eine vergleichbare Situation insoweit nicht besteht.

b) Freipraktizierende Berufsträger

Als nicht ausreichend erweist sich jedoch die ständische Begriffsdefinition, wenn nicht nur die freie Berufsausübung als solche, sondern ebenso die Freiheit in der Berufsstellung in Frage steht. Wie oben[305] dargelegt wurde, ist für den ständischen Berufsbegriff, für den allein die Freiheit der Berufsausübung entscheidend ist, die Freiheit in der Berufsstellung kein Merkmal eines freien Berufs. Diese Betrachtungsweise wird jedoch den besonderen wirtschaftlich-sozialen, berufsständischen und ethischen Problemen der freipraktizierenden Berufsträger nicht gerecht. Die freipraktizierenden Ärzte, Rechtsanwälte, Steuerberater und Wirtschaftsprüfer sind sowohl wirtschaftlich-sozial unabhängig, also frei in der Berufsstellung, als auch persönlich-sachlich unabhängig und weisungsfrei und damit frei in der Berufsausübung. In diesem Zusammenfallen von Freiheit in der Berufsstellung und Freiheit in der Berufsausübung wird vielfach erst die umfassende freiberufliche Freiheit gesehen. Die wirtschaftliche Selbständigkeit und Eigenverantwortlichkeit wird als Voraussetzung für eine wirklich unabhängige Berufsausübung gefordert, wobei an die wirtschaftliche Unabhängigkeit teilweise bestimmte ethische Folgerungen geknüpft werden, wie etwa diese, daß nur der selbständige Freiberufler seine Leistung ganz „zu seiner eigenen Sache machen" könne, was dem Arbeitnehmer und Beamten nicht möglich sei, die immer auch noch die Sache des Betriebes, des Staates zu bedenken hätten[306]. Hiermit ist wieder die besondere Wirkung angesprochen, die eine wirtschaftlich unabhängige Berufsstellung i. d. R. auch auf die Verrichtung der Berufstätigkeit ausübt, während ein arbeitsrechtlich oder beamtenrechtlich ausgestaltetes Abhängigkeitsverhältnis vielfach auch in die sachliche Aufgabenerledigung hineinwirken wird[307].

Demgemäß wird eine wirtschaftlich-sozial unabhängige Berufsstellung als Element freier Berufstätigkeit besonders von den Autoren verlangt, die unter soziologischen Aspekten Aufgabe und Stellung der freien Berufe im Staat untersucht haben. Wesentlicher Inhalt der Berufstätigkeit in den freien Berufen soll es sein „die Harmonie zwischen dem Individuum und der Gesellschaft und damit auch die Harmonie in der Doppelnatur des Menschen als individuelles und soziales Wesen zu erhalten und wiederherzustellen"[308]. Dies zeige sich bei der rechts-

---

[305] s. unter C, III, 2.
[306] *Rittner*, S. 21.
[307] Vgl. die Ausführungen oben unter C, III, 1.
[308] *Deneke*, S. 343.

beratenden Tätigkeit darin, daß Anwalt und Steuerberater zwischen den Interessen von Staat und Individuum, zwischen dem individuellen Anspruch des einzelnen und den sittlichen und gesetzlichen Spielregeln des gesellschaftlichen Miteinanders, abzuwägen hätten. Ebenso sei der Dienst am einzelnen bei den Heilberufen zugleich Dienst an der Allgemeinheit und umgekehrt, da es zum allgemeinen Wohlbefinden der Gesellschaft und ihrer Glieder der physischen und psychischen Gesundheit aller bedürfe, wie auch der einzelne auf die Dauer nur in einer gesunden, ausgewogenen und gerechten Sozialordnung an Leib und Seele gesund sein und bleiben könne[309]. Diese spezielle unabhängige, freiheitliche und selbständige „Mittler- und Maklerrolle" soll ein Kennzeichen aller freien Berufe sein, das dem angestellten oder als „verlängerter Arm des einen oder anderen Interessenten" fungierenden Berufsträger nicht zukomme[310]. Die Verbindung von wirtschaftlicher Selbständigkeit und geistiger Freiheit in einem totalen geistigen und wirtschaftlichen Existenzrisiko wird als das Charakteristische in der Freiheit des Freiberuflers angesehen, das den permanenten eigenverantwortlichen Entscheidungen zugrunde liege, die der freie Beruf täglich und stündlich fordere[311].

Besondere Bedeutung erlangt die Betonung der wirtschaftlich-sozial unabhängigen Berufsstellung jedoch insoweit, als damit einer staatsunabhängigen Berufstätigkeit das Wort geredet wird. Damit wird eine weitere Entfaltungsrichtung der freiberuflichen „Freiheit" deutlich: Sie wirkt nicht nur „horizontal" im Verhältnis zum Auftraggeber und Arbeitgeber, sondern insbesondere „vertikal", von „unten nach oben", nämlich gegenüber den staatlichen Organen. Hoheitliche Eingriffe und Maßnahmen, die sich unmittelbar oder mittelbar gegen die wirtschaftlich selbständig ausgeübte Tätigkeit richten, berühren i. d. R. nicht nur die ökonomischen, sondern ebenfalls die ethischen und sozialen Grundlagen des Berufs[312] und können die Verwirklichung der speziellen Berufsaufgaben gefährden. Die Betonung eines wirtschaftlich selbständigen, von der Staatsorganisation unabhängigen Berufsstandes ist deshalb vielfach auch der tiefere Grund für die Forderung nach einer freien Berufsstellung, zusätzlich zur Freiheit der Berufsausübung. Deutlich wird dieses Verständnis des freien Berufes in den Entscheidungen des Bundesverfassungsgerichts: Wenn das Gericht den freien Beruf solchen Berufen gegenüberstellt, die völlig in die Staatsorganisation einbezogen sind[313] — wie dies etwa bei sämtlichen Tätigkeiten

[309] *Deneke*, a.a.O.
[310] *Stieglitz*, S. 261.
[311] *Deneke*, S. 101, 103.
[312] Vgl. *Werner Weber*, Die verfassungsrechtliche Problematik der Zwangsversorgungseinrichtungen der freien Berufe, in: Aktuelle Probleme der Versicherungswissenschaft, Berlin 1954, S. 11.
[313] BVerfGE 7, 377 ff. (398).

im öffentlichen Dienst der Fall ist — und betont, daß der freiberuflich Tätige in wirtschaftlicher Hinsicht auf eigenes Risiko tätig werde[314] und sein Berufsbild einen unternehmerischen Zug trage[315], so geht es genau von diesem engeren Begriff des freien Berufs aus.

Auch in der Literatur wird zumeist die Unabhängigkeit in der Berufsstellung zu den Wesensmerkmalen freier Berufstätigkeit gezählt[316]. Soweit im folgenden die Freiheit vom Staat und die Grenzen der freien Berufsausübung behandelt werden, empfiehlt es sich daher auch für diese Untersuchung, den engeren Begriff des freien Berufs zu verwenden.

4. Die Freiheit vom Staat

a) Kein Staatsdienst

Die Forderung nach einer staatsfreien Betätigung der an der Wirtschaft beteiligten Personen, insbesondere auch der freien Berufe, geht zurück auf die Anschauungen des wirtschaftlichen und politischen Liberalismus im 19. Jahrhundert. Es entsprach dieser Ideologie, die eine ungehemmte Freiheit des Wirtschaftslebens proklamierte, staatliche Eingriffe in die eigenverantwortliche Lebensführung und -gestaltung und damit auch in den Wirtschaftsablauf weitgehend abzuwehren. Die wirtschaftliche Grundlage für diese Einstellung war damals gegeben: Die Intensivierung des Wirtschaftslebens bot bedeutende Verdienstmöglichkeiten, die relativ große Stabilität des Geldwertes ließ rasch Vermögen entstehen. Da die Zahl der Berufsangehörigen relativ gering war, fand kein ernsthafter Konkurrenzkampf statt, der den staatlichen Gesetzgeber etwa zu sozialen Schutzmaßnahmen veranlaßt hätte.

Die veränderte gesellschaftlich-politische Lage, insbesondere nach dem 1. Weltkrieg, hat auch das Bild des freien Berufes, wie es im letzten Jahrhundert geformt wurde, nachhaltig verändert[317].

Vermögensverfall durch die Inflation, Verschärfung des Konkurrenzkampfes durch die wachsende Zahl der Berufsangehörigen und schließlich die zunehmenden Staatseingriffe in die Freiheit der beruf-

---

[314] BVerfGE 9, 338 ff. (351); 10, 354 ff. (369).

[315] BVerfGE 10, 354 ff. (369).

[316] So etwa *Scheuner*, Die freien Berufe im ständischen Aufbau, in: Festschrift für Hedemann, 1938, S. 437; ders., Berufsständische Versorgungseinrichtungen und Grundgesetz, in: Aktuelle Probleme der Versicherungswissenschaft, Berlin 1954, S. 86; *Huber*, Wirtschaftsverwaltungsrecht, S. 767; *Ipsen*, Rechtsfragen berufsständischer Zwangsversorgung, in: Aktuelle Probleme der Versicherungswissenschaft, S. 37, 38; *Lüben*, S. 15, 56; *Hoffmann*, Die Verstaatlichung von Berufen, DVBl. 1964, S. 457, 459 und aus soziologischer Sicht *Deneke*, S. 173; *Stieglitz*, S. 254, 260.

[317] *Scheuner*, Versorgungseinrichtungen, S. 71.

lichen Betätigung überhaupt haben die gesellschaftliche Position der freien Berufe nachhaltig in der Richtung zunehmender „Unfreiheit" beeinflußt[318]. Trotz vieler Unklarheiten über die Stellung der freien Berufe in der heutigen Gesellschaft ist man sich wohl darin einig: Die freien Berufe beruhen auch heute noch auf dem Gedanken einer Loslösung aus staatlicher Eingliederung oder gar Beamtung[319]. Die Qualifizierung als freier Beruf schließt jedes öffentlich-rechtliche Dienstverhältnis zum Staat aus[320].

aa) Rechtsanwälte

Für den Rechtsanwaltsberuf ist diese Feststellung seit langem selbstverständlich geworden, sie gehört zu den Essentialen der bereits im letzten Jahrhundert erfochtenen „Freiheit der Advokatur"[321]. Diese bezieht sich nicht nur auf eine unabhängige Rechtsanwaltstätigkeit als solche, vielmehr schließt sie jedes sonstige öffentlich-rechtliche Abhängigkeitsverhältnis aus. Demgemäß ist die Zulassung zur Rechtsanwaltschaft auch zu versagen, wenn der Bewerber aktiver Richter oder Beamter ist[322], bzw. zurückzunehmen, wenn ein Rechtsanwalt zum Richter oder Beamten auf Lebenszeit ernannt wird[323]. Bei vorübergehender Verwendung als Richter oder Beamter darf ein Rechtsanwalt seinen Beruf nicht ausüben[324]. Begründungen für die Unvereinbarkeit des Anwaltsberufs mit einer Beamtenstellung lieferte bereits die ältere Literatur genügend: Eine Staatsdienerstellung wurde zum einen als unvereinbar mit dem Wesen und den Pflichten des Anwaltsberufs erklärt, weil der Anwalt auch vom Staat bekämpfte Parteihandlungen zu verteidigen habe[325].

Zum anderen wurde angeführt, daß die Beamtenstellung dem legalen Beruf des Rechtsanwalts widerspreche, Opposition zu machen gegen die Behörde, die Verfügungen der Behörde zu kritisieren und anzufechten[326] und endlich, daß sie den Anwalt hindere, seine kontrollierende Funktion gegenüber Gerichten und Verwaltungsbehörden auszuüben[327]. Die Fülle der Argumente führte dazu, daß bereits in

[318] BVerfGE 10, 354 ff. (365).

[319] *Scheuner*, Versorgungseinrichtungen, S. 71, und *Ipsen*, a.a.O., S. 37 und 41.

[320] *Kalsbach*, BRAO, § 2 Anm. 2.

[321] Siehe dazu *Gneist*, Freie Advokatur, die erste Forderung aller Justizreform in Preußen, Jul. *Springer*, Berlin, 1867; *Brandi*, Advokatur, S. 15 ff. und 29.

[322] § 7 Nr. 10 BRAO.

[323] § 14 Nr. 6 BRAO.

[324] § 46 Abs. 1 BRAO.

[325] *Gerland*, JW 1875, S. 140 ff. (142 r. Sp.).

[326] *Blechschmidt*, Ideen zur Verbesserung der Stellung des Advokatenstandes im Königreich Sachsen, als Petition der hohen Ständeversammlung überreicht, Leipzig 1840, S. 26.

[327] *Braun*, DGerZ, 1863, S. 9.

den Motiven zu dem Entwurf der Reichsrechtsanwaltsordnung von 1878 in der Allgemeinen Begründung festgestellt wurde, es bedürfe keiner besonderen Begründung, „daß die Rechtsanwaltschaft kein Staatsamt sein kann und daß daher der Rechtsanwalt weder die Rechte noch die Pflichten der Staatsbeamten haben soll"[328]. Die Bundesrechtsanwaltsordnung bringt diese unabhängige Stellung des Rechtsanwalts klar zum Ausdruck, wenn sie den Rechtsanwalt als ein „unabhängiges Organ der Rechtspflege" bezeichnet (§ 1 BRAO). Damit ist nicht gemeint, daß der Rechtsanwalt im Verhältnis zum Staat keinerlei Bindungen unterliegt. Vielmehr soll damit gesagt werden, daß er nicht in staatlicher Abhängigkeit stehe, sich folglich die Grenzen seiner Einordnung in die Rechtspflege ausschließlich aus dem Gesetz, aus dem Treuegedanken des Mandatsverhältnisses und aus seinem Gewissen ergeben. Die Freiheit seiner Entschließung soll dem Rechtsanwalt garantiert sein. Eingriffe in diese Freiheit eigenverantwortlicher Entscheidung widersprechen der unabhängigen Organstellung[329].

Für die anderen Beratungsberufe, die teilweise dieselben Beratungs- bzw. Vertretungsfunktionen wie ein Rechtsanwalt haben, kann nichts anderes gelten. Demzufolge verbietet z. B. die Wirtschaftsprüferordnung einem Wirtschaftsprüfer jede Tätigkeit aufgrund eines Beamtenverhältnisses[330].

bb) Ärztliche Berufe

Von einer Unvereinbarkeit aller Formen der Berufsausübung mit einer staatsamtlichen Tätigkeit wie bei den Beratungsberufen kann bei den Arztberufen nicht gesprochen werden. Der Arztberuf wird im Bereich der staatlichen Gesundheitsvorsorge und -fürsorge überwiegend von Beamten ausgeübt. Beamtete Ärzte gibt es hauptsächlich in der staatlichen oder halbstaatlichen Gesundheits- und Sozialverwaltung. Bei den staatlichen Gesundheitsämtern sind dies die sogenannten „Amtsärzte", bei den Sozialversicherungsträgern die „Vertrauensärzte". Diese Beamtentätigkeiten werden zumeist als legitim angesehen, da sie im Bereich der staatlichen Gesundheitspflege erfolgen, die nicht dem einzelnen Kranken, sondern übergeordneten Zwecken der Allgemeinheit, wie etwa dem Bedürfnis nach allgemeiner Hygiene, nach öffentlicher Fürsorge gegenüber Seuchen, nach Gesundheitsvorsorge bei drohender Invalidität usw., dient. Da diese kollektiven Bedürfnisse dem einzelnen Menschen oft gar nicht bewußt sind, er in der

[328] Protokolle 288, 303; zit. nach der Begründung zu § 2 des Entwurfs einer Bundesrechtsanwaltsordnung, Deutscher Bundestag, 3. Wahlperiode, Drucksache Nr. 120, S. 49.

[329] *Kalsbach*, BRAO, § 1 Anm. 3, S. 5.

[330] § 43 Abs. 3 Nr. 2, 2. Fall WPO; dasselbe gilt aufgrund des weitgefaßten Verbots in § 22 Abs. 4 Nr. 2 StGB für Steuerberater und Steuerbevollmächtigte.

Regel ihnen sogar passiv gegenübersteht, ist staatliches Handeln erforderlich. Der Staat setzt zur Erreichung seiner Zwecke beamtete Ärzte ein, denen aufgrund ihrer Funktion die Stellung eines öffentlichen Gesundheitswächters zukommt[331]. Die Tätigkeit in der Gesundheitspflege ist größtenteils überwachender, vorbeugender Natur. Daneben gibt es aber auch beamtete Ärzte, die in der Heilbehandlung tätig sind. Die Ausübung der Heilkunde durch beamtete Ärzte ist jedoch eine Ausnahme. Sie findet statt zur Befriedigung des Staats- bzw. Kommunaleigenbedarfs. Dazu gehört die Behandlung der Angehörigen bestimmter besonderer Gewaltverhältnisse (Bundeswehrärzte für Soldaten, Polizeiärzte für Polizeiangehörige und Polizeihäftlinge, Gefängnisärzte für die sich in staatlicher Obhut befindlichen Gefangenen) oder aber die Behandlung in öffentlichen Kliniken (insbesondere Universitätskliniken), deren Einrichtungen (z. B. Operationssäle, besondere Behandlungsapparaturen wie Herz-Lungen-Maschine, Kobaltgerät usw.) eines ökonomisch leistungsfähigen Trägers bedürfen und die zudem die staatliche Aufgabe der Ausbildung des ärztlichen Nachwuchses erfüllen[332]. Im Rahmen des Klinikbetriebs einer Universitätsklinik gibt es z. B. neben den Lehrstuhlinhabern, die als solche Beamte sind, zahlreiche beamtete Abteilungsvorsteher (meist außerplanmäßige Professoren), wissenschaftliche Räte, Oberärzte, akademische Räte und Oberräte usw. Beamte auf Widerruf sind schließlich auch — ohne Rücksicht, ob habilitiert oder nicht — die wissenschaftlichen Assistenten an der Universität[333].

In diesem Rahmen wird auch die Ausübung der Heilkunde durch beamtete Ärzte als sachlich gerechtfertigt und legitim anzusehen sein[334].

Der weitaus größte Teil der Heilbehandlung erfolgt jedoch nicht durch beamtete Ärzte, sondern durch Ärzte, die in einer eigenen Praxis, einem eigenen Institut oder in einem eigenen Krankenhaus oder Sanatorium tätig sind[335]. Für diese ärztliche Tätigkeit wird aber ebenso wie für den freipraktizierenden Rechtsanwalt, Steuerberater und Wirtschaftsprüfer die Forderung nach einer möglichst staatsfreien Sphäre, nach einer personellen und sachlichen Unabhängigkeit von der staatlichen Verwaltung, erhoben. Als Begründung wird angeführt, daß eine Beamtenstellung mit dem Wesen der heilärztlichen Tätigkeit nicht vereinbar sei. In der Heilbehandlung komme es allein auf das

331 *Feuchtwanger I*, S. 18.
332 *Feuchtwanger I*, S. 21.
333 *Spann*, Ärztliche Rechts- und Standeskunde, S. 81.
334 *Feuchtwanger I*, S. 19.
335 Am 1. 1. 1965 gab es in der Bundesrepublik insgesamt 92 099 Ärzte, davon waren allein 45 607 freipraktizierend. Deutsches Ärzteblatt Nr. 49, 1965, S. 2735.

persönliche Verhältnis zwischen Arzt und Krankem an, den Beamten aber interessiere nicht das individuelle Heilbedürfnis des kranken Menschen, er stehe ihm objektiv gegenüber[336]. Das persönliche Vertrauensverhältnis aber sei allein schon ein wesentlicher Heilfaktor. Der Kranke verlange einen Arzt, der sein Leiden nicht als unpersönlichen „Fall“ nach bürokratischem Schema, nach Anordnung übergeordneter Stellen, nach ökonomisch-rationalen Gesichtspunkten behandle, sondern individuell, menschlich, persönlich, mit der beruflichen Hingabe, die ebenso „menschliche Liebe, wie die Beherrschung der Wissenschaft in deren jeweiligem höchstem Stand ist und überhaupt das erfordert, was man ‚ärztliche Kunst‘ nennt“[337]. Zu einer solchen Hingabe, solcher Kunst, zu einem solchen nie erlahmenden wissenschaftlichen Eifer sei aber nur der frei gewählte, im Wettbewerb mit anderen Berufskollegen stehende Arzt fähig. Der beamtete Arzt werde nie den Ehrgeiz und die Berufsfreude aufbringen wie der freitätige[338]. Man wird in dieser Berufsvorstellung eine zu starke Idealisierung der ärztlichen Tätigkeit als solche und ihres psychologisch-sozialen Hintergrunds sehen müssen. Denn unzweifelhaft ist eine bürokratische Abfertigung, ein Denken in „Fällen“ und überhaupt eine unpersönliche Heilbehandlung auch bei zahlreichen freipraktizierenden (vornehmlich Kassen-)Ärzten zu beklagen[339]. Als Ursachen dieser bedauerlichen Entwicklung kommen einerseits die ständig steigenden Patientenzahlen — ihrerseits wieder eine Folge der besonderen Beanspruchung des heutigen Menschen durch Industrie und Technik und der Zusammenballung vieler Menschen in Großstädten — in Frage, andererseits die Überbeanspruchung der Kassenarztpraxen mit zahlreichen Verwaltungsaufgaben, die den Arzt von seiner eigentlichen ärztlichen Aufgabe abhalten.

Eine weitere Ursache ist in dem gewandelten Verständnis des Patienten für die ärztliche Tätigkeit zu sehen. So wird heute vielfach nicht primär und generell der Hausarzt eingeschaltet, wenn eine Krankheit auftritt, sondern man zieht sofort einen Spezialisten zu Rate, der sich dann oft mangels Kenntnis der verschiedenen Krankheitssymptome überhaupt kein oder zumindest kein ausreichendes Krankheitsbild des Patienten machen kann, folglich nicht wirklich zu helfen vermag und vielfach weiterverweisen muß. Er sieht solche Patienten oft nur ein- oder zweimal, wobei das oben angesprochene Vertrauensverhältnis zumeist nicht zustande kommen wird. Dennoch sollten diese Tatsachen nicht überbewertet werden. Das zwischenmenschliche Vertrauensverhältnis zwischen Arzt und Patienten ist auch heute

[336] *Feuchtwanger I*, S. 18.
[337] *Feuchtwanger I*, S. 20.
[338] *Feuchtwanger I*, S. 19.
[339] Besonders aufschlußreich die Beispiele bei *Deneke*, S. 88, 89.

noch die entscheidende Grundlage jeder Heiltätigkeit, ja jeder freiberuflichen Dienstleistung überhaupt[340]. Dieses Verhältnis darf nicht belastet sein von irgendwelchen „werkfremden"[341] ökonomisch-rationalen oder gar etatistischen Erwägungen. Hierzu gehört etwa der Gesichtspunkt der möglichst raschen Herstellung eines für befriedigend gehaltenen Zustands bei angespannter Arbeitsmarktlage, im Interesse der Versichertengemeinschaft, aus Gründen der Kostenersparnis für öffentliche Kassen oder zum Zwecke der Wehrverwendungsfähigkeit, also die Feststellung einer objektiven Arbeitsfähigkeit, einer objektiven Notwendigkeit bestimmter Heilverfahren und Heilmittel usw. ohne Rücksicht auf das subjektive Wohlempfinden, den subjektiven Heilerfolg.

Daß solche Gesichtspunkte in verschiedenen Bereichen ärztlicher Tätigkeit legitim verfolgt werden können, wurde dargelegt. Für die Tätigkeit des Heilarztes verbieten sich solche sachfremden Erwägungen. Bei einer Verbeamtung der Heilkunde ließe sich diese Gefahr nicht ausschließen, denn ein beamteter Amtsträger wird i. d. R. als loyaler Staatsdiener die Aufgaben seines Amtes, allgemein die Interessen des Staates zumindest auch verfolgen, „mit dem Amtsrock wird auch der beamtenmäßige Geist angezogen"[342] und „zwischen dem vom Arzt für notwendig Gehaltenen und dem vom Kranken — aufgrund seines subjektiven Heilbedürfnisses — Gewünschten (könnte dann) eine weite Kluft (klaffen)"[343].

Daher ist *Feuchtwanger* voll zuzustimmen, wenn er ausführt, „... das weite Gebiet der sozialen Medizin wird bereits von beamteten Ärzten zweckmäßig versehen. In der Heilbehandlung ist das Persönliche ausschlaggebend; die individuelle Arbeitsweise ist für den Erfolg entscheidend. Dieser Teil der Medizin eignet sich nicht für die Sozialisierung und Verbeamtung"[344].

Freiheit vom Staat bedeutet daher auch für den ärztlichen Beruf eine organisatorische Selbständigkeit von der Staatsverwaltung[345]. Der Akzent liegt dabei jedoch nicht so sehr auf der Ablehnung jeglicher staatsamtlichen Tätigkeit überhaupt wie bei den Beratungsberufen, sondern vielmehr auf der Erhaltung einer bestimmten Form der Berufsausübung, nämlich der wirtschaftlich-sozial selbständigen Tätigkeit im Kernbereich ärztlicher Tätigkeit, d. h. auf dem Gebiet der

---

[340] *Deneke*, S. 82 ff., 86 und die obigen Ausführungen unten C, II, 3.
[341] *Feuchtwanger I*, S. 11.
[342] *Feuchtwanger I*, S. 19.
[343] *Feuchtwanger I*, S. 18.
[344] a.a.O., S. 19.
[345] Siehe dazu insbesondere BVerfGE 11, 30 ff. (40), wo festgestellt wird, daß auch der Kassenarzt trotz der ihm auferlegten öffentlich-rechtlichen Bindungen einen vom Staat freien Beruf ausübt.

Heilbehandlung. Damit ist aber gleichzeitig ein Problemkreis angeschnitten, der weiter unten noch eine eingehendere Behandlung erfahren soll: Die Frage nach den Grenzen der freien Berufsausübung, insbesondere nach der Zulässigkeit der Verstaatlichung freier Berufe.

b) *Freies Zulassungsverfahren*

aa) Staatliches Ermessen und objektive Zulassungsbeschränkungen

Unter der Forderung nach einer „Freiheit vom Staat“ wird jedoch nicht nur die Möglichkeit der freien Betätigung außerhalb der Staatsverwaltung verstanden. Dazu wird in besonderem Maße ein freiheitliches Zulassungsverfahren gerechnet, das die Zulassung des Bewerbers nicht in das Ermessen der staatlichen Zulassungsbehörde stellt oder vom Vorliegen objektiver Bedingungen abhängig macht.

α) Rechtsanwalt und andere Beratungsberufe

Für den Anwaltsberuf gehört die Absage an ein staatliches Ermessen bei der Zulassung nach der historischen Entwicklung zum Wesen der freien Advokatur[346]. Bereits nach der Rechtsanwaltsordnung vom 1. 7. 1878 konnte zur Rechtsanwaltschaft zugelassen werden, wer die Fähigkeit zum Richteramt erlangt hatte (§ 1). Die Zulassung durfte wegen mangelnden Bedürfnisses zur Vermehrung der Zahl der bei dem im Antrag bezeichneten Gericht zugelassenen Rechtsanwälte nicht versagt werden (§ 13). Damit war den Anhängern einer staatlichen Lenkung der Zulassung zum Beruf eine klare Absage erteilt worden. Trotzdem brachten die folgenden Jahrzehnte in mehreren Zeitabschnitten einen immer wieder auflebenden Kampf um die Frage, ob im Interesse der Sauberkeit der Rechtspflege der Zustrom zum Anwaltsberuf dem Bedarf an Rechtsberatung am Niederlassungsort angepaßt werden sollte[347]. Besonders in den Jahren von 1927—1932 war unter dem Einfluß der wachsenden wirtschaftlichen Not, die durch Einschränkung des Tätigkeitsgebiets der Anwaltschaft und durch die bedrohlich steigende Überfüllung immer größeren Umfang annahm, der Gedanke der Zulassungsbeschränkung wieder stark in den Vordergrund getreten[348]. Dabei hatte insbesondere der Gedanke eines numerus clausus viele Anhänger gefunden. Dieser sah zwar eine zahlenmäßige Begrenzung der Zulassungen vor, gestand jedoch innerhalb dieser Grenze ein Recht auf Zulassung zu und war daher gegenüber einer Bedürfnisprüfung die weniger einschneidende Maßnahme[349]. Je-

---

[346] *Brandi*, Advokatur, S. 34.

[347] Vgl. hierzu die Ausführungen *Erlers*, in: Rechtsnot durch Anwaltsnot, Denkschrift zum numerus clausus, 1950, S. 34.

[348] *Friedländer*, Allg. Einl. Anm. 5 a. E., vgl. auch die dort FN 3 aufgeführte Literatur.

[349] *Friedländer*, Allgemeine Einleitung, Anm. 5.

doch führten alle auf die Einführung von Zulassungsbeschränkungen zielenden Reformbestrebungen jener Jahre zu keinem Erfolg. Der nationalsozialistischen Gesetzgebung blieb es überlassen, hier einschneidende Eingriffe in die Freiheit der Anwaltschaft vorzunehmen. Nach § 15 Abs. 2 Reichsrechtsanwaltsordnung vom 21. 2. 1936[350] sollten bei einem Gericht nicht mehr Rechtsanwälte zugelassen werden, als einer geordneten Rechtspflege dienlich sei. Begründet wurde diese Maßnahme damit, daß die Reichsregierung in dem jedes Bedürfnis übersteigenden Zustrom zur Anwaltschaft eine schwere Gefahr für den Berufsstand und die Rechtspflege sehe[351]. In Wirklichkeit stellte diese Vorschrift nicht eine echte Anerkennung der in den Jahren 1931 und 1932 noch einmal stark hervorgetretenen Wünsche größerer Teile der Anwaltschaft nach Einführung eines numerus clausus dar, sondern bedeutete die Sanktionierung eines staatlichen Lenkungssystems verbunden mit der Einführung eines politischen Ausleseprinzips. Darin zeigt sich die Gefährlichkeit solcher Zulassungsbeschränkungen, gleich in welcher Form sie erfolgen. Sie erlauben einer an rechtsstaatliche Prinzipien nicht gebundenen Verwaltung, Bewerber nach der politischen Zuverlässigkeit, nach unkontrollierbaren Zweckmäßigkeitserwägungen u. ä. auszusuchen und trotzdem formal-legal Ablehnungen mit dem Hinweis auf ein mangelndes Bedürfnis, eine Überfüllung u. dgl. vorzunehmen[352]. Die Unabhängigkeit im Denken und Handeln ist aber die allererste Voraussetzung für eine richtige und gute Ausübung des Anwaltsberufs. Denn nach der hier mehrfach zum Ausdruck gekommenen Auffassung erfordert der Kampf um das Recht, den der Anwalt tagtäglich zu führen hat, eine Persönlichkeit, die bei Erfüllung ihrer Pflichten vor keiner anderen Autorität als vor dem Recht selbst halt macht, sich nur dem Gesetz verpflichtet fühlt und dabei u. U. auch gegen den Staat, gegen die Behörden kämpft. Deshalb wurde auch ein irgendwie geartetes Dienstverhältnis zum Staat abgelehnt. *Friedländer*[353] ist zuzustimmen, wenn er diesen Gedanken konsequent fortführt und verlangt:

„Es darf aber aus dem gleichen Grund auch die Auswahl der zur Anwaltschaft Berufenen nicht von staatlichen oder sonstigen öffentlichen Organen abhängen."

Andererseits kann nicht bestritten werden, daß einmal Situationen eintreten können, in denen die Überfüllung im Beruf und die sich hieraus ergebenden Konsequenzen für den Berufsstand und eine geordnete Rechtspflege ein unerträgliches Maß erreichen können, das

---

[350] RGBl. I, 107.
[351] So die Amtliche Einleitung.
[352] Ähnlich *Brandi*, Advokatur, S. 35. Ders. zur Freiheit der politischen Überzeugung: S. 36.
[353] a.a.O., Allg. Einleitung, Anm. 4.

u. U. Zulassungsbeschränkungen unumgänglich macht. Ein solcher Zustand wurde für die Zeit nach 1945 teilweise angenommen. So enthielt z. B. die Rechtsanwaltsordnung für die britische Zone vom 10. 3. 1949[354] eine bis 31. 12. 1950 befristete Übergangsregelung, wonach die Zulassung, ebenso wie dies die Reichsrechtsanwaltsordnung von 1936 bestimmt hatte, dann versagt werden mußte, wenn nach dem Ermessen der Justizverwaltung die Zulassung weiterer Rechtsanwälte bei dem im Antrag bezeichneten Gericht einer geordneten Rechtspflege nicht dienlich war. In der Literatur wurde damals eine Bedürfnisprüfung als mit der Freiheit der Advokatur vereinbar angesehen, teilweise mit der Begründung, daß in neuerer Zeit der Sinn der freien Advokatur durch Wandel der Frontenstellung ein anderer geworden sei, weil es heute mehr auf die Freiheit von wirtschaftlichen und sozialen Mächten ankomme als auf die Freiheit vom Staat[355], teilweise wurde sie im Interesse der Rechtspflege dann für möglich gehalten, wenn nicht der Staat nach seinem Ermessen entscheide, sondern die anwaltliche Standesorganisation ein entscheidendes Wort mindestens mitzusprechen habe[356].

Nachdem die BRAO wieder bundeseinheitlich den Zustand hergestellt hat, wie er bereits durch die RAO von 1878 geschaffen worden war, d. h., als einzige Zulassungsvoraussetzung die Befähigung zum Richteramt verlangt und nur enumerativ aufgeführte Versagungsgründe kennt, wird dieses Problem heute in der Literatur so gut wie nicht mehr diskutiert. Wirtschaftliche Veränderungen können auch hier wieder eine andere Lage schaffen. Festzuhalten ist jedoch, daß die Einführung von Zulassungsbeschränkungen einen derart einschneidenden Eingriff in die freie Advokatur darstellt, daß ihnen nur der Charakter eines Notrechts zukommen kann[357]. Dabei muß man sich jedoch im klaren sein, daß das Problem der Einengung der freien Advokatur durch Zulassungsbeschränkungen mehr eine standespolitische, anwaltsethische Frage als eine Verfassungsrechtsfrage ist. So kann sich durchaus einmal die Situation ergeben, daß eine Bedürfnisprüfung zwar den Grundsätzen der freien Advokatur widerspricht, jedoch einer verfassungsrechtlichen Überprüfung standhält, weil die Durchsetzung eines für den Bestand der Gemeinschaft notwendigen Rechtsguts — hier die geordnete Rechtspflege — diesen Eingriff als unerläßlich erscheinen läßt[358]. Rechtsfragen des Verfassungsrechts können anders entschieden werden als Fragen der ethischen Prinzipien

---

[354] VOBl. für die brit. Zone, S. 80.
[355] *Erler*, a.a.O., S. 34.
[356] *Cüppers*, Das neue Zulassungsverfahren für Rechtsanwälte in der britischen Zone, NJW 1949, 363 ff. (366).
[357] *Brandi*, Advokatur, S. 36.
[358] *Brandi*, Advokatur, S. 35, 36.

eines freien Berufs[359]. Damit zeigt sich aber wieder einmal mehr, daß dem Element des „Freien“ in der Begriffskombination „freier Beruf“ nicht nur ein rechtlicher, sondern auch ein ethischer Aussagewert zukommt.

Für die anderen Beratungsberufe kann wiederum nichts anderes gelten als wie für den Rechtsanwalt. Wirtschaftsprüferordnung und Steuerberatungsgesetz verlangen deshalb als einzige Zulassungs-(Bestellungs-)bedingung von dem Bewerber den Nachweis der persönlichen und fachlichen Eignung in einem Zulassungs- und Prüfungsverfahren[360]. Zulassungsbeschränkungen sind nicht vorgesehen.

β) Ärztliche Berufe

Die Zulassung der ärztlichen Berufsausübung ist ebenfalls lediglich an das Vorliegen einer Bestallung gebunden[361]. Unter Bestallung versteht die Bundesärzteordnung die materielle Befugnis zur uneingeschränkten Ausübung des ärztlichen Berufs[362], die im wesentlichen eine ärztliche Prüfung nach abgeschlossenem Medizinstudium und die Ableistung einer Medizinalassistentenzeit voraussetzt[363]. Objektive Zulassungsbeschränkungen wie einen numerus clausus oder eine sonst geartete Bedürfnisprüfung kennt die Bundesärzteordnung ebensowenig wie die frühere Reichsärzteordnung von 1935[364].

Da die früher im Kassenarztrecht bestehenden Zulassungsbeschränkungen vom Bundesverfassungsgericht für verfassungswidrig erklärt wurden[365], kann heute von einer generellen Zulassungsfreiheit im Arztrecht ausgegangen werden.

bb) Sonstige Versagungsgründe

Daß aber nicht nur durch objektive Zulassungsbeschränkungen, sondern auch im Gewande bestimmter subjektiver Versagungsgründe eine staatliche Berufslenkung und politische Auslese möglich ist, zeigt etwa die in § 3 Abs. 2 Nr. 2 RÄO 1935 getroffene Regelung, wonach die Bestallung zu versagen war, „wenn sich aus Tatsachen ergibt, daß dem Bewerber die nationale und sittliche Zuverlässigkeit fehlt“. Wer national zuverlässig war, versteht sich für die nationalsozialistische Zeit von selbst. Dem Staat blieb es danach vorbehalten, politisch anders denkende Bewerber von vornherein von der für die Berufsausübung notwendigen Bestallung auszuschalten. Um die politische Un-

[359] *Brandi*, Advokatur, S. 36.
[360] § 4 StBG, § 1 Abs. 1, S. 2 WPO.
[361] § 2 Abs. 1 BÄO.
[362] *Daniels-Bulling*, Vorb. II, Anm. 4.
[363] § 3 Abs. 1 Nr. 5 und 6 BÄO.
[364] RGBl. I, 1433.
[365] BVerfGE 11, 30 ff. für Ärzte; 12, 144 ff. für Zahnärzte.

abhängigkeit und Freiheit vom Staat ging es auch in den Auseinandersetzungen über die sogenannte „politische Klausel“ des § 19 Nr. 6 des 2. Regierungsentwurfs einer BRAO[366]. Danach sollte die Zulassung zur Rechtsanwaltschaft versagt werden, „wenn der Bewerber sich so verhalten hat, daß die Besorgnis begründet ist, er werde als Rechtsanwalt die verfassungsmäßige Ordnung ... gefährden“. Die Rechtsanwaltschaft hat sich entschieden gegen diese Klausel gewandt. Einer ihrer profiliertesten Vertreter, Max *Friedländer*, sprach die dagegen bestehenden Bedenken klar aus, als er darauf hinwies, es sei deutlich und unbestreitbar, „daß eine solche Vorschrift die politische Gesinnung zum Gegenstand der Vorprüfung bei der Zulassung macht“. Der freie Anwalt könne ... „seiner Aufgabe nur dann gerecht werden, wenn er jedem Klienten freimütig seine Hilfe in einer vertretbaren Sache gewähren darf, ohne daß es auf dessen politische Gesinnung und Einstellung ankommt“[367].

Auch in den Beratungen des deutschen Bundestags wurde immer wieder vor den Gefahren einer solchen Bestimmung gewarnt, die einerseits den Zulassungsbehörden die Ermessensentscheidung über die politische Zuverlässigkeit des Bewerbers ließe und andererseits diesen der Sorge um einen eventuellen Existenzverlust aussetzte, wenn er eine bestimmte Haltung gegen den Staat einnehme[368]. In diesen Zusammenhang gehört auch die warnende Bemerkung: „Politische Klauseln haben immer etwas Gefährliches, und dort, wo Ermessensfragen zu entscheiden sind, haben nicht immer alle Stellen eine glückliche Hand bewiesen[369].“ Mochten die damals geführten erregten Debatten über die Einführung solcher politischer Klauseln und ihre Handhabung durch die Verwaltung auch des realen politischen Hintergrunds ermangelt haben — wie zutreffend gerade letztere Aussage ist, hat sich in jüngster Zeit mehrmals dann bewiesen, als es um die Zulassung von Bewerbern der sogenannten „außerparlamentarischen Opposition“ zum Rechtsanwaltsberuf ging. Die heutige Fassung des entsprechenden § 7 Ziff. 6, der nur noch dann eine Versagung ermöglicht, wenn der Bewerber die freiheitlich-demokratische Grundordnung in strafbarer Weise bekämpft, ist weit enger und hält i. d. R. nur die Bewerber ab, die nie mit gutem Gewissen den Eid, die verfassungsmäßige Ordnung zu wahren (§ 26 BRAO), leisten könnten. Es ist daher sachgerecht,

---

[366] Dem Bundestag zugeleitet am 24. 11. 1954, Deutscher Bundestag, 2. Wahlperiode, Drucksache Nr. 1014.

[367] JZ 1955, S. 13.

[368] So die Abgeordneten Dr. *Czermak* und Dr. *Stammberger* in der ersten Debatte des 2. Deutschen Bundestages über den Entwurf einer Bundesrechtsanwaltsordnung, Sten. Sitzungsbericht von der 78. Sitzung, S. 4320 und 4328.

[369] Abg. Dr. *Dittrich*, a.a.O., S. 4320.

einen solchen Bewerber schon gar nicht erst in den Konflikt zu bringen, sondern ihm sogleich den Eintritt in den Stand zu verwehren[370].

Ist ein freies Zulassungsverfahren demnach zwar Bestandteil der freiberuflichen „Freiheit vom Staat", so liegt doch darin kein spezifisches Merkmal freiberuflicher Tätigkeit. Vielmehr handelt es sich bei der Frage, inwieweit der Gesetzgeber überhaupt (d. h. für alle Berufe) die Möglichkeit hat, durch objektive Zulässigkeitsvoraussetzungen bzw. gewisse Versagungsgründe den Zugang zu einem Beruf zu beschränken, in erster Linie um ein Problem der Geltung und des Umfangs des Grundrechts der freien Berufswahl und Berufsausübung (Art. 12 GG), dessen Bedeutung für die freien Berufe weiter unten noch eingehend dargestellt werden soll.

c) Freiheit in besonderer Verantwortung

Die gegenüber Privaten und dem Staat zugestandene Freiheit erfolgt jedoch nicht dazu, um diesen Berufen eine möglichst weitgehende wirtschaftliche Entfaltung zu gewährleisten, wie dies liberalistischen Vorstellungen entsprach. Sie hat vielmehr den Sinn, eine wirkungsvolle und sachgerechte Erledigung der den freien Berufen übertragenen besonderen Aufgaben zu ermöglichen. Die Berufsaufgaben der hier behandelten Berufe zeichnen sich nämlich dadurch aus, daß sie nicht nur für den jeweiligen Auftraggeber erbracht werden, sondern zugleich in einem besonderen Maße den Interessen und dem Wohl der Allgemeinheit dienen.

Die Berufsgesetze weisen teilweise auf die besondere Bedeutung dieser Berufe für das Gemeinwohl ausdrücklich hin. So umschreibt etwa die Bundesärzteordnung den Dienst des Arztes an der Volksgesundheit damit, daß sie von einem Dienst „an der Gesundheit des einzelnen Menschen und des gesamten Volkes" spricht (§ 1 BÄO). Die Bundesrechtsanwaltsordnung bezeichnet den Rechtsanwalt als „Organ der Rechtspflege" und will damit seine gleichrangige Stellung im Rechtsleben als Diener des Rechts neben Richter und Staatsanwalt ausdrücken[371]. Auch wo dies nicht besonders hervorgehoben wird, wie etwa bei Steuerberatern und Wirtschaftsprüfern ergibt sich die besondere Sozialbezogenheit aus der sachlichen Eigenart der übertragenen Aufgaben. Die Bedeutung freiberuflicher Leistungen für die Allgemeinheit bringt *Gerber* treffend zum Ausdruck, wenn er feststellt, daß „die körperliche Gesundheitspflege der Ärzte aller Art wie der Apotheker in gleicher Weise wie die rechtlich-soziale Gesundheits-

---

[370] So der Abgeordnete Dr. *Weber* in der 61. Sitzung des 3. Deutschen Bundestags, Sten. Sitzungsbericht, S. 3320; *Kalsbach,* BRAO, § 7 Anm. 8 III.

[371] *Kalsbach,* § 1 Anm. 2.

pflege der Rechtsanwälte oder die wirtschaftliche Gesundheitspflege der Buchprüfer, Wirtschaftsprüfer und Steuerberater oder die ästhetische Gesundheitspflege der Architekten von hoher, ja entscheidender Bedeutung für die Integrität der sozialen Gemeinschaft (ist)"[372].

Aus der Gemeinschaftswichtigkeit freiberuflicher Leistung ergibt sich andererseits die bereits in anderem Zusammenhang mehrfach angeklungene besondere Verantwortung gegenüber der Allgemeinheit, die dem Berufsträger in erster Linie ein der Sache (dem Recht, der Volksgesundheit, der Wirtschaft) verpflichtetes Handeln, unter Hintanstellung eigener — vornehmlich erwerbswirtschaftlicher — Interessen, auferlegt[373]. Diese Verantwortung für die soziale Gemeinschaft wiederum hat den Gesetzgeber dazu veranlaßt, den Heil- und Beratungsberufen eine ganz bestimmte rechtliche Ordnung zu geben, in der einerseits die im Gemeinschaftsinteresse notwendigen Berufspflichten umschrieben und andererseits deren sachgerechte und unabhängige Wahrnehmung durch entsprechende ständische Kontrollorgane überwacht wird. Daraus ergibt sich die spezifische „gebundene Freiheit"[374] dieser Berufe, von der weiter unten (vgl. S. 113 ff.) noch die Rede sein wird.

5. „Freier Beruf" im Berufsrecht

Absetzung vom Gewerbe durch die spezifische geistig-eigenpersönliche Leistung und die Unterordnung unter eine höhere Idee des Dienstes[375], sachlich-ethische Freiheit von Privaten und Staat und die besondere Verantwortung gegenüber der Allgemeinheit bestimmen demnach in besonderem Maße das Wesen der hier behandelten Heil- und Beratungsberufe. Sie sind zugleich Kennzeichen der besonderen Position der freien Berufe in der Gesellschaft, wo sie eine Art Mittelstellung zwischen dem öffentlichen Amtsdienst einerseits und den völlig ungebundenen wirtschaftlichen Berufen andererseits einnehmen[376]. Für diese Berufsgruppen läßt sich nunmehr auch der Begriff des freien Berufs näher umschreiben:

Einen freien Beruf übt demnach in erster Linie aus, wer als Selbständiger auf geistiger Grundlage unter Einsatz der eigenen Persönlichkeit im Rahmen eines Vertrauensverhältnisses tätig ist und dabei in geistig-ethischer und sachlicher Unabhängigkeit von privaten und staatlichen Weisungen und Anordnungen unter besonderer Verantwortung für das Gemeinwohl in erster Linie ideellen gemeinschafts-

---

372 In Freiheit gebundene Berufe, S. 4.
373 Vgl. dazu die Ausführungen unten C, II, 2.
374 *Gerber*, a.a.O., S. 4.
375 *Scheuner*, Versorgungseinrichtungen, S. 71.
376 *Gerber*, S. 1; *Feuchtwanger I*, S. 9.

wichtigen Zwecken dient. Einen freien Beruf in einem weiteren (sozial-ethischen, ständischen) Sinn üben jedoch auch diejenigen aus, die eine solche Tätigkeit im Rahmen eines wirtschaftlichen Abhängigkeitsverhältnisses verrichten, in dem sie jedoch in ihrer spezifischen Berufsausübung nicht an Weisungen ihrer Arbeitgeber oder Auftraggeber gebunden sind.

6. Sonstige Berufe

Die vorstehend behandelten Berufe werden vom Gesetzgeber ausdrücklich als „freie Berufe" bezeichnet. Eine vergleichende Untersuchung ihres Berufsrechts hat ergeben, daß sie nicht nur soziologische Gemeinsamkeiten, sondern auch ein ähnliches Berufsbild aufweisen, dem ganz bestimmte historisch gewachsene materielle rechtliche Strukturen zugrunde liegen. Der Gesetzgeber ging offensichtlich von solchen übereinstimmenden rechtlichen Kriterien aus, als er den Begriff des freien Berufs verwendete[377]. Diese Kriterien ließen es zu, den Begriff des freien Berufs, wie er dem Berufsrecht zugrunde liegt, näher zu umschreiben. Es bleibt festzustellen, inwieweit die übrigen Berufe, die berufsgesetzliche Regelungen erfahren haben und zumindest unter soziologischen Gesichtspunkten teilweise zu den freien Berufen gezählt werden, auch unter den materialen Begriff des freien Berufs, wie er hier herausgearbeitet wurde, fallen.

a) Apotheker

Die Bundesapothekerordnung[378] zählt den Apothekerberuf nicht ausdrücklich zu den freien Berufen, ebensowenig wie bereits die Reichsapothekerordnung. Dies geschieht nicht ohne Grund. Hier zeigt sich bereits in der Berufsgesetzgebung der Wandel, den das Berufsbild des Apothekers erfahren hat. Die ursprüngliche Aufgabe des selbständigen wie des angestellten Apothekers bestand hauptsächlich in der Rezeptur, der Herstellung von Arzneimitteln aufgrund ärztlicher Anordnung. Dabei handelte es sich um eine im wesentlichen auf wissenschaftlicher Grundlage betriebene Tätigkeit, die nicht weniger verantwortungsvoll als die eines Arztes oder Anwalts war. Diese besondere Verantwortung für den einzelnen und das Gesamtwohl kommt auch heute noch in § 1 S. 2 Apothekerordnung zum Ausdruck, wonach der Apotheker „der Gesundheit des einzelnen Menschen und des gesamten Volkes" dient. Für den Apotheker früherer Zeiten konnten kaum Zweifel bestehen, daß er die typischen Merkmale freiberuflicher Tätigkeit ausübte. Die Situation hat sich jedoch insoweit ge-

---

[377] Ähnlich *Rittner*, S. 4.
[378] Vom 5. 6. 1968, BGBl. I, 601.

ändert, daß von einer überwiegend geistig-eigenpersönlichen und verantwortungsgetragenen Tätigkeit, wie sie die vorstehend behandelten Berufe qualifiziert, heute nicht mehr gesprochen werden kann. Die Eigenzubereitung von Arzneimitteln durch den Apotheker selbst nimmt heute nur noch einen verhältnismäßig geringen Raum ein[379]. Die Herstellung von Arzneimitteln liegt heute weitgehend in den Händen der pharmazeutischen Industrie, die dem Apotheker die Präparate bereits in abgabefertigem Zustand liefert. Die Apotheke ist damit heute im wesentlichen ein Abgabebetrieb geworden[380]. So richtig es ist, daß dem Apotheker — hauptsächlich im Hinblick auf die sogenannten Arzneispezialitäten (§ 4 AMG) — auch heute noch wichtige Kontrollfunktionen zukommen, die eine Hochschulqualifikation erfordern[381], so darf doch nicht übersehen werden, daß er in der überwiegenden Mehrzahl der Fälle reine Verkäuferfunktionen wahrnimmt, die sein Berufsbild weitgehend bestimmen. Der Apotheker kann die Verantwortung für Arzneimittel, die er aus der Verpackung nicht einmal herauslösen darf (Originalverpackung wird garantiert!) nicht mehr in dem Maße tragen, in dem er sie für selbstverfertigte Arzneimittel tragen kann und muß[382].

Ist es so schon der Charakter der Apothekerleistung als solche, die gegen eine freiberufliche Tätigkeit im obigen Sinne spricht, so verweist darüber hinaus besonders die Art der Berufsausübung mit starker Sachkapitalgebundenheit und offenem Ladengeschäft auf eine Verwandtschaft zum Handel und Zugehörigkeit zum Heilgewerbe[383]. Daß der Gesetzgeber selbst von der gewerblichen Tätigkeit des Apothekers ausging, zeigt auch die Vorgeschichte des Bundesapothekengesetzes:

Während § 1 Abs. 2 S. 1 des Entwurfes eines Bundesapothekengesetzes[384] noch lautete: „Die Leitung einer Apotheke ist kein Gewerbe“, enthält das Gesetz über das Apothekerwesen[385] ebensowenig wie die Bundesapothekerordnung[386] eine entsprechende Bestimmung. Diese Ansicht wird bestärkt durch einen Vergleich der apothekenrechtlichen Bestimmung mit anderen berufsgesetzlichen Regelungen, in denen ausdrücklich festgestellt wird, daß es sich bei den betreffenden Berufen nicht um gewerbliche Berufe handelt[387]. Daraus muß der

---

379 Die Rezeptur macht heute noch ungefähr 5 % des Umsatzes aus — so *Wulffius*, S. 189.

380 *Hoffmann*, § 1 Anm. 118.

381 *Hoffmann*, § 1 Anm. 118.

382 *Deneke*, S. 126.

383 *Deneke*, S. 127.

384 Vgl. Bundestagsdrucksache Nr. 570 — 3. Wahlperiode —.

385 Vom 20. 8. 1960, BGBl. I, 697.

386 Vom 5. 6. 1968, BGBl. I, 601.

387 z. B. noch § 1 Abs. 2 der Reichsärzteordnung vom 13. 12. 1935, RGBl. I, 1433; § 1 Abs. 2 der Tierarztordnung vom 3. 4. 1936, RGBl. I. 347; § 1 Abs. 3

Schluß gezogen werden, daß auch der Gesetzgeber den Apothekerberuf den gewerblichen Berufen zurechnet[388].

Als vornehmlich gewerblicher Beruf mit freiberuflichem Einschlag scheidet der Apothekerberuf daher aus der weiteren Untersuchung aus.

b) Notar

Ist es beim Apotheker die starke Inklination zum Gewerbe, die seine Zurechnung zu den freien Berufen verbietet, so ergeben sich für die Zuordnung des Notarberufs Bedenken gegen eine freiberufliche „Mittelstellung" insbesondere aus seiner staatsamtlichen Funktion.

Wenn § 2 BNotO davon ausgeht, daß der Notarberuf kein Gewerbe ist, so soll damit nicht gesagt werden, daß er zu den freien Berufen zählt. Diese Vorschrift versteht sich vielmehr im Zusammenhang mit § 1 BNotO, wonach der Notar als „unabhängiger Träger eines öffentlichen Amtes für die Beurkundung von Rechtsvorgängen und andere Aufgaben auf dem Gebiete der vorsorgenden Rechtspflege" bestellt wird. Die Nichtgewerblichkeit ergibt sich daher aus dem Amtscharakter seiner Tätigkeit[389]. Zwar wird gelegentlich auch vom Notar als freiem Beruf gesprochen[390] oder sein Beruf als ein „den freien Berufen angenäherter Beruf" bezeichnet[391]. Damit ist aber weniger eine rechtliche Gemeinsamkeit mit den übrigen freien Berufen angesprochen als vielmehr eine teilweise soziologisch-ökonomische Übereinstimmung, die sich daraus ergibt, daß der Notar wie der Freiberufler im wesentlichen unabhängig, in eigener Verantwortung und auf eigenes Risiko wirtschaftet[392].

Soweit die Notare nicht schon Beamte sind[393], kennzeichnet jedoch die Qualifizierung der Notartätigkeit als „Öffentliches Amt" diesen Be-

---

des Gesetzes über die Ausübung der Zahnheilkunde vom 31. 3. 1952, BGBl. I, 221; § 1 Abs. 2 des Steuerberatungsgesetzes vom 16. 8. 1961, BGBl. I, 1301.

388 So auch *Wulffius*, S. 190, der zu dem Ergebnis kommt, daß sich im Apothekenwesen ein Wandel vom Werkleistungsgewerbe zum reinen Handelsgewerbe vollzogen habe. A. A.: *Hoffmann*, § 1 Anm. 121.

389 *Seybold-Hornig*, § 1 Anm. 12.

390 BGH, MDR 1961, 212; *Gonella*, Sonderheft der DNotZ zum Deutschen Notartag 1956, S. 55; *Kaiser*, in einem dem BVerwG in der Sache I C 148/60 (DNotZ 1962, 149) überreichten Rechtsgutachten „zur Verfassungsmäßigkeit des Ausschlusses der Rechtsanwälte vom Notariat in den Gebieten des Rheinischen Nurnotariats", S. 16; *Knur*, HDSW, Bd. VII 1961, S. 632; *Scheuner*, Versorgungseinrichtungen, S. 71.

391 OVG Münster, DNotZ 1959, 435; *Saage*, BNotO, § 1 Anm. 4.

392 § 17 i. V. mit §§ 1 und 19 BNotO. Siehe dazu auch *Römer*, S. 38; *Seybold-Hornig*, § 1 Anm. 13.

393 Wie etwa sämtliche Notare in Baden und die sogenannten „Bezirksnotare" in Württemberg aufgrund des badischen Landesges. über die freiwillige Gerichtsbarkeit vom 13. 10. 1925 (GVBl., S. 287), §§ 2 ff., 45 und des Württ. Ausführungsgesetzes zum BGB vom 29. 12. 1931 (RegBl., S. 545), §§ 10 ff.

ruf in einer Weise, die die Annahme einer freiberuflichen Tätigkeit verbietet. Die Übertragung eines öffentlichen Amtes auf den Notar besagt vornehmlich, daß er Funktionen ausübt, die aus dem Aufgabenbereich des Staates, und zwar der Justiz, abgeleitet sind[394]. Damit wird er zuständig, hoheitliche Befugnisse und Pflichten des Staates wahrzunehmen[395]. Weil er Zuständigkeiten einer juristischen Person des öffentlichen Rechts wahrnimmt, ist auch das Amt des Notars eine feste Einrichtung innerhalb der staatlichen Organisation[396]. Der staatlichen Organisationsgewalt obliegt daher auch die Entscheidung, wieviele Ämter geschaffen werden und welchem Bewerber das Amt übertragen wird[397]. Als Ausfluß der staatlichen Organisationsgewalt sind schließlich auch die Beziehungen zum Staat, dessen Kompetenzen der Notar wahrnimmt und zu Dritten, insbesondere zu Rechtsuchenden, öffentlich-rechtlicher Natur. Demgemäß steht er zum Staat, wenn auch nicht in einem Dienstverhältnis, so doch in einem öffentlich-rechtlichen Auftrags- und Treueverhältnis und unterliegt staatlicher Aufsicht[398]. Dritten gegenüber ist er zur Amtsführung nicht nur berechtigt, sondern auch verpflichtet[399]. Vergleicht man die Ausgestaltung des Notarberufs mit dem verwandten freien Beruf des Anwalts, so zeigen sich die entscheidenden Unterschiede zwischen Amtstätigkeit einerseits und freier Berufstätigkeit andererseits.

Der dem Rechtsanwalt zugewiesene Wirkungskreis ist nicht aus dem staatlichen Aufgabenbereich abgeleitet. Die dem Rechtsanwalt in Unabhängigkeit obliegende „energische, furchtlose Wahrung der ihm anvertrauten Interessen unter Beachtung des geltenden Rechts"[400] ist keine staatliche, insbesondere keine hoheitliche Aufgabe und Tätigkeit. Der Rechtsanwalt hat keine „Zuständigkeiten", kraft deren er für die staatliche Organisation handelt, sondern „Aufgaben", die außerhalb des staatlichen Kompetenzbereiches liegen[401]. Deshalb unterliegt er auch nicht der staatlichen Organisationsgewalt, was insbesondere im freien Zugang zum Beruf und einem anderen Verhältnis zum Staat und zu Dritten zum Ausdruck kommt. Die Rechtsbeziehungen zwischen Rechtsanwalt und Auftraggeber sind privatrechtlicher Natur. Die Pflicht des Rechtsanwalts, für seinen Mandanten tätig zu werden, wird durch privatrechtlichen Auftrag begründet. Er ist nicht verpflichtet, tätig zu werden wie der Notar, vielmehr ist er frei in seiner Entscheidung, ob er ein ihm angetragenes Mandat übernehmen

---

[394] *Seybold-Hornig*, § 1 Anm. 8.
[395] §§ 20 ff. BNotO.
[396] *Römer*, S. 44.
[397] Siehe dazu BVerfGE 16, 6 ff. (24) und besonders 17, 371 ff. (381).
[398] §§ 92 ff. BNotO.
[399] § 15 BNotO.
[400] *Kalsbach*, BRAO § 1 Anm. 2.
[401] *Römer*, S. 46.

will oder nicht[402]. Im Verhältnis zum Staat steht der Rechtsanwalt weder in einem Dienst-, Auftrags- oder Treueverhältnis noch in einem Amtswalterverhältnis und hat keine Treue- bzw. Gehorsamspflicht gegenüber dem Staat als Organisation. Daher unterliegt er keiner Staatsaufsicht, sondern nur einer beschränkten Standesaufsicht.

Diese staatsfreie Stellung des Rechtsanwalts rechtfertigt die Bezeichnung als freien Beruf. Aufgrund seiner Eingliederung in die Staatsorganisation und der dadurch bedingten öffentlich-rechtlichen Ausgestaltung seines Berufes zählt der Notar deshalb nicht zu den freien Berufen im obenstehenden Sinn[403].

c) Seelotse

Nach § 25 Abs. 1 des Gesetzes über das Seelotsenwesen (SeelG)[404] übt der für ein Revier bestellte Seelotse seine Tätigkeit als freien, nicht gewerblichen Beruf aus. Damit ist noch nicht gesagt, daß es sich um einen freien Beruf in dem umfassenden, oben dargelegten Sinn handelt. Denkbar wäre auch, daß damit nur eine Abgrenzung gegenüber anderen Lotsentätigkeiten, die gewerblich[405] oder in abhängiger Stellung als Bundesbedienstete[406] ausgeübt werden, erfolgen sollte[407]. Daher muß auch hier auf die materiellen Grundlagen und Aussagen der gesetzlichen Regelung näher eingegangen werden. Dabei zeigt es sich zunächst, daß an die fachlichen Voraussetzungen für die Ausübung der Lotsentätigkeit hohe Anforderungen gestellt werden, wie sich aus den §§ 10 Abs. 2 S. 2, 12 Abs. 2 Nr. 2 und 3, 25 Abs. 1, 26, 27 Abs. 1, 28 Abs. 1 und 29 Abs. 1 des Gesetzes über das Seelotsenwesen ergibt. Die Tätigkeit des Seelotsen ist demnach ohne Zweifel geistiger Natur und eine Dienstleistung höherer Art. Da der Seelotse aufgrund eines Dienstvertrages tätig wird[408], er somit seine Leistung im Zweifel in Person zu erbringen hat[409], liegt auch eine eigenpersönliche Leistung vor. Dies wird nicht zuletzt auch durch die negative Hervorhebung des § 25 Abs. 1 SeelG bestätigt, wonach der Seelotse seinen Beruf als „nicht gewerblichen Beruf" ausübt. Daß unter dem freien Beruf des Seelotsen eine Tätigkeit als Selbständiger zu verstehen ist, ergibt sich insbesondere aus § 5 SeelG, der u. a. den § 25 SeelG auf das Seelotsenwesen der Reviere, in denen noch Bedienstete des Bundes als Seelot-

---

[402] § 44 BRAO — Ausnahmen in den Fällen der §§ 48, 49 BRAO.
[403] Ebenso *Römer*, S. 42, *Seybold-Hornig*, § 1 Anm. 13.
[404] Vom 13. 10. 1954, BGBl. II, S. 1035.
[405] So die Lotsentätigkeit außerhalb der Reviere — § 49 SeelG.
[406] § 5 SeelG.
[407] So wohl *Medicus*, in: Das deutsche Bundesrecht VI F 51, S. 13.
[408] Siehe dazu BGHZ 27, S. 79, 81.
[409] § 613 S. 1 BGB.

sen eingesetzt werden, für nicht anwendbar erklärt[410]. Wenn der Seelotse die Lotsung, also seine Berufsaufgabe, in eigener Verantwortung durchzuführen hat[411], so ist ihm damit auch eine sachlich-unabhängige Berufsausübung garantiert. Weiterhin folgt auch hier wieder die besondere Verantwortung gegenüber der Allgemeinheit aus der sachlichen Eigenart der Seelotsentätigkeit, die in besonderem Maße den Zwecken einer sicheren Seeschiffahrt dient. Wenn deshalb in der Person des Seelotsen Gründe vorliegen, die die Annahme einer Gefährdung der Sicherheit des Schiffsverkehrs rechtfertigen oder aus sonstigen Gründen seine Ungeeignetheit feststeht, muß eine vorläufige Untersagung der Berufsausübung[412] oder eine Zurücknahme der Bestallung[413] erfolgen. Weiterhin kennt auch das Gesetz über das Seelotsenwesen die für freie Berufe typische Generalklausel über die allgemeine Berufspflicht, wonach sich der Seelotse „durch sein Verhalten innerhalb und außerhalb seines Dienstes der Achtung und des Vertrauens würdig zu erweisen (hat), die sein Beruf erfordert“[414], eine Bestimmung, die fast wörtlich mit den entsprechenden Regelungen der anderen Berufsgesetze übereinstimmt[415] und durch Standesvorschriften der Lotsenbrüderschaft[416] ergänzt und konkretisiert wird[417].

Wenn § 26 SeelG von dem Vertrauen spricht, das der Seelotsenberuf erfordert, so erlangt diese Vorschrift insbesondere im Hinblick auf die Berufsaufgabe des Seelotsen Bedeutung. Der Seelotse berät als orts- und schiffahrtskundiger Berater[418] den Kapitän bei der Führung des Schiffes[419]. Diese Aufgabe schließt eine ganze Skala von Beratungsfunktionen ein und reicht hin bis zu selbständigen Anordnungen hinsichtlich der Führung des Schiffes[420]. Da ein Kapitän i. d. R. auf einen solchen sachkundigen Berater angewiesen ist, er andererseits immer für die Führung des Schiffes verantwortlich bleibt[421], setzt die Einräumung so weitgehender Kompetenzen und selbständiger Handlungen in seinem Verantwortungsbereich ein nicht geringes Vertrauen des Kapitäns in die fachliche und ethische Tüchtigkeit des See-

---

[410] So auch die Ausführungen im schriftlichen Bericht des Ausschusses für Verkehrswesen — Bundestagsdrucksache Nr. 762, 2. Wahlperiode, unter Allgemeines.

[411] § 25 Abs. 2 S. 1 SeelG.

[412] § 18 SeelG.

[413] § 17 Abs. 2 SeelG.

[414] § 26 SeelG.

[415] Vgl. § 43 S. 2 BRAO; § 1 Abs. 3 BFAOÄ; § 22 Abs. 2 S. 2 StBG; § 43 Abs. 2 S. 3 WPO.

[416] §§ 28, 29 SeelG.

[417] § 32 SeelG.

[418] § 1 SeelG.

[419] § 27 Abs. 1 SeelG.

[420] § 27 Abs. 2, 2. Halbsatz SeelG.

[421] § 27 Abs. 2, 1. Halbsatz SeelG.

lotsen voraus. Danach kann auch hier vom Vorliegen eines besonderen Vertrauensverhältnisses gesprochen werden. Der Bundestagsausschuß für Verkehr hat nicht zuletzt im Hinblick auf die gerade insoweit bestehenden strengen Standespflichten in seinem schriftlichen Bericht[422] im Gegensatz zum Regierungsentwurf[423] den Seelotsen der Reviere als freien, nicht gewerblichen Beruf bezeichnet.

Damit entspricht auch der Seelotsenberuf den oben aufgestellten Kriterien für einen freien Beruf[424].

d) Architekt

Das Berufsrecht der Architekten ist nicht bundeseinheitlich geregelt. Demzufolge haben die Länder sich in den Grundgedanken übereinstimmende eigene Architektengesetze geschaffen. Das baden-württembergische Architektengesetz vom 5. 12. 1955[425] diente dabei als Vorbild für einen von der Arbeitsgemeinschaft der für das Bau-, Wohn- und Siedlungswesen zuständigen Minister der Länder ausgearbeiteten Musterentwurf eines Architektengesetzes, der dann wiederum Grundlage für einige der neueren Länderarchitektengesetze wurde[426]. Deswegen sollen auch im folgenden die Regelungen des baden-württembergischen Architektengesetzes als beispielhaft herangezogen werden. Als Berufsaufgaben des Architekten werden die künstlerische, technische und wirtschaftliche Planung von Bauwerken auf dem Gebiet des Hochbaus, die Ausarbeitung städtebaulicher Pläne, die Beratung, Betreuung und Vertretung des Auftraggebers in allen mit der Planung und Bauausführung zusammenhängenden Fragen, sowie die Überwachung der Bauausführung bezeichnet[427]. Das Gesetz bestimmt nicht ausdrücklich, daß der Architekt als solcher einen freien Beruf ausübe[428].

Aus der Gesetzesfassung „wer sich freiberuflich den Berufsaufgaben nach § 1 widmet und nicht baugewerblich tätig ist“[429] kann vielmehr

---

[422] Bundestagsdrucksache Nr. 762 — 2. Wahlperiode —, S. 2.
[423] Bundestagsdrucksache Nr. 393 — 2. Wahlperiode —, §§ 1 und 8.
[424] Ebenso *Meier-Greve*, in: Öffentlich-rechtliche Bindungen und freiberufliche Stellung der Kassenärzte, S. 133; unverständlich insoweit *Medicus*, a.a.O., S. 13, wenn er trotz der klaren Gesetzesfassung feststellt, das Gesetz gebe den Seelotsen grundsätzlich die Rechtsstellung von Gewerbetreibenden, jedoch sei ihre Stellung gegenüber der staatlichen Verwaltung unterschiedlich ausgestaltet, je nachdem, ob es sich um Revierlotsen oder außerhalb der Reviere tätige Lotsen handle.
[425] GBl. 1955, 265.
[426] z. B. Schleswig-Holstein, Gesetz vom 16. 7. 1964 (GVBl. 1964, 95); Hamburg, Gesetz vom 26. 11. 1965 (GVBl. 1965 I, 205); Hessen, ArchG vom 25. 9. 1968 (GVBl. I, 259).
[427] § 1 Abs. 1 und 4 bad.-württ. Architektengesetz.
[428] Ebensowenig wie dies die übrigen Länderarchitektengesetze tun.
[429] § 2 Abs. 2.

geschlossen werden, daß ein Architekt auch baugewerblich oder in einem festen Dienstverhältnis tätig werden kann. Damit ist aber zugleich klar ausgesprochen, daß „freiberuflich" i. S. des Architektengesetzes nur derjenige tätig ist, der als wirtschaftlich Selbständiger nicht gewerbliche Arbeiten verrichtet[430].

Vom Gewerbe unterscheidet sich die Architektentätigkeit einerseits durch die geistig-schöpferische und eigenpersönliche Leistung. Dabei darf gerade für diesen Beruf, der weitgehend auf die Mitwirkung zahlreicher Hilfskräfte angewiesen ist, das Element des „Eigenpersönlichen" nicht zu eng ausgelegt werden. Eigenpersönlich bleibt die Architektenleistung auch dann, wenn Detailaufgaben auf andere übertragen werden, der Architekt jedoch die „Fäden des Geschehens" in der Hand behält, Planung und Gestaltung letztlich also das Werk seiner geistig-schöpferischen Fähigkeit sind[431].

Zum andern folgt der Unterschied zum Gewerbe daraus, daß auch für den Architekten eine Ausübung der beruflichen Tätigkeit um ihrer selbst willen, unter Hintanstellung des Gewinnstrebens, verlangt wird[432]. Aufgrund seiner Beratungs-, Betreuungs- und Vertretungsfunktion in allen Fragen der Planung und Bauausführung, entwickelt sich auch zwischen Architekt und Bauherr ein besonderes zwischenmenschliches Verhältnis, das von dem Vertrauen des Bauherrn in die fachlichen Fähigkeiten und die ethische Zuverlässigkeit des Architekten gekennzeichnet ist. Die Berufs- und Standespflichten des Architekten werden von der Architektenkammer, der zuständigen Standesorganisation, im Wege der Satzung[433] festgelegt und konkretisieren die Generalklausel des § 15 II Architektengesetz, wonach berufsunwürdig ist „ein Verhalten, das gegen die Pflichten verstößt, die einem Architekten zur Wahrung des Ansehens seines Berufs obliegen". Daß schließlich auch die Architekten eine hohe Verantwortung gegenüber der Gemeinschaft tragen, wird mit Rücksicht auf die Eigenart ihrer Tätigkeit niemand bestreiten wollen: Durch die künstlerische, technische und wirtschaftliche Planung und Gestaltung im Einzel- und Städtebau wirkt der Architekt nachhaltig auf die Gestaltung der menschlichen Umwelt und damit auch auf den Menschen selbst, auf sein Gemeinschafts- und Familienleben und nicht zuletzt auf die Volksgesundheit, ein[434].

Schließlich bedarf auch diese gemeinschaftswichtige Tätigkeit der typisch freiberuflichen inneren und äußeren Freiheit. Daß man auch in

---

[430] Ebenso *Müller*, S. 30; Klaus *Neuenfeld*, Handbuch des Architektenrechts, Kohlhammerverlag, Stuttgart, 1969, S. 26 ff.
[431] Siehe dazu die Ausführungen S. 38.
[432] Vgl. *Neuenfeld*, a.a.O., S. 28.
[433] § 13 Architektengesetz.
[434] Siehe *Müller*, S. 43, *Gerber*, S. 4.

Berufskreisen von einem solchen Verständnis ausgeht und sich andererseits der großen Verantwortung bewußt ist, zeigen die Ausführungen des Architekten Arthur *Brunisch,* wenn er als Kriterien eines freien Architektenberufs nennt „geistige Freiheit, persönliche Unabhängigkeit, Freiheit der künstlerischen Arbeit, materielle Sicherheit, hohes Maß der Verantwortung gegenüber der Aufgabe“[435]. Damit erfüllt auch die Tätigkeit des selbständigen Architekten die Merkmale eines freien Berufs.

e) Hebamme

Das Berufsrecht der Hebamme beruht im wesentlichen auf dem Hebammengesetz vom 21. 12. 1938[436] und den dazu erlassenen Durchführungsverordnungen. § 2 Abs. 2 dieses Gesetzes bestimmt, daß der Hebammenberuf kein Gewerbe sei. Welche Bedeutung dieser Aussage zukommt, kann nur wieder aufgrund der materiellen gesetzlichen Regelungen festgestellt werden. Die Herauslösung des Hebammenberufs aus dem Gewerbe erfolgte im Zusammenhang mit einer umfassenden Neuregelung des gesamten Berufsrechts, insbesondere aber des Ausbildungs- und Zulassungsrechts. Vorher war nach § 30 Abs. 3 der Gewerbeordnung jede Frau, die ein Prüfungszeugnis der zuständigen Landesbehörde besaß, zur freien Ausübung des Hebammenberufs berechtigt. Nunmehr bedarf eine Frau zur selbständigen Ausübung des Hebammenberufs der behördlichen Anerkennung als „Hebamme“[437], also der Zulassung zum Beruf und einer besonderen behördlichen Niederlassungserlaubnis[438].

Die Anerkennung als Hebamme setzt die Ablegung einer Hebammenprüfung im Anschluß an einen eineinhalbjährigen Lehrgang an einer Hebammenlehranstalt oder zugelassenen Anlernanstalt voraus, in der der Bewerberin neben einer geburtshilflichen Ausbildung auch die allgemeingesundheitlichen Grundlagen des zukünftigen Berufs vermittelt werden[439]. Außerdem darf keiner der Versagungsgründe des § 7 HebammenG (fehlende sittliche und körperliche Eignung und Zuverlässigkeit) vorliegen. Die Niederlassungserlaubnis für eine Hebamme wird von der unteren Verwaltungsbehörde erteilt[440]. Nach § 10 Abs. 2 Hebammengesetz soll die Niederlassungserlaubnis nur dann versagt werden, wenn durch eine der Bevölkerungsdichte, der Geburtenhäufigkeit sowie den Entfernungs- und Verkehrsverhältnissen entsprechende Zahl von Hebammen eine ausreichende Hebammenhilfe

[435] In: Architekt 1955, 508; ähnlich *Rosskotten,* Architekt 1956, 291.
[436] RGBl. I, 1893.
[437] § 6 HebammenG.
[438] § 10 HebammenG.
[439] §§ 1, 5 der 6. DVO zum Hebammengesetz vom 16. 9. 1941 (RGBl. I, 561).
[440] § 1 Abs. 1 der 2. DVO vom 13. 9. 1939 (RGBl. I, 1764).

gesichert ist. Bei Erteilung der Niederlassungserlaubnis ist der Hebamme ein bestimmter Wohnsitz anzuweisen[441]. Für sonach anerkannte Hebammen mit Niederlassungserlaubnis sind die Berufspflichten durch Rechtsverordnung in einer sogenannten Dienstordnung geregelt[442]. Die Dienstordnung verpflichtet die Hebamme, bei ihrem Verhalten bis ins einzelne die Vorschriften eines amtlichen Hebammenlehrbuchs zu beachten und über ihre Berufsausübung ein Tagebuch zu führen[443]. Die gewissenhafte Berufsausübung wird vom Leiter des Gesundheitsamts überwacht[444]. In Zweifelsfällen soll die Hebamme den Amtsarzt um Rat fragen. Bei diesem hat sie sich auch vor Beginn oder Wiederaufnahme der Berufstätigkeit nach mehr als einjähriger Unterbrechung unter Vorlegung der staatlichen Anerkennung, der erteilten Niederlassungserlaubnis, des Hebammenlehrbuchs und des Tagebuchs sowie bestimmter amtlich vorgeschriebener Geräteschaften und Arzneimittel zu melden. Diesem ist ebenso jeder Wohnungswechsel, jede Personenstandsänderung und jede längere, mehr als 3 Tage dauernde Behinderung im Beruf zu melden[445]. Wiederholte Prüfungen und die Pflicht zu regelmäßigem Besuch von Fortbildungslehrgängen[446] sollen darüber hinaus die fachlichen Kenntnisse überwachen und fördern. Schließlich wird den selbständigen Hebammen ein jährliches Mindesteinkommen gewährleistet[447]. Dazu haben die Hebammen ein Rechnungsbuch zu führen, aus dem die jährlichen Einnahmen und Ausgaben zu ersehen sind[448]. Erreicht die Hebamme nicht das staatlich festgelegte Mindesteinkommen, so zahlt das Land als Gewährleistungsträger einen entsprechenden Zuschuß[449]. Für die Zeit des Ausscheidens aus dem Beruf, was spätestens mit Vollendung des 70. Lebensjahres zu erfolgen hat[450], ist Vorsorge getroffen: Nach § 22 Hebammengesetz unterliegen auch die selbständigen Hebammen der Angestelltenversicherungspflicht. § 4 des Angestelltenversicherungsgesetzes wurde entsprechend ergänzt.

Ob die Herauslösung des Hebammenberufs aus der Gewerbeordnung und die Unterstellung unter eine eigene Berufsordnung einen freien Beruf im hier verstandenen Sinne geschaffen hat, erscheint bei Betrachtung der einzelnen berufsgesetzlichen Regelungen doch sehr frag-

[441] § 12 HebammenG.
[442] § 17 HebammenG.
[443] Siehe dazu *Kuhns*, S. I/498.
[444] § 16 HebammenG.
[445] *Kuhns*, S. I/498.
[446] Siehe dazu im einzelnen §§ 13 ff. und 17 ff. der 6. DVO und *Kuhns*, S. I/496 und 497.
[447] § 14 Abs. 1 HebammenG.
[448] § 10 der 2. DVO.
[449] § 14 Abs. 2 HebammenG.
[450] § 5 S. 1 HebammenG i. V. mit § 1 der 4. DVO vom 16. 12. 1939 (RGBl. I, 2457).

lich. Bestehen aufgrund der vorwiegend manuellen, auf praktischer Erfahrung beruhenden Tätigkeit und der Abhängigkeit von den Anweisungen des Amtsarztes und den detaillierten Vorschriften des Hebammenlehrbuchs schon erhebliche Zweifel an einer geistig-eigenpersönlichen Tätigkeit, wie sie bei den freien Berufen festgestellt wurde, so zeigt die weitere Ausgestaltung des Berufsrechts der Hebamme noch erheblichere Unterschiede zum Berufsrecht der freien Berufe. Die berufsrechtliche Stellung der Hebamme weist gegenüber anderen freien Berufen, insbesondere gegenüber den akademischen Heilberufen, wesentliche strukturelle Besonderheiten auf[451]. Sie sind zum einen gekennzeichnet durch die speziellen Fürsorge- und Vorsorgemaßnahmen des Staates bei der Berufsausübung und dem Ausscheiden aus dem Beruf. Durch die Garantie eines bestimmten Mindesteinkommens und die Gewährleistung einer Altersversorgung wird von Staats wegen das typisch freiberufliche Berufsrisiko, das auf der wirtschaftlichen Eigenverantwortlichkeit beruht, wenn nicht aufgehoben, so doch erheblich gemindert. Das Bundesverfassungsgericht hat diese Tatsache als wesentliches Unterscheidungsmerkmal zur ärztlichen Tätigkeit angesehen, indem es darauf hinwies, daß der freie Beruf des Arztes im Gegensatz zum Beruf der Hebamme durch ein hohes Maß an eigener Verantwortlichkeit und eigenem Risiko in wirtschaftlicher Beziehung charakterisiert wurde[452]. Zum anderen sind es die besonderen berufsrechtlichen Bindungen des Hebammenberufs, die der Zurechnung zu den freien Berufen entgegenstehen. Insbesondere sprechen die Vorschriften der Dienstordnung und des Hebammenlehrbuchs, die das berufliche Verhalten der Hebammen minutiös regeln, und die ständige Überwachung der Berufsausübung durch die Pflicht zur Führung eines Tage- und Rechnungsbuchs, durch Anzeigepflichten und Vorstellungen beim Amtsarzt, durch die Bindung an amts- und sonstige ärztliche Anweisungen, durch wiederholte Prüfungen usw. gegen eine persönliche und sachliche Unabhängigkeit, wie sie den freien Berufen eigen ist. Dieser Eindruck wird noch verstärkt durch die Pflicht zum Tätigwerden, wie sie § 2 Hebammengesetz vorsieht, deren Varianten und Kollisionsmöglichkeiten die Dienstordnung im einzelnen regelt[453]. Eine solche generelle Pflicht zum Tätigwerden konnte bis jetzt nur beim Notarberuf festgestellt werden, was allerdings mit dessen besonderer Amtstätigkeit zusammenhing. Zwar sind die Beziehungen der Hebamme zu den einzelnen Pflegebefohlenen nicht wie bei diesem öffentlich-rechtlicher Natur, sondern erfolgen aufgrund privatrechtlichen Auftrags. Jedoch haben die gesetzlich ver-

---

451 *Fuhr*, § 30 Anm. 8.
452 BVerfGE 9, 338 (351).
453 Siehe dazu *Kuhns*, S. I/498, 499.

ankerte Pflicht jeder Schwangeren, rechtzeitig eine Hebamme zuzuziehen[454] — das BVerfG spricht in diesem Zusammenhang von einer „Art von Benutzungszwang“[455] — die entsprechende Pflicht der Hebamme zur Beistandsleistung und die besondere Ausgestaltung der Berufspflichten sowie ihre Überwachung, den Hebammenberuf derart dem öffentlichen Recht unterstellt, daß in der Literatur Zweifel an seiner Qualität als echter Privatberuf geäußert wurden[456].

Die starke öffentlich-rechtliche Bindung des Hebammenberufs zeigt sich schließlich auch bei der Erteilung der Niederlassungserlaubnis. Durch § 10 Abs. 2 Hebammengesetz wird, wenngleich das Gesetz den Ausdruck nicht gebraucht, die Erteilung (Versagung) der Niederlassungserlaubnis von einer Bedürfnisprüfung abhängig gemacht. Durch diese Bedürfnisprüfung wird praktisch ein bestimmter Tätigkeitsbereich zugewiesen, was wiederum die Voraussetzung für die Gewährung eines Mindesteinkommens ist[457]. Die Zuweisung bestimmter Tätigkeitsbereiche ist aber zumeist verbunden mit der Übertragung bestimmter staatlicher Aufgaben auf Private. So verwundert es nicht, wenn das Bundesverfassungsgericht[458] betont, „daß der Staat die Tätigkeit der Angehörigen dieses Beruf aufgrund seiner Daseinsvorsorge für die Allgemeinheit bereitstellt, d. h. seine Daseinsvorsorge durch die Angehörigen dieses freien Berufs ausüben läßt“. Daß man bei dieser staatsabhängigen Stellung und Aufgabenwahrung des Hebammenberufs noch von einem freien Beruf sprechen kann, wird dann auch in der Literatur im Hinblick auf den halbamtlichen Charakter des Hebammenberufs verneint[459].

Die Art der Berufsausübung und die berufsrechtliche Stellung der Hebamme verbieten deshalb auch die Zurechnung zu den hier behandelten freien Berufen. Die gesetzliche Herauslösung aus dem Gewerberecht hat noch keinen freien Beruf in diesem Sinn geschaffen. Daß mit der Anerkennung der nichtgewerblichen Natur des Hebammenberufs dieser nicht ohne weiteres zu einem freien Beruf werden mußte[460], war auch schon die Ansicht der älteren Literatur. Von dem mehr amtlichen als freiberuflichen Charakter des Hebammenberufs geht bereits *Sauer* aus[461], wenn er die Wandlung im Hebammenwesen wie folgt charakterisiert:

„In Anerkennung der überaus wichtigen und idealen Aufgaben, die der Hebammenschaft im Rahmen der Bevölkerungspolitik und der

---

454 § 3 HebammenG.
455 a.a.O., S. 347.
456 *Fuhr*, § 30, Anm. 8, S. 24.
457 *Landmann-Rohmer-Eyermann-Fröhler*, § 30 Anm. 8, S. 369.
458 a.a.O., S. 347.
459 *Landmann-Rohmer-Eyermann-Fröhler*, § 30, Anm. 8, S. 369.
460 So aber wohl *Fuhr*, § 30 Anm. 8 am Anfang.
461 In: RVerwBl. Bd. 60, 1939, S. 51.

öffentlichen Gesundheitspflege obliegen, wird der Hebammenberuf seines bisherigen gewerblichen Charakters entkleidet und dem Beamtenberuf in etwa angenähert."

7. Der freie Beruf im Rechtssinn

a) Materialer Rechtsbegriff des freien Berufs

Ein Vergleich der übrigen berufsrechtlichen Regelungen mit dem Berufsrecht der freien Heil- und Beratungsberufe hat damit nicht nur die als wesentlich erkannten Merkmale freier Berufstätigkeit bestätigt, sondern zugleich auch den entscheidenden Unterschied zu ähnlich gestalteten Berufen mit vorwiegend gewerblichem oder amtlichem Charakter hervortreten lassen. Jedenfalls hat die Untersuchung der einzelnen Berufsgesetze gezeigt, daß sich mit dem Begriff des freien Berufs ein Gebilde des sozialen Lebens verbindet, dem ein ganz bestimmter Sinngehalt und eine besondere Funktion in der Rechtsordnung zukommt. Die Gesetzgebung hat dieses soziale Gebilde weder geschaffen noch bewußt gestaltet, vielmehr bereits voll oder teilweise entwickelt vorgefunden und normierend ins positive Recht übernommen[462]. Die Begriffselemente sind hinreichend exakt umschrieben und geeignet, den Begriff des freien Berufs von ähnlich gestalteten gewerblichen oder amtlichen Berufen abzugrenzen. Die Entwicklung des Begriffs aus dem Berufsrecht und dem „Wesen" der freiberuflichen Tätigkeit hat die materiale gemeinsame Struktur der einzelnen Berufsregelungen erkennen lassen. Daraus rechtfertigt sich auch die Feststellung, daß es sich bei dem freien Beruf, wie er dem Berufsrecht zugrunde liegt, um einen materialen Rechtsbegriff handelt[463]. Freier Beruf ist demnach einerseits — soweit es um die Belange des Steuerrechts geht — ein reiner juristischer Relationsbegriff[464], andererseits aber auch ein materialer Rechtsbegriff mit einem umfassenden materialen Sinngehalt. Demzufolge kann der generellen Aussage des Bundesverfassungsgerichts[465], es handle sich beim freien Beruf nur um einen soziologischen Begriff, nicht beigetreten werden.

b) Mangelnde Gemeinsamkeiten aller freien Berufe

Jedoch ist die Feststellung des BVerfG insoweit nicht unberechtigt, als es jedenfalls einen für die gesamte Rechtsordnung, zumindest aber

[462] *Rittner*, S. 4.
[463] *Rittner*, S. 14.
[464] Oder „Ordungsbegriff" i. S. von *Philipp Heck*, in: Begriffsbildung und Interessenjurisprudenz, 1932, S. 52 ff.
[465] In: E 10, 354 ff. (364).

für das gesamte öffentliche Recht geltenden einheitlichen materialen Rechtsbegriff des freien Berufs nicht zu geben scheint. Wie bereits die Untersuchungen im Steuerrecht ergeben haben, geht dieses von einem sehr viel weitergefaßteren Kreis freier Berufstätigkeiten als das Berufsrecht aus. So haben insbesondere die selbständigen rein wissenschaftlichen, künstlerischen, schriftstellerischen und erzieherischen Tätigkeiten sowie einige andere aufgeführte Berufe keine berufsgesetzliche Regelung erfahren.

Mochte es angehen, sie alle unter dem Aspekt ihrer Nichtgewerblichkeit als freie Berufe i. S. des Steuerrechts zu bezeichnen, so erscheint es doch nicht möglich, für alle diese Berufe darüber hinaus gemeinsame materiale Merkmale, die eine allseitige und umfassende Begriffsumschreibung zulassen, zu finden. Die Verschiedenartigkeit der einzelnen Berufstätigkeiten und ihres sozialen Rahmens verbieten diese Möglichkeit. Ein Vergleich mit den berufsgesetzlich erfaßten Berufen und einigen für diese festgestellten typischen Begriffsmerkmalen macht dies deutlich:

aa) Idealistische Berufsauffassung

Zwar wird eine idealistische Berufsauffassung i. d. R. auch beim Forscher, Künstler, Schriftsteller und Erzieher anzutreffen sein, gehört sie doch zum Wesen jeder kulturvermittelnden geistig-eigenschöpferischen Tätigkeit. Wer aber wird es z. B. einem um seine Existenz ringenden bildenden Künstler verargen wollen, wenn er sich aus reinen Erwerbsgründen über die von ihm selbst für seine Arbeit als verbindlich angesehenen Prinzipien künstlerischen Wirkens hinwegsetzt und ein Bild malt, eine Plastik erstellt, die den Wünschen irgendeines Auftraggebers entspricht? Wer wollte es einem Forscher, Schriftsteller verübeln, wenn er aus eben denselben Gründen eine wissenschaftlich, journalistisch interessante Arbeit zugunsten einer weniger qualifizierten, aber lukrativeren ablehnt? Insoweit bleibt bei diesen Berufen die Berufsvorstellung im wesentlichen innere Einstellung zur Arbeit ohne Konsequenzen auf die Berufsausübung als solche. Anders bei den berufsrechtlich geregelten Berufen. Auch bei diesen ist die Einstellung zum Beruf vorwiegend eine höchstpersönliche innere Entscheidung. Sie erlangt jedoch auch Außenwirkung und rechtliche Relevanz, soweit aus bestimmten äußeren Verhaltensweisen auf ein Fehlen oder zumindest Sinken ihrer ethischen Qualität zu schließen ist. Dann wird sie zum Anknüpfungspunkt standesrechtlicher, u. U. berufsgerichtlicher Maßnahmen.

Von einer idealistischen Berufsauffassung in diesem Sinn kann wohl überhaupt nicht bei den Berufen gesprochen werden, bei denen aufgrund ihrer mehr körperlich-mechanischen, auf der Ausnutzung technischer Fähigkeiten beruhenden Tätigkeit schon ihre Qualität als geistiger Beruf fraglich erschien[466].

bb) Besonderes Vertrauensverhältnis

War es für die freien Heil- und Beratungsberufe charakteristisch, daß sie von einem besonderen Vertrauensverhältnis getragen wurden, so gilt dies nicht, zumindest nicht in diesem Maße, für die übrigen Berufe. Dies liegt hauptsächlich darin begründet, daß bei den wissenschaftlichen, künstlerischen und publizistischen Berufen nicht die unmittelbaren zwischenmenschlichen Beziehungen bestehen wie dies zwischen den Angehörigen der Heil- und Beratungsberufe und deren Patienten, Klienten und sonstigen Auftraggebern der Fall ist. Sie treten vielmehr i. d. R. zu ihren Partnern nur in mittelbare Beziehungen, wobei für sie das künstlerische und publizistische Werk zum Medium des zwischenmenschlichen Verkehrs wird[467].

cc) Verantwortung für die Allgemeinheit

Schließlich ist auch die Verantwortung für die Allgemeinheit kein allgemeines Merkmal der freien Berufe[468]. Zwar ist die Verantwortung für die Allgemeinheit außer bei den bereits erörterten Berufen auch ein Element der publizistischen und in einem weiteren — kulturfunktionalen — Sinn[469] auch der wissenschaftlichen und künstlerischen Berufe. Inwieweit jedoch etwa bei der Erteilung von Tanz-, Turn-, Schwimm-, Reit- und Weißnähunterricht, die ebenfalls als freiberufliche Tätigkeiten angesehen wurden[470], oder bei der Tätigkeit von Dolmetscher, Zahnpraktiker und Masseur noch eine über den jeweiligen Auftrag hinausgehende Verantwortung für die Gemeinschaft vorliegen soll, ist nicht ersichtlich. Natürlich erfüllen auch diese Berufe in ihrer Gesamtheit wichtige Bedürfnisse der Gemeinschaft und sind insoweit für das Funktionieren des sozialen Ganzen unentbehrlich und verantwortlich. Diese Verantwortung kommt aber letztlich allen Berufen zu, die den wirtschaftlichen und kulturellen Bedürfnissen der Gemeinschaft dienen, ohne Rücksicht auf die Art ihrer Tätigkeit. In erster Linie sind diese Berufe aber nur zur vertragsgemäßen Erledigung der ihnen übertragenen Aufgaben — die im Einzelfall durchaus nicht im Interesse der Allgemeinheit liegen kön-

---

[466] Wie etwa bei Krankengymnasten, Masseuren, Zahnpraktikern usw., siehe dazu oben unter B, II, 1 b.
[467] *Deneke*, S. 118.
[468] Ebenso *Müller*, S. 67.
[469] Allerdings nicht rechtlich: Siehe dazu *Müller*, S. 67.
[470] Siehe oben B, II, 1 b.

nen — verpflichtet. Die Bedeutung ihrer Arbeit auch für die Gemeinschaft ergibt sich dabei sozusagen als — wenn auch notwendige — Nebenwirkung.

Dem steht die Tätigkeit der materialen freien Berufe gegenüber. Zwar erbringen auch diese ihre Leistungen aufgrund privaten Auftrags. Jedoch nehmen sie dabei zugleich wichtige Gemeinschaftsbelange wahr, die den besonderen Charakter der freiberuflichen Leistung bestimmen. Berufs- und Standesrecht normieren diese Verpflichtung gegenüber der Gemeinschaft, indem sie von dem Berufsträger ein bestimmtes berufliches Verhalten im Verhältnis zu Institutionen, Dritten, Kollegen usw. verlangen. Ein Handeln im Interesse der — gemeinschaftswichtigen — Sache steht gegenüber der Verfolgung eigener Interessen im Vordergrund. Der Dienst am Recht, an der Volksgesundheit, die Wahrnehmung der Belange der Wirtschaft, des Wohn- und Städtebauwesens schaffen somit einen Pflichtenrahmen, der das jeweilige private Auftragsverhältnis umgibt. Die freie Ausgestaltung des Vertragsverhältnisses findet dort ihre Grenzen, wo diese wichtigen Gemeinschaftsbelange tangiert werden. Nicht zuletzt wiederum daraus verstehen sich die strengen berufs- und standesrechtlichen Sanktionen bei Verstößen gegen die Berufs- und Standesnormen.

dd) Unabhängige Berufstätigkeit

Eine idealistische Berufsauffassung, das Vorliegen eines besonderen Vertrauensverhältnisses und die Verantwortung für die Allgemeinheit sind letztlich rechtliche Konsequenzen aus dem besonderen Gemeinschaftsdienst der organisierten freien Berufe. Wo aber dieser gemeinschaftsbezogene Dienst und die ihm entsprechende Verantwortung nicht vorliegt, bedarf es nicht der oben beschriebenen besonderen Ausgestaltung und Sicherung. Dies gilt insbesondere auch für die spezifische Freiheit in der Berufsausübung. Die Berufsgesetze hatten sie insbesondere unter dem Begriff der „Unabhängigkeit der Berufsausübung" postuliert und damit im wesentlichen die sachlich-persönliche Weisungsfreiheit bei der beruflichen Aufgabenerfüllung gemeint. Ergab sich diese Forderung für die freien Heil- und Beratungsberufe und die diesen ähnlich gestalteten Berufe aus ihrer besonders gemeinschaftsorientierten Tätigkeit und deren spezifisch ethischem Rahmen, so trifft dies für den weiten Kreis der sonstigen freien Berufe nicht zu. Zwar gehört das Bekenntnis zu einer persönlich-sachlich unabhängigen Berufstätigkeit auch zur Berufsvorstellung zahlreicher anderer geistiger Berufe. Bei vielen künstlerischen, wissenschaftlichen, erzieherischen, aber auch bei sonstigen selbständigen (technischen, ärztlichen Hilfsberufen) ist es jedoch heute die Regel, daß sie nach ganz bestimmten, mehr oder weniger fest umrissenen Aufträgen arbeiten und sich dabei an die Weisungen des jeweiligen Auftraggebers zu halten haben. Inwieweit sie dabei noch den höheren Interessen der Kunst, der Wissenschaft, der Volkserziehung usw. dienen, bestimmt sich nach dem jeweiligen Inhalt ihres Auftrags und nach der Stärke ihrer eigenen Persönlichkeit. So ist die sachlich-persönlich freie Berufsausübung heute vielfach nur noch ethisches Postulat, jedoch nicht durchgängiges materiales Wesenselement aller dieser Berufe. Jedenfalls kommt der so verstandenen freien Berufsausübung aber keine rechtliche Relevanz zu, da die Rechtsordnung sich ihr gegenüber — im Gegensatz zu den gemeinschaftsbezogenen Berufen — indifferent verhält.

Damit zeigt sich, daß von den Kriterien, die für das Vorliegen eines freien Berufs im Berufsrechts als konstitutiv angesehen wurden, im wesentlichen nur diejenigen allgemeingültige Merkmale aller dieser Berufe sind, die bereits für die steuerrechtliche Definition bestimmend waren.

c) *Definitionsversuche*

Demgemäß gehen auch die meisten Definitionen des freien Berufes — sofern solche im Anschluß an die Entscheidung des BVerfG überhaupt gewagt werden — von diesen Voraussetzungen aus, obwohl sie ihre Ergebnisse aus einem Vergleich der verschiedenen berufsrechtlichen Regelungen gewinnen. So kommt etwa *Müller*[471] zu folgender Definition:

„Einen freien Beruf übt derjenige aus, der selbständig über längere Zeit hinweg durch den Einsatz seiner Persönlichkeit geistige Leistungen, die ein bestimmtes Fachwissen voraussetzen oder eine individuelle Schöpfung darstellen, hervorbringt und sie der Allgemeinheit anbietet."

Ähnlich, wenn auch die spezifische freiberufliche Unabhängigkeit klarer zum Ausdruck bringend, formuliert *Meier-Greve*[472]:

„Derjenige übt einen freien Beruf aus, dessen nicht gewerbliche Tätigkeit bei Unabhängigkeit in der Berufsausübung und Berufsstellung als persönliche, geistige Leistung qualifiziert werden kann."

In diesen Zusammenhang gehört schließlich auch eine Begriffsbestimmung, die im Schlußkommuniqué der deutsch-französischen Tagung am 31. 1. und 1. 2. 1959[473] enthalten ist:

„Derjenige übt einen freien Beruf aus, der, ohne ein Gewerbe zu betreiben, in völliger Unabhängigkeit, ohne jede Unterordnung, sein Wissen und seine schöpferischen Gaben um der Leistung selbst willen mit einer Tätigkeit einsetzt, die vorwiegend geistiger Art ist."

---

[471] a.a.O., S. 67.
[472] a.a.O., S. 141.

d) „Freier Beruf" als soziologischer Begriff

Letztere Umschreibung kommt der obenstehenden berufsrechtlichen Begriffsdefinition schon viel näher, verwendet sie doch gerade auch weitere materiale Kriterien wie die sachbezogene, idealistisch ausgerichtete Leistung und die besondere freiberufliche Unabhängigkeit. Sie bringt aber ebensowenig wie die anderen Definitionen die besondere Gemeinschaftsfunktion dieser Berufe zum Ausdruck. Dadurch wird sie zwar allgemeingültiger, vermag jedoch eine wesentliche Seite der organisierten freien Berufe nicht zu erfassen.

Allen diesen Definitionen ist gemeinsam, daß sie den freien Beruf in seiner Abgrenzung zum Gewerbe sehen und (oder) eine möglichst allgemeine Umschreibung der freiberuflichen Tätigkeit gerade mit den Merkmalen vornehmen, die im wesentlichen die Nichtgewerblichkeit dieser Berufe ausmachen. Die freien Berufe werden zu einer Gruppe innerhalb der Selbständigen, die sich durch die Art ihrer beruflichen Betätigung (geistig-schöpferisch, eigenpersönlich) von den gewerblich Tätigen unterscheiden.

Die relative Aussagekraft dieser Umschreibung liegt auf der Hand: Sie vermochte im Steuerrecht eine hinreichende Abgrenzung zwischen steuerfreiem Freiberufler und steuerpflichtigem Gewerbetreibenden abzugeben. Sie ist aber nicht geeignet, für alle von ihr erfaßten Berufe einen einheitlichen Rechtsbegriff zu schaffen, der auch in anderen Rechtsgebieten wie etwa dem Berufsrecht, dem Versicherungsrecht, dem Wettbewerbsrecht oder dem Verfassungsrecht Gültigkeit besitzt. Übereinstimmungen in den Berufsvoraussetzungen und in der Art der Berufsausübung sowie die Ähnlichkeit der beruflichen, wirtschaftlichen und gesellschaftlichen Situation und ihrer Probleme sind zwar geeignet, den weitgefaßten Berufskreis als bestimmte soziale Gruppe innerhalb des Mittelstands oder als eigenständige Gruppierung neben Mittelstand und Arbeitnehmerschaft darzustellen[474]. Dabei handelt es sich aber im wesentlichen um soziologische Gemeinsamkeiten, die in ihrer Zusammenfassung noch nicht einen Rechtsbegriff zu schaffen vermögen. Hierzu bedarf es der Konkretisierung und Gestaltung dieser außerrechtlichen Gegebenheiten durch Gesetzgebung und Rechtsprechung zu einem Begriff mit ganz bestimmtem juristischem Sinngehalt und Aussagewert[475].

Das ist für die Mehrzahl der „freien Berufe" nicht geschehen. Demzufolge lassen sich aus dem weitgefaßten Begriff des freien Berufs, wie er im allgemeinen Sprachgebrauch und überwiegend in der Lite-

---

[473] Wiedergegeben, in: „Das geistige Kapital", März 1959, S. 34.
[474] Siehe dazu *Deneke*, S. 167 ff.
[475] Siehe dazu *Rittner*, S. 8, 12.

ratur verwendet wird, auch „keine präzisen normativen Wirkungen für seine Behandlung im Recht" ableiten[476]. Soweit der Begriff „freier Beruf" für alle hier erwähnten Berufsgruppen verwandt wird, ist er deshalb tatsächlich soziologischer Natur.

e) Zusammenfassung

Unter dem Begriff des „freien Berufs" verbergen sich demnach ein juristischer Relations- oder Ordnungsbegriff, wie er dem Steuerrecht zugrunde liegt, ein materialer Rechtsbegriff, wie er sich aus den Regelungen des Berufsrechts ergibt und schließlich ein rein soziologischer Begriff, der eine bestimmte Gruppe von Selbständigen erfaßt.

Eine solche Mehrdeutigkeit von Begriffen ist innerhalb der Rechtsordnung oder zwischen den verschiedenen Disziplinen nicht unüblich. So werden etwa Begriffe wie Angestellter, Arbeitnehmer, Unternehmer usw. ebenfalls nicht einheitlich verwandt, sondern können einen verschiedenen Sinngehalt haben, je nachdem, ob sie im Arbeits- und Sozialrecht, Handelsrecht oder im Steuer- bzw. Berufsrecht auftreten. Als Beispiel mögen die Vorstandsmitglieder einer AG bzw. Geschäftsführer einer GmbH dienen: Diese sind einerseits nicht Arbeitnehmer i. S. des Arbeitsgerichtsgesetzes[477] oder des Kündigungsschutzgesetzes[478], weil sie Arbeitgeber- und Unternehmerfunktionen wahrzunehmen haben[479], an der Willensbildung der Unternehmen entscheidend beteiligt sind[480], und wegen der Höhe ihres Einkommens in der Regel des besonderen, in diesen Gesetzen niedergelegten sozialen Schutzes nicht bedürfen. Insoweit werden sie den Selbständigen gleichgestellt. Steuerrechtlich werden beide wie unselbständige Arbeitnehmer behandelt. Ebenso werden sie auch im Berufsrecht aufgrund ihrer persönlichen Abhängigkeit von Aufsichtsrat bzw. Gesellschaftern als — zwar hochqualifizierte und hochdotierte — angestellte Arbeitnehmer behandelt[481]. Eine soziologisch-ökonomische Betrachtungsweise käme wegen der mangelnden wirtschaftlichen Selbständigkeit zum gleichen Ergebnis.

Soweit der Begriff des freien Berufs im Recht Verwendung findet, hat sich jedenfalls gezeigt, daß die Thesen *Römers* und *Gieseke*s[482] nicht zutreffen. Eine Konkretisierung der einzelnen Normen, die vom freien Beruf sprechen, hat ergeben, daß es sich bei diesen freien Berufen um Erscheinungen des sozialen Lebens handelt, die neben be-

---

[476] BVerfGE 10, 354 ff. (364).
[477] § 5 Abs. 1 S. 3.
[478] § 12.
[479] BAG Urteil vom 30. 6. 1960, DB 1961, 1103.
[480] BGHZ 10, 187 (191).
[481] Siehe *Metzner*, a.a.O., S. 174; *Wollert*, a.a.O., S. 66.
[482] Ebenda, S. 2.

stimmten soziologischen Übereinstimmungen auch weitgehende rechtliche Gemeinsamkeiten aufweisen. Freier Beruf im Sinne des Anwaltsrechts war auch freier Beruf im Sinne des Arztrechts, des Rechts der Wirtschaftsprüfer und Steuerberater, des Architektenrechts usw. Andererseits enthält der komplexere Begriff des freien Berufs, wie er dem Berufsrecht zugrunde liegt, auch die Merkmale des steuerrechtlichen Begriffs des freien Berufs, weshalb alle diese Berufe auch freie Berufe im Sinne des Steuerrechts sind. Damit sind aber nicht so viele Begriffe des freien Berufs vorhanden, wie es Normen gibt, die vom freien Beruf sprechen[483]. Vielmehr kann insoweit von einem einheitlichen Begriff des freien Berufs gesprochen werden.

Zum Unterschied vom weitgefaßten Kreis des freien Berufs im weiteren, soziologischen Sinn, soll deshalb für die rechtlich geordneten Berufe der Begriff des *freien Berufs im Rechtssinn* verwendet werden.

---

[483] So aber *Römer*, S. 40.

Zweiter Teil

Die verfassungsrechtliche Stellung der freien Berufe

I. Freier Beruf und staatliche Bindung

1. Sozialbezogenheit und rechtliche Ordnung eines Berufs

Der freie Beruf im Rechtssinn hat seine konkrete Gestaltung im wesentlichen durch die verschiedenen Berufsgesetze und die standesrechtlichen Vorschriften erhalten. Im Gegensatz zur Masse der freien Berufe im soziologischen Sinn hat er dadurch eine eingehende Regelung seiner Ausbildung, Berufszulassung und Berufsausübung erfahren. Dabei stellt sich die schon früher angeschnittene Frage, weshalb gerade den freien Heil- und Beratungsberufen und einigen anderen Berufen gegenüber den sonstigen „freien Berufen“ eine rechtliche Sonderbehandlung zuteil wurde. Nach dem bisher Gesagten darf die Antwort hierauf nicht schwerfallen: Der Grund liegt in dem besonderen Verhältnis dieser Berufe zur Allgemeinheit, der Bedeutung ihres Dienstes für das gemeine Wohl und der daraus resultierenden Verpflichtung und Verantwortung gegenüber der Gemeinschaft. Zwar verrichten auch andere „freie Berufe“ gemeinschaftsnotwendige Arbeiten und üben eine sozialbezogene Tätigkeit aus. So ist die besondere geistige, persönliche Arbeit des Journalisten oder Künstlers ebenso wie die des Arztes oder Rechtsanwalts Dienst an der Gesellschaft, der Allgemeinheit. Liegt die Sozialbezogenheit beim Anwalt und Arzt in der besonderen Verantwortung für die Verwirklichung der Gerechtigkeit bzw. der Volksgesundheit, so ergibt sie sich für den Künstler oder Publizisten aus dessen Mitverantwortung für die kulturelle Beseelung seiner Zeit bzw. die Wachrüttlung des Gewissens der Gesellschaft. Jedoch ist diese Sozialbezogenheit von unterschiedlicher Intensität[1]. Die soziale Inklination und Bedeutung der ärztlichen, anwaltlichen Tätigkeit ist durch das personale Moment des besonderen zwischenmenschlichen Verhältnisses unmittelbarer, umfassender und ein-

[1] *Ipsen*, a.a.O., S. 38.

schneidender als dies bei der mehr sachbezogenen, werkorientierten Tätigkeit des Künstlers, Wissenschaftlers, Schriftstellers der Fall ist. Es bedarf keiner besonderen Ausführungen, daß ein Versagen des Arztes oder Anwalts für den einzelnen und die Allgemeinheit eine ungleich größere Gefahr und Belastung darstellt als dies bei einem beruflichen Fehlverhalten jener Berufe der Fall wäre. Demzufolge ist die Tendenz zu einer gesetzlichen Berufsregelung und Organisation auch dort am stärksten, wo die Gemeinschaft oder ihre Glieder notleidend werden könnten, wenn unqualifizierte Kräfte Eingang in den Beruf finden[2] oder aber die individuelle sittliche Bindung — etwa durch ein ungehemmtes Gewinnstreben — sich lockert und damit die Erfüllung der Sozialfunktion des Berufs als solchem oder des einzelnen Berufsträgers gefährdet werden könnte[3]. Dabei ergibt sich die Notwendigkeit, derartige Sozialfunktionen in allgemein verbindlichen rechtlichen Verpflichtungen zu verfestigen, vor allem dort, wo die Sozialfunktion nicht nur die Gemeinschaft ganz allgemein, sondern auch deren Organe und Organisationen unmittelbar tangiert.

Das ist aber am Unmittelbarsten beim Anwalt der Fall[4]. Seine Aufgabe, als „Organ der Rechtspflege" gemeinsam mit Gericht und Staatsanwaltschaft an der Verwirklichung des Rechts mitzuwirken, bringt ihn in unmittelbaren Kontakt mit den übrigen Organen der staatlichen Rechtspflege und macht ihn, über seine Funktion als Berater und Vertreter des Klienten in allen Rechtsangelegenheiten hinaus, gleich jenen zum unabhängigen Diener am Recht. Diese besondere Bedeutung und Stellung in der Rechtspflege hat bewirkt, daß das Berufs- und Standesrecht des Anwalts die wohl umfassendsten und intensivsten Regelungen und Bindungen aller freien Berufe im Rechtssinn enthält:

Neben den eingehenden Vorschriften über die Zulassung zur Anwaltschaft und zu den Gerichten sowie den Voraussetzungen über die Zurücknahme und das Erlöschen dieser Zulassung[5] enthält die Bundesrechtsanwaltsordnung detaillierte Regelungen über die Rechte und Pflichten des Rechtsanwalts[6], sieht eine berufsständische Selbstverwaltung mit Satzungsgewalt in der Form einer öffentlichen Körperschaft mit Zwangsmitgliedschaft[7] vor und kennt eine eigene Berufsgerichtsbarkeit[8]. Die berufsrechtlichen Regelungen der Bundesrechtsanwaltsordnung werden durch die „Richtlinien für die Ausübung des Rechts-

---

[2] *Kühn*, a.a.O., S. 17.
[3] *Deneke*, S. 279.
[4] Darauf weist besonders *Deneke*, S. 319, hin.
[5] §§ 4 ff. BRAO.
[6] §§ 43 ff. BRAO.
[7] Sogenannte Kammerverfassung, §§ 60 ff. BRAO.
[8] §§ 92 ff. BRAO.

anwaltsberufs[9]" ergänzt. Diese enthalten eine Vielzahl standesrechtlicher Vorschriften, die sich insbesondere mit dem Verhältnis des Rechtsanwalts zu seinem Mandanten, zu den Gerichten und Behörden sowie zu seinen Kollegen und mit der Ausgestaltung der anwaltlichen Tätigkeit befassen. Ähnlich eingehende berufs- und standesrechtliche Regelungen haben auch die Berufe des Wirtschaftsprüfers und des Steuerberaters erfahren. So setzen die Wirtschaftsprüferordnung[10] und das Steuerberatungsgesetz[11] zur Ausübung des Berufs eine Bestellung voraus[12] und regeln eingehend die Zulassung zur Prüfung[13] und die Prüfung selbst[14]. Die Rechte und Pflichten des Wirtschaftsprüfers und Steuerberaters werden im einzelnen geregelt[15], ebenso enthalten Wirtschaftsprüferordnung und Steuerberatungsgesetz eine Kammerverfassung[16] und eine eigene Berufsgerichtsbarkeit[17]. Die gem. § 57 Abs. 1 WPO am 9. 7. 1964 von der Wirtschaftsprüferkammer erlassenen „Richtlinien für die Berufsausübung der Wirtschaftsprüfer und vereidigten Buchprüfer" ergänzen die berufsrechtlichen Regelungen der Wirtschaftsprüferordnung. Sie dienen der Auslegung und Verdeutlichung der in der WPO geregelten Berufspflichten und geben zugleich die allgemeine Berufsauffassung zu den wichtigsten Fragen berufswürdigen Verhaltens wieder[18]. Daneben werden Erfahrungen aus der Rechtsprechung und aus der Verwaltungsarbeit der für berufsständische Fragen zuständigen Organe mitgeteilt, die als „Richtungsweisende Feststellungen" Hinweis auf das berufliche Verhalten geben sollen[19]. Für die Steuerberater gelten die von der Bundessteuerberaterkammer festgestellten „Berufsgrundsätze der Steuerberater — Richtlinien der Bundessteuerberaterkammer"[20]. Diese Richtlinien geben die allgemeine Berufsauffassung der Steuerberater zu den im Steuerberatungsgesetz geregelten Berufspflichten wieder. Sie enthalten — ohne erschöpfend zu sein — Ordnungsprinzipien, die sich aus der Vertrauensstellung des Steuerberaters ergeben[21].

---

[9] In der Fassung der Sodener Beschlüsse der Bundesrechtsanwaltskammer — Arbeitsgem. der Kammervorstände — vom 11. Mai 1957, abgedruckt in *Kalsbach*, BRAO, nach § 43 BRAO.
[10] Vom 24. 7. 1961, BGBl. I, S. 1301.
[11] Vom 16. 8. 1961, BGBl. I, S. 1301.
[12] § 1 Abs. 1 WPO, §§ 15 ff. WPO; § 4 Abs. 1 StBG, § 9 StBG.
[13] §§ 5 ff. WPO; §§ 5 ff. StBG.
[14] §§ 12 ff. WPO.
[15] §§ 43 ff. WPO; §§ 22 ff. StBG.
[16] §§ 57 ff. WPO; §§ 31 ff. StBG.
[17] §§ 67 ff. WPO; §§ 46 ff. StBG.
[18] Richtlinien, S. 5.
[19] Richtlinien, S. 5.
[20] Vom 17./18. 11. 1964 i. d. F. vom 11./12. 6. 1968 — Amtl. Mitteilungen der Bundessteuerberaterkammer, Köln 1968, Nr. 9, S. 53 ff.
[21] Richtlinien, a.a.O., S. 53.

Im Gegensatz zu diesen Beratungs- und Sachverwalterberufen besteht für die ärztlichen Berufe kein umfassendes bundeseinheitliches Berufs- und Standesrecht. Bundeseinheitliches Berufsrecht besteht nur insoweit, als es sich um die Zulassung zum ärztlichen Beruf handelt, da dem Bund nur insoweit die konkurrierende Gesetzgebungsbefugnis zusteht[22]. Wie weit diese Zuständigkeit reicht, war zunächst umstritten. Durch eine Entscheidung des Bundesverfassungsgerichts[23] wurde klargestellt, daß der Begriff der Zulassung zum ärztlichen Beruf eng auszulegen ist. Dem Bund steht demnach nur die Gesetzgebungszuständigkeit für die ärztliche Approbation zu. Dieses Recht hat der Bund wahrgenommen durch den Erlaß der Bundesärzteordnung vom 2. 10. 1961[24]. Für die Regelung der Art und Weise der ärztlichen Berufsausübung sind ausschließlich die Länder zuständig. Die Länder haben ihre Rechtsetzungsbefugnisse in den Kammergesetzen, in denen sie für die ärztlichen — und verwandte Berufe — eine Kammerverfassung und Berufsgerichtsbarkeit vorsehen, auf die Landesärztekammern übertragen, die eigene Berufs- und Facharztordnungen erließen. Allerdings war lange Zeit streitig, ob eine solche Delegation und damit die Regelung der ärztlichen Berufspflichten durch Berufsordnungen der Ärztekammern im Hinblick auf Art. 12 Abs. 1 S. 2 GG überhaupt zulässig ist[25]. Die auf dem 59. Deutschen Ärztetag beschlossene Berufsordnung für die deutschen Ärzte ist nicht rechtsverbindlich, da die Bundesärztekammer keine Körperschaft des öffentlichen Rechts, sondern nur eine Arbeitsgemeinschaft der Landesärztekammern in privatrechtlicher Organisationsform darstellt. Nur die von den Landesärztekammern erlassenen Berufsordnungen sind für den einzelnen Arzt rechtsverbindlich, was die Kammergesetze teilweise ausdrücklich bestimmen, oder aber daraus folgt, daß die Berufsordnungen in den Kammergesetzen als Satzungen bezeichnet werden[26]. Zwar war den Bemühungen der Deutschen Ärztetage und der Bundesärztekammer um die Wiedereinführung einer einheitlichen rechtsverbindlichen Berufs- und Facharztordnung für das gesamte Bundesgebiet bisher kein Erfolg beschieden. Jedoch war die Bundesärztekammer seit ihrem Bestehen bestrebt, die bestehenden Unterschiede der einzelnen Berufsordnungen der Länder durch gegenseitige Abstimmung auf die nicht rechtsverbindliche Bundesberufsordnung auszugleichen und dadurch

---

[22] Art. 74 Nr. 19 GG.

[23] Vom 1. 10. 1954, BVerfGE 4, 84.

[24] BGBl. I, S. 1857.

[25] Zu dieser Frage und der grundsätzlichen rechtlichen Bedeutung von standesrechtlichen Normen siehe unten II, 2 c.

[26] So etwa §§ 7 und 8 des baden-württ. Gesetzes über die öffentliche Berufsvertretung der Ärzte, Zahnärzte, Tierärzte, Apotheker und Dentisten vom 27. 10. 1953, GBl., S. 163; siehe dazu auch *Spann*, S. 219.

eine weitgehende Übereinstimmung im gesamten Bundesgebiet zu erreichen. Dies hat dazu geführt, daß heute zwischen den einzelnen Berufsordnungen der Länder keine größeren materiellen Unterschiede mehr bestehen. Wenn daher im folgenden die Bestimmungen der Berufs- und Facharztordnung für die deutschen Ärzte (BFAOÄ) zitiert werden, so erfolgt dies im Hinblick darauf, daß diese zwar nicht rechtsverbindlich sind, jedoch den in den einzelnen Bundesländern geltenden verbindlichen Regelungen weitgehend entsprechen[27].

Die BFAOÄ enthält ebenfalls eingehende Regelungen über die ärztlichen Berufspflichten[28], das Verhalten des Arztes zu Kollegen[29], Nichtärzten[30] und sonstigen Dritten[31], die allgemeine Berufsvertretung[32] und die Notfallvertretung[33], sowie das Verbot der Werbung und Anpreisung[34] und die Voraussetzungen für die Ausübung einer Facharzttätigkeit[35].

Die besondere Sozialfunktion dieser Berufe kommt damit insbesondere in den eingehenden berufs- und standesrechtlichen Regelungen zum Ausdruck. Je konkreter die Sozialgebundenheit und die aus ihr für den einzelnen freien Beruf erwachsenden Pflichten zu fassen sind, je konkreter sie erkennbar werden, desto eher und desto mehr können sie und werden sie auch zu gesetzlichen Berufsregelungen führen. Die straffe berufsgesetzliche Regelung, wie sie bei den freien Heil- und Beratungsberufen der Fall ist, ist bereits bei den übrigen freien Berufen des Seelotsen und Architekten nicht mehr in der Weise festzustellen. So kennt das Recht der Seelotsen zwar noch eine Kammerverfassung, jedoch keine eigene Berufsgerichtsbarkeit mehr, das Architektenrecht weist teilweise weder eine Kammerverfassung noch eine eigene Berufsgerichtsbarkeit auf[36]. Für Ingenieure bestand bis vor kurzem schließlich nur noch ein gesetzlicher Titelschutz[37], der jedoch nach einer neueren Entscheidung des Bundesverfassungsgerichts entfallen ist[38].

---

[27] Der 72. Deutsche Ärztetag in Hannover hat 1969 über eine Neufassung der „Berufsordnung für die deutschen Ärzte" nach dem Stand vom 1. 2. 1969 beraten. Die hier interessierenden grundlegenden Berufspflichten des Arztes werden jedoch durch die vorgesehenen Änderungen nicht erfaßt bzw. erhalten keine materielle Neufassung.

[28] §§ 1 ff.

[29] §§ 11, 12.

[30] § 21.

[31] § 22.

[32] § 14.

[33] § 19.

[34] § 20.

[35] §§ 28 ff.

[36] So in Bayern.

[37] Gem. § 1 des Ingenieurgesetzes vom 7. 7. 1965, BGBl. I, S. 601.

[38] Vgl. BVerfG, Beschluß vom 25. 6. 1969 — 2 BvR 128/66 — abgedruckt in BB 1969, S. 1151 und DÖV 1969, S. 750. Das Gericht hat darin für eine bloße

Die gesetzlichen Berufsbindungen verflüchtigen sich so die ganze Skala der freien Berufe im weiteren Sinn entlang bis hin zum wissenschaftlich und künstlerisch Schaffenden, dessen Berufsausübung keinerlei gesetzliche Regelungen erfahren hat. Die Sozialwichtigkeit wird damit zum bestimmenden Faktor für Inhalt und Ausmaß der rechtlichen Ordnung eines Berufs.

2. Freier Beruf und staatsamtliche Tätigkeit

Die aufgezeigte Gemeinschaftswichtigkeit, die ihren sichtbaren Niederschlag in gesetzlichen Formulierungen gefunden hat, die vom „Dienst an der Gesundheit des einzelnen Menschen und des gesamten Volkes“[39] und von der „gesetzlichen Berufung zur unabhängigen Vertretung und Beratung in allen Rechtsangelegenheiten“[40] sprechen, sowie die besondere rechtliche und ethische Verpflichtung für ihre Arbeit, wie sie in den berufsrechtlichen Generalklauseln zum Ausdruck kommt, die vom Berufsträger verlangen, er habe sich „innerhalb und außerhalb des Berufs der Achtung und des Vertrauens, welche der Beruf erfordert, würdig zu erweisen“[41], und schließlich die eigene Berufsgerichtsbarkeit läßt eine Verwandtschaft dieser freien Berufe im Rechtssinn zu den Amts- und Beamtenberufen erkennen. Das Beamtenrecht formuliert die Stellung und Aufgabe des Beamten im Staat und sein Verhalten im Dienst ähnlich wie die Berufsgesetze, wenn es in § 52 BBG besagt: „Der Beamte dient dem ganzen Volke, nicht einer Partei. Er hat seine Aufgaben unparteiisch und gerecht zu erfüllen und bei seiner Amtsführung auf das Wohl der Allgemeinheit Bedacht zu nehmen“ oder in § 54 BBG dem Beamten zur Pflicht macht, sein Amt „uneigennützig nach bestem Gewissen zu verwalten“ und „sein Verhalten innerhalb und außerhalb des Dienstes“ so einzurichten, daß es „der Achtung und dem Vertrauen gerecht (wird), die sein Beruf erfordert“.

Für die Einhaltung der Berufspflichten ist der Beamte disziplinarrechtlich verantwortlich. Für schwere Verstöße ist ein förmliches disziplinargerichtliches Verfahren vorgeschrieben[42]. Durch seine berufsgesetzlichen Regelungen greift der Staat nicht unerheblich in die freie

---

Regelung der Befugnis zum Führen der Berufsbezeichnung „Ingenieur“ die Gesetzgebungszuständigkeit des Bundes nach Art. 74 Nr. 11 (Recht der Wirtschaft) abgelehnt.

[39] § 1 BÄO.

[40] § 3 Abs. 1 BRAO.

[41] § 43 S. 2 BRAO und ähnlich § 1 Abs. 3 BFAOÄ; § 22 Abs. 2 S. 2 StBG; § 43 Abs. 2 S. 3 WPO; § 26 SeelG.

[42] Siehe etwa §§ 29, 33 ff. BDO.

Berufsausübung dieser Berufe ein. Aufgrund der Berufsgesetze wird deutlich, daß Ärzte, Rechtsanwälte, Wirtschaftsprüfer und Steuerberater usw., wenn sie ihre spezifischen Leistungen zur Verfügung stellen, nicht nur eine moralische, sondern in erster Linie auch eine unmittelbare rechtliche Pflicht haben, dies in einer Weise zu tun, die nicht nur den privaten Erwartungen ihrer Auftraggeber, sondern auch bestimmten öffentlichen Erwartungen gerecht wird[43]. Die Gebundenheit der Berufserfüllung und die besondere Gestaltung der Berufspflichten sowie die Überwachung derselben durch die berufsständischen Selbstverwaltungskörperschaften haben diesen Berufen einen Pflichtenkomplex auferlegt und sie dem öffentlichen Recht in einer Weise unterstellt, wie dies ansonsten nur bei den staatlichen Amtsträgern in vergleichbarem Maße feststellbar ist.

3. Der staatliche gebundene Beruf

a) Historische Entwicklung des Begriffs

Daß es Berufe gibt, die aufgrund ihrer näheren Ausgestaltung und Beaufsichtigung durch den Staat dem Beamtentum angenähert sind, ohne daß ihre Träger Staatsdiener im technischen Sinn sein müssen, haben Gesetzgebung, Lehre und Rechtsprechung seit langem erkannt. So spricht bereits das „Allgemeine Landrecht für die Preußischen Staaten" in Teil II, Titel 20, § 508 neben den in § 505 genannten Ärzten, Wundärzten und Hebammen, von allen übrigen, „welche, ob sie gleich nicht in unmittelbaren Diensten des Staates stehen, dennoch demselben, vermöge ihres Standes, besonders verpflichtet sind".

Um die Jahrhundertwende beschäftigte sich die Literatur und in zunehmendem Maße auch die Rechtsprechung mit dem besonderen Verhältnis der hier interessierenden Berufe zum Staat. Von *Rheinbaben*[44] zählt bereits Rechtsanwälte, Ärzte und Privatdozenten zu den Personen, die ohne Beamte zu sein und ein Amt zu führen, dennoch eine „beamtenähnliche Stellung vermöge der mehr oder minder öffentlichrechtlichen Natur ihrer Berufstätigkeit" haben. Georg *Jellinek* stellt dem Träger eines Staatsamtes, das für ihn „abgegrenzte staatliche Kompetenz" ist[45], den Privaten gegenüber, der verpflichtet oder berechtigt ist, staatliche Kompetenzen zu versehen, wozu er ausdrücklich die Tätigkeit des Arztes rechnet[46].

---

[43] *Gerber*, S. 3.
[44] Die preußischen Disziplinargesetze, Berlin, 1904, S. 30.
[45] System der subjektiven öffentlichen Rechte, 2. Auflage, Tübingen 1905, S. 177.
[46] a.a.O., S. 246.

Die umfassendste Darstellung des Verhältnisses rechtlich geordneter Berufe zum Staat geht zurück auf Heinrich *Triepel*[47]. Er studiert einige bestehende Berufsregelungen und vergleicht sie, wie er selbst sagt, mit anderen „rechtlichen Formen", in denen „der Staat die Arbeit der Staatsgenossen zur Erfüllung seiner Aufgaben in Bewegung setzt"[48]. Einen engeren Ausschnitt der Berufe, die hier als freie Berufe im Rechtssinn bezeichnet werden, wie etwa Rechtsanwälte, Patentanwälte und Ärzte, aber auch Privatdozenten und öffentliche Gewerbetreibende bezeichnet er als „Halbbeamte" und definiert diese als „Personen, die ohne Beamte zu sein und ohne ein Amt zu haben, kraft eines besonderen Rechtsverhältnisses des öffentlichen Rechts dem Staate oder einem Selbstverwaltungskörper für die Ausübung ihres Berufs verantwortlich sind"[49].

Ihr eigentliches Wesen sieht er — neben der Gestaltung, die sie durch Standessitte, Standespflichten und Standesehre[50] sowie ihre durch das öffentliche Recht bestimmte Stellung erfahren haben[51] — in der besonderen Verantwortlichkeit für ihren Beruf begründet[52].

Die Gebundenheit des Halbbeamten zeigt sich für ihn darin, daß dieser für die Art seiner Berufserfüllung hafte[53], seine Verantwortlichkeit durch eine besondere Aufsichtsgewalt der Verwaltung, die Disziplinargewalt, überwacht werde[54] und das besondere persönliche Verhältnis zu seinem Beruf den Halbbeamten auch außerhalb der eigentlichen Berufstätigkeit zu einem würdevollen Verhalten verpflichte[55].

Triepel bezeichnet diese Berufe als frei und doch gebunden[56]. Frei insoweit, als sie jedem Befähigten zugänglich, ohne äußeren Zwang dienstlicher Anweisung geübt werden könnten. Gebunden, weil der Staat ihre Träger zur gewissenhaften Berufserfüllung anhalte. Obwohl der Staat es verschmähe, diese Berufe in den Organismus seiner Behörden und Ämter einzufügen, erziele er durch die rechtliche Bindung dieselbe Wirkung. Darin sieht er dieselben Prinzipien verwirklicht, die den Staat auch veranlassen, öffentliche Aufgaben im Bereich des Verbandslebens nicht in eigener Organisation wahrzunehmen, sondern sie auf autonome Selbstverwaltungskörperschaften zu übertragen: Zum einen ist dies das Prinzip der Sparsamkeit in der Verwendung

---

[47] Staatsdienst und staatlich gebundener Beruf, Festschrift für Karl Binding, 1911, II, 1 ff.
[48] a.a.O., S. 4.
[49] a.a.O., S. 66.
[50] a.a.O., S. 67.
[51] a.a.O., S. 70.
[52] a.a.O., S. 73.
[53] a.a.O., S. 78.
[54] a.a.O., S. 73.
[55] a.a.O., S. 79.
[56] a.a.O., S. 82.

der im engsten Sinn staatlichen Kräfte, zum anderen aber der Gedanke, daß die „freie Selbstbestimmung für den Dienst des Gemeinwesens von entscheidender Bedeutung für den Wert der geleisteten Arbeit und für die Harmonie des Ganzen und seiner Teile sein muß[57]." Daraus ergibt sich für ihn schließlich auch die „ganz natürliche Erscheinung", daß der Staat die notwendige Überwachung der „öffentlichen" Berufe als geeignete Selbstverwaltungsangelegenheit betrachtet und auf entsprechende Berufs- und Standesvertretungen überträgt[58].

Triepels begriffliche Umschreibung und Systematisierung ist bis heute aktuell geblieben. Zwar konnte sich sein Begriff des „Halbbeamten" für diese staatlich geregelten Berufe nicht durchsetzen. Gegen ihn wurde vornehmlich eingewandt, daß er insoweit mißverständlich sei, als es bei allen diesen Berufen an jeder Einordnung in ein öffentlich-rechtliches Dienstverhältnis fehle, wie sie zum Wesen des Beamtentums gehöre[59]. Jedoch hat sich die von ihm als Titel seines Aufsatzes verwandte Bezeichnung als „staatlich gebundene Berufe" weitgehend durchgesetzt. Verfassungs- und verwaltungsrechtliche Erörterungen in Literatur und Rechtsprechung, die sich mit dem Wesen, der rechtlichen Stellung und der Bedeutung dieser Berufe im öffentlichen Recht befassen, verwenden zumeist diesen Begriff[60]. Daneben werden auch die Bezeichnungen „öffentlich-rechtlich geordneter" Beruf[61], „öffentlich gebundener" bzw. „öffentlich-rechtlich" gebundener Beruf[62] verwendet.

b) Freier Beruf und staatlich gebundener Beruf

Die freien Berufe im Rechtssinn werden damit mit verschiedenen selbständigen gewerblichen und nicht gewerblichen Berufen[63] zu einer

---

[57] a.a.O., S. 83.
[58] a.a.O., S. 83.
[59] *Huber*, S. 769. Er will die Bezeichnung „Halbbeamter" allenfalls in den Fällen gelten lassen, in denen mit der Bestellung ein „öffentliches Amt", wenngleich ohne Berufung in das Beamtenverhältnis, übertragen werde, wie dies etwa bei den Ländern mit freiem Notariat der Fall ist. *Rittner*, a.a.O., S. 20 FN 54, hält diese Bezeichnung für wenig glücklich, wenn nicht gar unpassend.
[60] So etwa *Bachof*, Freiheit des Berufs, in: *Bettermann-Nipperdey-Scheuner*, Die Grundrechte, Bd. 3, 1. Halbband, Berlin 1958, S. 183 ff., weiterhin zitiert als *Bachof*, Freiheit; *Burger*, S. 4 ff.; *Bethge*, S. 1 ff. und die dort FN 2 aufgeführte Literatur; ebenso BVerwGE 4, 168 (169); 4, 250 (254); BVerfGE 7, 377 (398).
[61] *Scheuner*, DVBl. 1958, 847.
[62] *Ipsen*, S. 14; *Gerber*, S. 3; *Kimminich*, Art. 14 Rdnr. 22.
[63] Öffentliche Gewerbetreibende des § 36 GewO, Versteigerer, Notare, Prozeßagenten, Hebammen, Fleischbeschauer, Bezirksschornsteinfegermeister; siehe die Aufstellung bei *Bachof*, Freiheit, S. 184, 185.

Gruppe von Berufen zusammengefaßt, deren verwaltungs- und verfassungsrechtliche Eigenart, materielle Bedeutung und Einordnung heute äußerst umstritten ist. Waren Literatur und Rechtsprechung einerseits schnell bereit, den Begriff des staatlich gebundenen Berufs zu übernehmen und zu ihrem terminologischen Hausgut zu machen, so behandeln sie andererseits diesen Begriff völlig uneinheitlich und widerspruchsvoll. Wesen, materieller Inhalt und Umfang dieses Begriffs sind trotz zahlreicher Erörterungen in Lehre und Rechtsprechung nicht endgültig geklärt und führten im Gegenteil zu sehr verschiedenen, geradezu konträren Aussagen, sofern nicht überhaupt auf jede nähere Bestimmung verzichtet wurde und die Erörterung sich letztlich in einer Bezugnahme auf *Triepel* erschöpft[64]. Die freien Berufe im Rechtssinn bilden nur einen Teil der Berufe, denen öffentlich-rechtliche Bindungen auferlegt sind. Die aufgeführten Tätigkeitsbereiche weisen im Verhältnis zueinander sehr verschiedene rechtliche Konturen auf, insbesondere gibt es unter ihnen „sehr unterschiedliche Intensitäten der öffentlich-rechtlichen Intervention“[65]. Die unterschiedliche rechtliche Ausgestaltung der verschiedenen staatlich gebundenen Berufe läßt es denkbar erscheinen, daß bezüglich der materiellen Konsequenzen, die sich an diesen Begriff anschließen, innerhalb der staatlich gebundenen Berufe differenziert werden muß. Da es den Intentionen dieser Arbeit gemäß nicht Aufgabe sein kann, die ganze Problematik der staatlich gebundenen Berufe darzustellen, wird es darauf ankommen, den Standort der freien Berufe im Rechtssinn innerhalb der staatlich gebundenen Berufe und die sich daraus eventuell ergebenden materiellen verfassungsrechtlichen Konsequenzen zu bestimmen.

c) Notwendigkeit einer Begriffsbestimmung

aa) Historische Bedeutung

Das Bemühen um eine begriffliche Umschreibung und Systematisierung der staatlich gebundenen Berufe erfolgt in der Tat nicht aus rein methodisch-formalen Gründen, um etwa die einheitliche Ordnung dieser Berufe im Hinblick auf ihr besonderes Verhältnis zum Staat darzustellen. Es hat vielmehr materielle Bedeutung insoweit, als an diesen Begriff bestimmte materielle Folgerungen in bezug auf seine verfassungsrechtliche Behandlung und Einordnung geknüpft werden.

Bereits *Triepel* hat die staatlich gebundenen Berufe nicht nur als klassifizierenden Relationsbegriff zum Beamtentum verstanden[66], son-

[64] Vgl. die Nachweise bei *Rittner*, S. 18 FN 50.
[65] *Badura*, Das Verwaltungsmonopol, S. 257.
[66] So aber *Rittner*, S. 6.

dern zugleich ein materielles Moment angesprochen, als er das Spannungsverhältnis aufzeigte, in dem sich privatautonomer Freiheitsbereich und staatliche Organisationsgewalt bei diesen Berufen befinden. Zwar erkannte *Triepel*, daß der Staat ursprünglich freie[67] Berufe „mehr und mehr in halbamtliche Fesseln spannte" und diese „hart an die Grenze des berufsmäßigen Beamtentums herangeführt" wurden[68]. Unter der Herrschaft der Reichsverfassung von 1871, die keinen Grundrechtskatalog enthielt und nur organisationsstatutarischen Charakter hatte[69], stellte sich für *Triepel* jedoch nicht die Frage, inwieweit Freiheitsrechte als grundrechtliche Individualnormen staatlichen Eingriffen in den privatautonomen Berufsbereich, die den Berufsträger in staatliche Abhängigkeit bringen, entgegenstehen können. Demzufolge hat seine Beschreibung von Freiheit und Gebundenheit verschiedener Berufe mehr objektiv-organisationsrechtliche als subjektiv-grundrechtliche Bedeutung.

bb) Grundrechtliche Bedeutung

Entscheidende materielle Bedeutung hat der Begriff des staatlich gebundenen Berufs unter der Herrschaft des Grundgesetzes erlangt. Nachdem in Art. 12 GG die freie Wahl und Ausübung eines Berufs grundrechtlich verbürgt ist, stellt sich zwangsläufig die Frage nach der verfassungsrechtlichen Bedeutung und Einordnung der staatlich gebundenen Berufe. Angesichts des klaren Wortlauts des Art. 12 (auch die Träger staatlich gebundener Berufe üben einen Beruf aus) scheint es kaum zweifelhaft, daß auch die staatlich gebundenen Berufe unter dessen Grundrechtsschutz fallen. Damit wäre die naheliegende Frage, unter welchen Voraussetzungen der Staat an und für sich dem Berufsgrundrechtsschutz unterliegende Tätigkeiten derart „verstaatlichen" darf, daß sie nicht mehr in der Form privater Berufstätigkeit, sondern — als Ergebnis totaler Monopolisierung — nur in der Form des öffentlichen Dienstes oder — aufgrund einer Teilmonopolisierung — in halbstaatlicher Veranwortung und Bindung ausgeübt werden können, allein ein Problem des Inhalts und der Grenzen des Berufsfreiheitsrechts des Art. 12 GG.

Inhaltlich ist Art. 12 jedoch weder klar noch eindeutig. Das beweisen die unzähligen Auslegungsversuche, die in den 20 Jahren seiner Geltung in Lehre und Rechtsprechung unternommen wurden.

Bereits Walter *Jellinek* hat Art. 12 „die schlimmste crux" des Grundrechtsteils genannt[70]. Nach *Lerche*[71] ist er „die schwerverdau-

[67] i. S. von rechtlich nicht geordnete.
[68] a.a.O., S. 81.
[69] *Bethge*, a.a.O., S. 3.
[70] DÖV 1952, S. 383.
[71] Übermaß und Verfassungsrecht, S. 107.

lichste Frucht, die der Verfassungsgeber auf dieser Tafel ausgebreitet hat". *Abraham*[72] stellte sogar die Frage, ob es im Interesse der Rechtssicherheit nicht besser gewesen wäre, wenn Art. 12 überhaupt nicht vorhanden wäre.

Wenn auch das bekannte „Apotheken-Urteil" des Bundesverfassungsgerichts[73] eine weitgehende Klärung des Inhalts und der materiellen Tragweite dieses Grundrechts gebracht hat, so ist doch Lehre und Judikatur bis heute eine überzeugende und dem Gewicht des Grundrechts gerechtwerdende Bewältigung des Problems der grundrechtlichen Einordnung der staatlich gebundenen Berufe nicht gelungen[74].

Dies ist nicht zuletzt auf die widersprechenden Meinungen in der Frage der grundsätzlichen Anwendbarkeit und des Geltungsumfangs des Art. 12 GG zurückzuführen. Die zahlreichen Erörterungen beschäftigen sich insbesondere mit dem Problem, inwieweit bestimmte vom Staat nicht selbst unmittelbar in Anspruch genommene Berufspositionen — etwa die des Notars, Bezirksschornsteinfegermeisters, Fleischbeschauers — überhaupt wesensmäßig dem Anwendungsbereich des Art. 12 GG unterstellt werden können mit der Folge, daß die Zulässigkeit besonderer staatlicher Bindungen sich allein nach den Voraussetzungen der Regelungsbefugnis des Art. 12 Abs. 1 S. 2 bemißt. Dabei stellt sich die Frage, ob sich mit dem Begriff des staatlich gebundenen Berufs nicht bestimmte staatsfunktionelle Tätigkeiten verbinden, die — obwohl sie von Privaten wahrgenommen werden — aufgrund ihres öffentlichen, staatlichen oder hoheitlichen Charakters wesensnotwendig der staatlichen Organisationsgewalt, damit aber von vornherein nicht der grundrechtsgeschützten Eigensphäre, unterliegen und folglich besondere staatliche Bindungen zu begründen vermögen.

Die Rechtsprechung ist von solchen Erwägungen ausgegangen.

Bis zu der Grundsatzentscheidung des Bundesverfassungsgerichts im Apotheken-Urteil ging das Bundesverwaltungsgericht in ständiger Rechtsprechung davon aus, daß das Grundrecht des Art. 12 GG seinem Wesen nach überhaupt nicht für solche Berufe gelte, die Aufgaben wahrnähmen, welche der öffentlichen Hand vorbehalten seien[75]. Dazu zählte das Gericht nicht nur den öffentlichen Dienst im formell-institutionellen Sinn, sondern auch die sogenannten staatlich gebundenen Berufe[76]. Eine scheinbare Abkehr von dieser funktional be-

---

[72] Der Meinungsstreit über die Zulässigkeit der Bedürfnisprüfung, in: JZ 1954, S. 561 (564).

[73] E 7, 377 ff.

[74] So *Bethge*, S. 6; *Burger*, S. 65.

[75] BVerwGE 2, 85 (86); 3, 21 (23); 4, 250 (254); 5, 286 (288); 6, 13 (14); 6, 72 (74).

[76] Vgl. E 4, 250 (254) und die Bezugnahme auf *Werner*, DVBl. 1955, 564; ähnlich 6, 72 (74); vgl. auch die Kritik *Bachofs*, Freiheit, S. 185 FN 128.

stimmten Betrachtungsweise des Bundesverwaltungsgerichts erfolgt im Apotheken-Urteil des Bundesverfassungsgerichts[77]. Das Gericht führt aus, es sei kein Grund vorhanden, daß das Grundrecht der freien Berufswahl „seinem Wesen nach“ nicht für solche Berufe gelte, die Tätigkeiten wahrnehmen, welche nach heutigen Vorstellungen der organisierten Gemeinschaft, in erster Linie dem Staat, vorbehalten bleiben müßten[78]. Diese Erkenntnis gewinnt das Gericht aus einer neuen Sicht des Grundrechts der Berufsfreiheit, die Art. 12 als echtes Grundrecht[79] und nicht lediglich als Sicherung der Gewerbefreiheit als objektives Prinzip der Gewerbe- und Wirtschaftsordnung[80] begreift. Art. 12 wird so als umfassendes Grundrecht für jede soziale Schicht anerkannt.

Für die staatlich gebundenen Berufe wird Art. 12 jedenfalls in dem Sinn für anwendbar erklärt, daß auch sie vom einzelnen als Beruf frei gewählt werden dürfen.

Das Schrifttum ist dem Bundesverfassungsgericht weitgehend gefolgt, so daß insoweit von einer herrschenden Lehre gesprochen werden kann[81]. Allerdings erschöpft sich die Stellungnahme des BVerfG nicht in der Feststellung der Geltung des Art. 12 GG. Das Gericht schränkt den Aussagewert dieser Feststellung erheblich ein, wenn es im folgenden davon ausgeht, daß Art. 12 gewisse Einschränkungen der Berufsfreiheit bei den staatlich gebundenen Berufen gestatte. Diese seien durch Art. 33 GG gerechtfertigt: Je mehr ein Beruf durch öffentlich-rechtliche Bindungen und Auflagen dem öffentlichen Dienst angenähert sei, um so mehr könnten „Sonderregelungen in Anlehnung an Art. 33“ die Wirkung des Grundrechts tatsächlich zurückdrängen[82]. Der Beruf könne nur gewählt werden, soweit in der vom Staat geschaffenen Ämterorganisation Amtsstellen zur Verfügung stehen[83]. Ob und wieviele Stellen der Staat zur Verfügung zu stellen habe, bestimme er selbst kraft seiner Organisationsgewalt[84]. Gegen diese Folgerungen des BVerfG wurden im Schrifttum teilweise Bedenken angemeldet: So will z. B. *Bachof*[85] nicht so weit gehen, den beamtenrechtlichen Grundsatz, daß regelmäßig kein Rechtsanspruch auf Übertragung eines öffentlichen Amts bestehe, für die staatlich gebundenen Berufe einfach zu übernehmen und damit eine Berufung auf Art. 12

[77] BVerfGE 7, 377.
[78] a.a.O., S. 398.
[79] a.a.O., S. 397.
[80] Wie etwa die WRV in Art. 151 III.
[81] *Bachof*, Freiheit, S. 183; *Hamann*, Art. 12 B 2 b; *Maunz-Dürig-Herzog*, Art. 12 RdN 95; weitere Nachweise bei *Burger*, S. 72 FN 436.
[82] a.a.O., S. 398.
[83] BVerfGE 17, 374 (380).
[84] BVerfGE 7, 377 (398); 17, 371 (377, 380).
[85] In: Freiheit, S. 186.

GG gegenstandslos zu machen. Ebenso hält *Maunz*[86] die Überlegung des Gerichts, die dem Verhältnis von Art. 12 und 33 GG zugrunde liegt, für nicht unbedenklich: einmal schon logisch, da sie darauf hinausliefe, zu sagen: je mehr Bindungen bestehen, desto mehr Bindungen sind zulässig; sodann auch gesetzgebungspolitisch, da sich der Gesetzgeber selbst von Art. 12 GG mehr und mehr befreien könnte, je mehr er einen Beruf an den Staat heranführe[87]. Das überwiegende Schrifttum hat sich jedoch dem BVerfG angeschlossen[88].

Damit wird dem Begriff des staatlich gebundenen Berufs eine materielle Aussagekraft zugemessen: Den unter diesen Begriff fallenden Berufen kommt der Grundrechtsschutz des Art. 12 GG entweder schon gar nicht zu oder ist doch durch staatliche Maßnahmen weitgehend einschränkbar. Aus diesen verfassungsrechtlichen Konsequenzen verstehen sich die vielfachen Versuche einer Ergründung von Wesen und Inhalt und einer darauf beruhenden begrifflichen Erfassung und Einordnung dieser Berufe in Literatur und Rechtsprechung.

d) Begriff und verfassungsrechtliche Einordnung

Daß eine systematische Einordnung der staatlich gebundenen Berufe irgendwo zwischen den nur an eine einfache Erlaubnis zur Berufsausübung gebundenen Berufen und dem Staatsdienst im formellen Sinn erfolgen muß, ist unstreitig[89]. Die Grenze zum öffentlichen Dienst einerseits und den ungebundenen Privatberufen andererseits konnte jedoch von Rechtsprechung und Lehre bis jetzt nicht eindeutig genug festgelegt werden.

aa) Rechtsprechung des BVerwG

Durfte nach der historischen Entwicklung des Begriffs davon ausgegangen werden, daß die freien Berufe im Rechtssinn ohne weiteres auch staatlich gebundene Berufe nach heutigem Verständnis sind, so überrascht besonders die Auffassung des Bundesverwaltungsgerichts[90]: Ein Beruf könne nicht staatlich gebunden sein, so lange er zu den

---

[86] In: *Maunz-Dürig-Herzog*, Art. 12 RdN 95.

[87] Kritisch auch: *Scheuner*, Das Grundrecht der Berufsfreiheit, in: DVBl. 1958, S. 845 ff. (847).

[88] Siehe die oben, FN 81, Aufgeführten; gänzlich ablehnend gegenüber der Rechtsprechung des BVerfG nur *Rupp*, Grundfragen der heutigen Verwaltungsrechtslehre, Tübingen 1965, S. 97/98, weiterhin zitiert als Rupp, Grundfragen; ders., Das Grundrecht der Berufsfreiheit, in: NJW 1965, S. 993 ff. (995); ders., Berufsregelung durch gesetzesändernde Verwaltungsverordnungen?, DÖV 1963, S. 678 ff. (S. 679), und *Hoffmann*, DVBl. 1964, S. 462.

[89] Siehe dazu *Bethge*, S. 25 und die dort FN 95, 96 aufgeführte Literatur.

[90] BVerwGE 2, 86; 4, 169.

„freien" Berufen gehöre. Es hat deshalb den freien Beruf des Rechtsanwalts nicht zu den staatlich gebundenen Berufen gezählt[91]. Wie einige spätere Entscheidungen erkennen lassen, ging das Gericht anscheinend davon aus, daß nur die Wahrnehmung von öffentlichen Aufgaben einen Beruf zu einem staatlich gebundenen Beruf werden läßt[92]. Die freien Berufe nehmen nach seiner Meinung keine öffentlichen Aufgaben wahr, was besonders in seiner „Bezirksschornsteinfegermeister-Entscheidung"[93] zum Ausdruck kommt. Die Sicherung eines geordneten Kehrwesens und die Erhaltung der Feuersicherheit seien öffentliche Aufgaben. Diese Auffassung finde ihren Ausdruck „in der Gestaltung, die die Berufsstellung des Bezirksschornsteinfegermeisters in der VO über das Schornsteinfegerwesen gefunden hat". Die in der VO festgelegten Bindungen und Auflagen stellten den Bezirksschornsteinfegermeister in Gegensatz zu den freien Berufen. Öffentliche Pflichten, wie sie etwa mit der Ausübung eines freien Berufs verbunden sind[94], sollen nicht ausreichen. Die jeweilige gesetzliche Regelung müsse vielmehr ein „stärkeres öffentlich-rechtliches Gepräge" erkennen lassen. Worin das besondere öffentlich-rechtliche Gepräge und die öffentliche Aufgabe etwa des Bezirksschornsteinfegermeisters im Gegensatz zu den von ihm als freie und damit nicht als staatlich gebundene Berufe bezeichneten rechtsberatenden Berufen[95], Apothekern[96] und Hebammen[97] liegen soll, lassen die Ausführungen des Gerichts nicht erkennen. Das Gericht hat es damit unterlassen, den angesprochenen Gegensatz zwischen freien Berufen und staatlich gebundenen Berufen zu begründen und sich auch im folgenden nicht um eine grundsätzliche Klärung des Wesens der gebundenen Berufe bemüht. Seine Ausführungen sind daher nicht geeignet, über den Begriff des staatlich gebundenen Berufs Aufschluß zu geben[98].

bb) Rechtsprechung des BVerfG

Auch das Bundesverfassungsgericht scheint „freien Beruf" und „staatlich gebundenen Beruf" als einen Gegensatz zu begreifen, wenn es feststellt, letztere hätten ihren Standort zwischen den „freien Be-

---

[91] BVerwGE 2, 86.
[92] Vgl. BVerwGE 4, 168 (169), wo die öffentliche Gesundheitspflege und 6, 72 (74), wo feuerpolizeiliche Aufgaben als solche öffentlichen Aufgaben angesehen werden.
[93] BVerwGE 6, 72 (74).
[94] Vgl. dazu die Darstellung des Berufsrechts der verschiedenen freien Berufe im Rechtssinn.
[95] BVerwGE 2, 85 (86); 2, 89 (92); 6, 13 (14).
[96] BVerwGE 4, 169.
[97] BVerwGE 3, 254; später hat das Gericht den Hebammenberuf allerdings zu den gebundenen Berufen gezählt: Vgl. BVerwGE 9, 334.
[98] Ähnlich *Burger*, S. 23.

rufen" und Berufen mit völliger Einbeziehung in die unmittelbare Staatsorganisation[99].

Diese Standortsbestimmung der staatlich gebundenen Berufe kann jedoch keinen materiellen Abgrenzungswert haben, wenn man die Rechtsprechung des Gerichts zum „freien Beruf" in Betracht zieht, dem es im Hinblick auf seine vorwiegend soziologische Provenienz keinerlei Rechtsnormativität beimessen will[100].

So will das Gericht dann auch über die endgültige Zugehörigkeit eines Berufs zu den staatlich gebundenen Berufen „Eigenart und Gewicht der zu erfüllenden Aufgaben" entscheiden lassen[101].

Hatte das Bundesverfassungsgericht damit für die Einordnung eines Berufs zu den staatlich gebundenen Berufen zunächst ebenso wie das Bundesverwaltungsgericht dem schwer zu bestimmenden Merkmal der Wahrnehmung öffentlicher Aufgaben besondere Bedeutung zugemessen, so kann diese Tendenz in seinen späteren Entscheidungen nicht mehr festgestellt werden. Offenbar in der Erkenntnis, daß die öffentliche Aufgabe allein noch nicht einen gebundenen Beruf erzeugen kann, diese allenfalls eines unter mehreren Indizien dafür ist[102], stellt das Gericht in seinen späteren Entscheidungen weniger auf das Gewicht der Aufgaben als vielmehr auf die gesetzliche Ausgestaltung der Aufgaben und Befugnisse, die gesamte öffentlich-rechtliche Organisation eines Berufs ab. Bereits im „Kassenarzturteil"[103] hatte das Gericht der öffentlich-rechtlichen Organisation und Ausgestaltung eines Berufs besonderes Gewicht beigelegt, gleichzeitig aber auch betont, daß trotz Einbeziehung in ein öffentlich-rechtliches System ein Beruf ein „freier" bleiben soll, wenn die Tätigkeit unabhängig von der Natur der wahrzunehmenden Aufgaben freiberuflich bleibe. In den bekannten Notarbeschlüssen[104] läßt es diese Gesichtspunkte zum entscheidenden Kriterium für die Beurteilung eines staatlich gebundenen Berufs werden. Die Regelungen des Berufsrechts des Notars dienen dem BVerfG als Beispiel für einen staatlich gebundenen Beruf: Der Notar übt ein öffentliches Amt aus[105], er hat einen Amtsbezirk[106], ihm ist ein Amtssitz zugewiesen[107], er führt ein Amtssiegel[108]. Gegen ihn ist ein Dienststrafverfahren zulässig[109], es entscheiden Dienststrafge-

---

[99] BVerfGE 7, 377 (398).
[100] BVerfGE 10, 354 (364); 11, 105 (117).
[101] E 7, 377 (398).
[102] Siehe *Burger*, S. 23.
[103] BVerfGE 11, 30 ff. (40).
[104] BVerfGE 16, 6 ff.; 17, 371 ff.
[105] § 1 BNotO.
[106] § 11 BNotO.
[107] § 10 BNotO.
[108] § 13 BNotO.
[109] § 96 BNotO.

richte[110], seine Haftung bemißt sich nach Amtshaftungsgrundsätzen[111]. Durch diese Ausgestaltung seines Berufsrechts wird der Notarberuf den Berufen in einem öffentlich-rechtlichen Dienstverhältnis weitgehend angenähert.

In dieser „nächsten Nachbarschaft" zu den Beamten will das BVerfG denn auch das Kennzeichen eines staatlich gebundenen Berufs sehen[112]. Damit wird aber nichts anderes angesprochen, als was bereits *Triepel* vor über 50 Jahren mit seinem Begriff des „Halbbeamten" ausdrücken wollte.

cc) Schrifttum

In der Literatur wird teilweise nach „dem Staat vorbehaltenen Berufen" und „staatlich gebundenen Berufen" differenziert[113], wobei erstere sich von den staatlich gebundenen Berufen dadurch unterscheiden sollen, daß sie nur in staatsabhängiger Tätigkeit — gleich dem öffentlichen Dienst — ausgeübt werden könnten[114] oder nur der Erfüllung hoheitlicher Aufgaben dienten[115]. Eine positive Bestimmung des staatlich gebundenen Berufs nehmen diese Verfasser jedoch nicht vor. *Bachof* hält vielmehr eine genaue Grenzziehung zwischen staatlich gebundenem Beruf und dem Staat vorbehaltenen Tätigkeiten sowie privaten Tätigkeitsbereichen wegen der Mannigfaltigkeit der staatlichen Bindungen für unmöglich. Wenn er in dem Vorliegen einer besonderen staatlichen Aufsicht oder Disziplinargewalt ein gewisses Indiz für das Vorhandensein eines staatlich gebundenen Berufs sieht[116], so stellt auch er letztlich auf die jeweilige konkrete Ausgestaltung des Berufs ab. H. *Hoffmann* geht davon aus, daß zwischen den staatlich gebundenen Berufen und dem öffentlichen Dienst eine weitere Berufsgruppe liegt, die er „verstaatlichte" Berufe nennt und zu denen er die Träger eines Amtes, wie etwa die Notare zählt[117]. „Verstaatlichter" Beruf soll wiederum aber nach *Herzog* der einheitliche Begriff für alle Berufe mit staatlicher Bindung sein[118]. Den Begriff des staatlich gebundenen Berufs positiv zu umschreiben, haben nur wenige Autoren versucht. Für *Hoffmann*[119] übt einen staatlich gebundenen

[110] § 99 BNotO.
[111] §§ 19 BNotO, 839 BGB.
[112] BVerfGE 16, 6 ff. (22).
[113] *Bachof*, Freiheit, S. 184; *Hamann*, Wirtschaftsverfassungsrecht, S. 117.
[114] *Bachof*, Freiheit, S. 184.
[115] *Hamann*, Deutsches Wirtschaftsverfassungsrecht, Neuwied, Berlin, Darmstadt 1958, S. 117, weiterhin zitiert als Hamann, Wirtschaftsverfassungsrecht.
[116] Freiheit, S. 185 FN 127.
[117] DVBl. 1964, 457 ff.
[118] Ev. Staatslexikon, Sp. 158.
[119] a.a.O., S. 458.

Beruf aus, „wer, ohne Angehöriger des öffentlichen Dienstes und ohne unabhängiger Träger eines öffentlichen Amtes zu sein, durch Gesetz mit der Wahrnehmung öffentlicher Aufgaben betraut ist". Mag diese Formulierung auf den ersten Blick auch bündig und eingängig sein, so führt sie doch nicht weiter: Was unter dem Begriff der „öffentlichen Aufgabe" zu verstehen ist, ist gerade in letzter Zeit lebhaft umstritten[120]. Die ihm beigemessene Bedeutung reicht von der materiell-juristischen Relevanz als Synonym für staatliche Aufgaben[121], über die Klassifizierung als Umschreibung des für die Allgemeinheit Bedeutenden[122] und Interessanten, „als gemeinschaftsbezogenes und auf dem Forum der Gemeinschaft sich vollziehendes Wirken"[123] bis zur Verneinung jeglicher Rechtsnormativität und Einstufung als rein faktisch-soziologischer Begriff[124].

Eine Verwendung dieses unscharfen und vieldeutigen Begriffs würde deshalb lediglich eine Unklarheit durch die andere ersetzen[125]. Nicht die Funktion, sondern die Organisation des Berufs wollen Herbert *Krüger* und E. R. *Huber* für die Zurechnung zu den staatlich gebundenen Berufen entscheidend sein lassen.

Herbert *Krüger* sieht ein wesentliches Merkmal der „staatlich gebundenen" Berufe darin, daß der Staat „diese Berufe zwangsweise in Körperschaften des öffentlichen Rechts zusammenfaßt, die in Selbstverwaltung Normen für richtige Berufsausübung und rechte Berufsauffassung zu setzen und deren Einhaltung zu überwachen haben ..."[126]. Abgesehen davon, daß damit verschiedene Berufe, deren Unterfallen unter den Begriff des staatlich gebundenen Berufs heute unbestritten ist, wie etwa der Beruf des Bezirksschornsteinfegermeisters, des Fleischbeschauers, nicht erfaßt würden, ist dieses Merkmal allein zu einer Abgrenzung von sonstiger Berufstätigkeit wenig geeignet. Blieb dieser Begriff bis jetzt für gewisse Selbständigentätigkeiten vorbehalten, so wäre dies in Zukunft nicht mehr möglich. Denn in manchen Bundesländern sind auch Arbeitnehmer — ähnlich gewissen freien und gewerblichen Berufen — zwangsweise in sogenannten Arbeitnehmerkammern bzw. Arbeitskammern als Körperschaften des

---

[120] Siehe dazu *Klein*, Zum Begriff der öffentlichen Aufgabe, DÖV 1965, S. 755 ff.; *Peters*, Öffentliche und staatliche Aufgaben, Festschrift für H. C. Nipperdey, Bd. 2, S. 877, und die bei *Bethge*, S. 28 FN 116, aufgeführte Literatur.

[121] So etwa BVerfGE 8, 51 (53); 14, 312 (317); 15, 235 (241); 16, 147 (172); 17, 371 (376 ff.) und 21, 362 ff. (372 f.).

[122] *Klein*, DÖV 1965, S. 755 ff. (759).

[123] Vgl. *Mikat*, Staatsbürger und Staatsgewalt, S. 322; *Lenz*, JZ 1963, 349.

[124] So *Bethge*, S. 119, 122 und die dort FN 168 aufgeführte Literatur.

[125] So auch *Bethge*, S. 29.

[126] *Herbert Krüger*, Allg. Staatslehre, S. 408.

öffentlichen Rechts zusammengefaßt[127]. Auch diese wären dann staatlich gebundene Berufe. Würden die anderen Bundesländer diesem Beispiel nachfolgen, dann gäbe es schließlich nur noch staatlich gebundene Berufe: Damit wäre nicht nur der Begriff ad absurdum geführt, sondern zugleich auch — wenn man die materiellen Konsequenzen bedenkt, wie sie das BVerfG für diese Berufe zieht — einer Manipulation des Berufsfreiheitsrechts Tür und Tor geöffnet. Ein entscheidender Abgrenzungswert kommt diesem Merkmal allein deshalb nicht zu[128]. Demzufolge soll nach E. R. *Huber* von einem staatlich gebundenen Beruf nur dann gesprochen werden, wenn mit der Bestallung, Zulassung oder Bestellung durch Staatsakt zugleich öffentlich-rechtliche Berufspflichten begründet werden und die Wahrung dieser Berufspflichten in die Hand staatlicher Behörden gelegt ist. Er rechnet hierzu im wesentlichen einige freie Berufe im soziologischen Sinn, wie etwa Rechtsberater, Heilpraktiker und Krankenpflegerinnen sowie Hebammen, Feldmesser und Bezirksschornsteinfegermeister. Überträgt der Staat seine Aufsichtsgewalt an berufsständische Zwangskörperschaften[129], so soll ein „staatlich und ständisch gebundener" Beruf vorliegen[130].

Diese Umschreibung umfaßt zwar die wesentlichen Bindungselemente, die für den staatlich gebundenen Beruf kennzeichnend sind, sie vermag jedoch im Gegensatz zur funktionalen Betrachtungsweise keine „innere" Begründung für diesen Zustand abzugeben.

Die vielfältigen Systematisierungs- und Umschreibungsversuche von Lehre und Rechtsprechung, denen nicht selten das Odium des Willkürlichen und Zufälligen anhaftet, haben so dazu geführt, dem Begriff des staatlich gebundenen Berufs jeglichen Abgrenzungswert gegenüber anderen Berufspositionen abzusprechen[131] und ihn als soziologischen Begriff ohne rechtlichen Aussagewert zu qualifizieren[132]. Eingehender hat sich insbesondere *Burger*[133] mit der begrifflichen und systematischen Erfassung des staatlich gebundenen Berufs befaßt. Er unternimmt den Versuch, den seiner Meinung nach nur soziologischen Begriff des staatlich gebundenen Berufs „in Rechtsbegriffe und Rechtsinstitute des Verwaltungsrechts einzuordnen bzw. damit zu verbin-

---

[127] So in Bremen aufgrund des Gesetzes über die Arbeitnehmerkammern vom 3. 7. 1956 (GBl. 1956, S. 79 ff.) und im Saarland aufgrund des Gesetzes über die Errichtung einer Arbeitskammer für das Saarland i. d. F. vom 15. 11. 1960 (ABl. 1960, S. 887 ff.).

[128] Ähnlich *Bethge*, S. 30, 31.

[129] Wie bei den Ärzten, Tierärzten, Zahnärzten, Apothekern, Rechts- und Patentanwälten.

[130] Wirtschaftsverwaltungsrecht I, S. 769.

[131] *Bethge*, S. 33, 34.

[132] *Burger*, S. 33.

[133] a.a.O.

den"[134]. Ein Vergleich der hier als freie Berufe im Rechtssinn bezeichneten und der gewerblichen Berufe läßt für ihn die vier konstituierenden Merkmale des soziologischen Begriffs „staatlich gebundener Beruf" hervortreten: Die Wahrnehmung öffentlicher Aufgaben, wozu er solche rechnet, deren Erfüllung im Gesamtinteresse liegt und dem Gemeinwohl dient[135], das Bestehen öffentlich-rechtlicher Berufspflichten, einer öffentlich-rechtlichen Verantwortung und eine besondere Aufsicht rechtfertigen es nach seiner Meinung, von einem staatlich gebundenen Beruf im soziologischen Sinn zu sprechen, sofern sie in einer Berufsregelung zusammentreffen[136]. Als geeignetes Vergleichsobjekt des Verwaltungsrechts bietet sich für ihn das Institut des staatlich „beliehenen Unternehmers" an. Er geht dabei von dem engeren Begriff des beliehenen Unternehmers aus, wie ihn die sogenannte „Rechtsstellungstheorie" vertritt. Ihr zufolge sind Beliehene natürliche oder juristische Personen des Privatrechts, denen durch Rechtsakt oder Staatsakt hoheitliche Kompetenzen zur Ausübung im eigenen Namen übertragen sind[137]. Der staatlichen Beleihung bedürfen demnach nur Tätigkeiten, deren Ausübung sich der Staat vorbehalten hat. Ausschließlich dem Staat vorbehalten sind aber nur „jene Maßnahmen, die kraft öffentlichen Rechts Rechtsverhältnisse einseitig zu gestalten vermögen"[138]. Darunter fallen vornehmlich solche Maßnahmen, die mit der Ausübung hoheitlicher Befehls- und Zwangsgewalt versehen sind, sowie Rechtshandlungen, durch die der Staat auf die Rechtsverhältnisse seiner Bürger einwirkt, indem er Rechtsverhältnisse begründet, ändert oder aufhebt, wie dies bei Beurkundungen und bestimmten gestaltenden Genehmigungen, Rechtsverleihungen u. ä. der Fall ist[139].

Im Verhältnis zur Masse der schlicht hoheitlichen Aufgaben werden solche hoheitlich-obrigkeitlichen Tätigkeiten selten auf Private übertragen. Sie werden, der Forderung des Artikels 33 Abs. 4 GG gemäß,

---

[134] a.a.O., S. 38.

[135] Siehe dazu *Klein*, DÖV 1965, S. 755 ff. (759) und *Wolff*, Lehrbuch, Bd. 1, 7. Auflage 1968, § 2 II, 7 b 1 a. E., S. 11.

[136] a.a.O., S. 37.

[137] So *Vogel*, Öffentliche Wirtschaftseinheiten in privater Hand, S. 60, 80; *Herrnritt*, Grundlehren des Verwaltungsrechts, S. 242; *Salzwedel*, Die Grenzen der Zulässigkeit des öffentlich-rechtlichen Vertrags, S. 40; *Rupp*, Privateigentum an Staatsfunktionen?, in: Recht und Staat, Heft 278, Tübingen 1963, S. 18, 27, weiterhin zitiert als Rupp, Privateigentum; *Klaus Obermayer*, Verwaltungsakt und innerdienstlicher Rechtsakt, S. 61; a. A.: die sog. „Aufgabentheorie", wonach auch „sachlich-verwaltende Tätigkeit" (*Huber*, Wirtschaftsverwaltungsrecht I, S. 539), also Aufgaben der schlichten Hoheitsverwaltung, Inhalt der auf einen Privaten übertragenen Verwaltungskompetenzen sein können und einer Beleihung bedürfen. So z. B. *Huber*, a.a.O., S. 533 ff.; ders., DVBl. 1952, S. 456 und die bei *Burger*, S. 42 FN 255 aufgeführte Literatur und Rechtsprechung.

[138] *Vogel*, a.a.O., S. 80.

[139] *Vogel*, a.a.O.

in der Regel von Angehörigen des öffentlichen Dienstes wahrgenommen.

Entsprechend selten ist daher auch nach dieser Theorie das Institut des beliehenen Unternehmers.

Werden aber einem Beruf echte Hoheitsbefugnisse im Rahmen einer rechtsgestaltenden Tätigkeit verliehen, ist er damit also beliehener Unternehmer und liegen außerdem die konstituierenden Merkmale eines staatlich gebundenen Berufs im soziologischen Sinn vor, so soll nach *Burger* von einem „staatlich gebundenen Beruf aufgrund Beleihung" gesprochen werden[140]. Zu ihnen zählt er nach geltendem Recht nur den Notar wegen dessen hoheitsrechtlicher Beurkundungsfunktion[141] und den Bezirksschornsteinfegermeister aufgrund der diesem verliehenen feuerpolizeilichen Aufgaben[142].

Dagegen zählt *Burger* die freien Berufe im Rechtssinn sowie einige sonstige selbständige gewerbliche oder nicht gewerbliche Berufe zu den sogenannten „staatlich gebundenen Berufen mit Erlaubnis"[143].

Damit verwendet er zur Begriffsbestimmung die im wesentlichen einheitliche Regelung, die der Gesetzgeber für die Zulassung zu den verschiedenen gebundenen Berufen getroffen hat. Zwar ist die Terminologie nicht einheitlich: Die gesetzlichen Regelungen sprechen von Erlaubnis[144], Zulassung[145], Bestellung[146] oder Anerkennung[147]. Der Sache nach liegt diesen Zulassungsregelungen jedoch ein einheitlicher Gedanke zugrunde: Vor Aufnahme der Berufstätigkeit soll die Verwaltung die Möglichkeit einer Prüfung der sachlichen Befähigung sowie der persönlichen Eignung und Zuverlässigkeit haben[148]. Die Notwendigkeit eines Zulassungsverfahrens ergibt sich bei den gebundenen Berufen aus deren besonderer Gemeinschaftsbezogenheit und der Bedeutung ihrer Tätigkeit für die Allgemeinheit. Zulassungsverfahren und Überwachung dieser Berufe erfolgen im Interesse der sozialen Wohlfahrt und der Förderung des Gemeinwesens und dienen somit der „präventiven Kontrolle des Soziallebens"[149]. Da der Staatsbürger bei der Erfüllung der gesetzlichen Voraussetzungen einen Rechtsanspruch

---

[140] a.a.O., S. 49.

[141] § 20 I BNotO, § 794 I Ziff. 5 ZPO.

[142] §§ 7, 27 I, 2 VO über das Schornsteinfegerwesen.

[143] Ebenda, S. 53.

[144] § 1 Abs. 2 des Gesetzes über das Apothekenwesen vom 20. 8. 1960, BGBl. I, 697; § 1 des Gesetzes zur Verhütung von Mißbräuchen auf dem Gebiet der Rechtsberatung vom 13. 12. 1935, RGBl. I, 1478; § 1 der VO über den Geschäftsbetrieb der gewerblichen Pfandleiher vom 1. 2. 1961, BGBl. I, S. 58.

[145] § 4 BRAO.

[146] § 1 Abs. 1 WPO; § 1 Abs. 1 StBG.

[147] § 6 Hebammengesetz.

[148] So schon *Otto Mayer*, Lehrbuch, Bd. I, S. 240.

[149] *H. J. Wolff*, Lehrbuch, Bd. 1, § 48 II a 1, S. 320.

auf die Erlaubnis hat[150], besagt die gesetzliche Verpflichtung zur Einholung der jeweiligen Berufszulassung nur noch, „daß mit der Rechtsausübung erst begonnen werden darf, wenn die Gesetzmäßigkeit des Vorhabens in einem geordneten Verfahren geprüft und festgestellt ist“[151].

Die Merkmale, die den soziologischen Begriff des staatlich gebundenen Berufs ausfüllen sowie die allen Berufen gemeinsame Erlaubnisgebundenheit konstituieren somit für *Burger* den Begriff des staatlich gebundenen Berufs mit Erlaubnis.

Diese Berufe sollen „keine herausragende Besonderheit“ bieten und jedes „Außergewöhnlichen“ gegenüber den sonstigen privaten Berufen ermangeln[152].

Den wesentlichen Unterschied zu den staatlich gebundenen Berufen aufgrund Beleihung sieht er darin, daß mit der Erlaubnis nicht die Befugnis zur Wahrung staatlicher Kompetenzen erlangt werde. Über eine solche Kompetenz verfüge der Staat gar nicht. Er sei nicht Subjekt einer Kompetenz zum Betrieb von Apotheken, der Ausübung des Hebammen- oder Wirtschaftsprüferberufs. Die Erlaubnis verleihe lediglich die Befugnis zur Verfolgung von Interessen der eigenen Rechtssphäre. Ein Unterfallen dieser Berufe unter den Grundrechtsschutz des Art. 12 GG ist demzufolge für ihn auch unproblematisch[153], weshalb er im folgenden nur noch die Anwendbarkeit des Berufsfreiheitsrechts auch auf die staatlich gebundenen Berufe aufgrund Beleihung, die unbestrittenermaßen Staatsfunktionen wahrnehmen[154], untersucht.

dd) Eigene Stellungnahme

Eine Einteilung in Berufe, die hoheitliche Staatsfunktionen und damit staatliche Kompetenzen wahrnehmen, einerseits und Berufe, die lediglich „öffentliche“ Aufgaben i. S. gemeinschaftsbezogener, für die Öffentlichkeit besonders wichtiger Funktionen wahrnehmen, andererseits wird den funktionalen und strukturellen Unterschieden innerhalb der staatlich gebundenen Berufe am ehesten gerecht. Die freien Berufe im Rechtssinn üben keine hoheitlichen staatlichen Kompetenzen aus, wie dies etwa bei den Beamten des öffentlichen Dienstes, den Trägern eines öffentlichen Amtes oder gewissen „beliehenen“ Unternehmern der Fall ist. Ein Vergleich der Tätigkeiten des freiberuf-

---

[150] *Vogel*, a.a.O., S. 93, *v. Turegg-Krauss*, Lehrbuch des Verwaltungsrechts, S. 485; *Huber*, Wirtschaftsverwaltungsrecht I, S. 692; BVerfG, NJW 1966, S. 1651.

[151] BVerfG, a.a.O.

[152] a.a.O., S. 53.

[153] a.a.O., S. 53, 156.

[154] *Burger*, S. 82.

lichen Rechtsanwalts und des ein öffentliches Amt ausübenden Notars hat diesen Unterschied bereits deutlich werden lassen: Der Staat besitzt keine Kompetenz zur Ausübung der Rechtsberatung und Rechtsvertretung. Da sich diese Tätigkeit vielfach gerade gegen die den Staatsbürger treffenden Entscheidungen der staatlichen Organe (Verwaltung, Gerichte) richtet und ihr zugleich eine kontrollierende Funktion zukommt, kann vielmehr davon gesprochen werden, daß es sich hier um die Wahrung von Aufgaben handelt, die „kraft Natur der Sache" nicht zu den staatlichen Kompetenzen gehören können und dürfen[155]. Diese Überlegung gilt in gleichem Maße für die anderen Beratungsberufe. Ebensowenig sind die Tätigkeit des Arztes, Architekten, Seelotsen Staatsaufgaben, die in ihrer Zuteilung und Ausgestaltung der staatlichen Organisationsgewalt unterliegen.

Sie üben vielmehr durchweg private Berufe aus, denen lediglich aufgrund der Gemeinschaftswichtigkeit und sachlichen Eigenart ihrer Aufgaben eine besondere Verantwortung bei der Berufsausübung zukommt. Die Erhaltung und Sicherung einer sachlich-persönlich einwandfreien Berufsausübung innerhalb dieser gemeinschaftsnotwendigen Tätigkeiten durch berufsgesetzliche Reglementierungen und die Einrichtung staatlicher oder berufsständischer Aufsichtsorgane ist legitime Aufgabe der staatlichen Organe. Berufsrechtliche Regelungen, die die Berufsaufnahme und -ausübung von bestimmten sachlich-persönlichen Qualifikationen abhängig machen, haben sie mit zahlreichen anderen privaten Berufen gewerblicher Provenienz gemeinsam. Sie vermögen den privaten Charakter dieser Berufe nicht zu verändern. Art. 12 GG darf für diese Berufe nicht bezweifelt werden[156].

Letzten Endes kommt auch die Rechtsprechung zu keinem anderen Ergebnis. Wenn das Bundesverwaltungsgericht dem Rechtsanwalt im Hinblick auf die Freiberuflichkeit seiner Tätigkeit bescheinigt, daß er keine der öffentlichen Hand vorbehaltenen Aufgaben wahrnehme[157], und das BVerfG Freiberuflichkeit und staatliche Gebundenheit als Gegensätze auffaßt[158], so bringen sie damit hinreichend deutlich den privaten Charakter dieser Berufe zum Ausdruck.

Mit der Gegenüberstellung „freier Beruf" und „staatlich gebundener Beruf" steht zugleich aber fest, daß die vom Bundesverfassungsgericht für die staatlich gebundenen Berufe gezogene materielle Konsequenz im Hinblick auf die Einschränkung des Berufsfreiheitsgrundrechts durch „Sonderregelungen in Anlehnung an Art. 33 GG" für die freien Berufe im Rechtssinn nicht gilt.

---

[155] Ähnlich *Herbert Krüger*, Allg. Staatslehre, S. 408.
[156] Ebenso *Burger*, S. 156.
[157] BVerwGE 2, 85 (86).
[158] BVerfGE 7, 377 (398); 9, 338 (347); 11, 30 (40); 12, 144 (147); 17, 371 (380).

Die Diskussion um die Geltung und den Umfang des Art. 12 GG hat dann auch nicht hinsichtlich dieser Berufe stattgefunden, sondern vielmehr bei den Berufen, die staatliche Funktionen ausüben. Hier stellt sich die Frage, ob sich die Berufsträger als „beliehene Unternehmer“[159], „in Dienst genommene Private“[160] bei der Wahrnehmung von Staatsfunktionen auf den Schutz des Art. 12 GG berufen können, was zu dem Paradoxon des grundrechtsgeschützten Teilhabens an Staatsfunktionen führen müßte[161], oder ob es sich dabei auch hier um vorwiegend privatrechtlich strukturierte Berufstätigkeiten mit gewissen hoheitsrechtlichen Elementen handelt[162], bei denen sich der Staat seiner Dispositionsbefugnis begeben hat, und die damit ebenfalls unter Art. 12 fallen[163].

Der umfangreiche Meinungsstreit, der sich insbesondere aus dem bei diesen Berufen vorliegenden Spannungsverhältnis von „Amt“ und „Beruf“ ergibt, braucht aber im Rahmen dieser Arbeit nicht weiters dargestellt zu werden.

II. Freier Beruf und Berufsfreiheit

1. Berufsordnungen

Fest steht jedenfalls, daß das Berufsfreiheitsgrundrecht des Art. 12 GG für die freien Berufe im Rechtssinn in demselben Maße wie für die sonstigen privaten, gewerblichen oder nicht gewerblichen Berufe gilt. Das bedeutet vornehmlich, daß jedermann, der sich dafür für geeignet hält, eine solche Tätigkeit als „Beruf“ ergreifen und zur Grundlage seiner Lebensführung machen kann[164]. Die bisherige Darstellung hat jedoch gezeigt, daß von einem freien Beruf im Rechtssinn erst dann gesprochen werden kann, wenn zu einem bestimmten Mindestbestand soziologischer Elemente eine konkrete rechtliche Ordnung des Berufs hinzutritt. Nicht jede Berufsordnung läßt bereits aus einem freien Beruf im soziologischen Sinn einen freien Beruf im Rechtssinn werden. Die denkbaren Berufsordnungen lassen sich je nach dem Umfang der geregelten Materie in fünf aufeinander aufbauende Gruppen einteilen[165]. Auf der untersten „Stufe“ stehen die gesetzlichen Rege-

---

[159] Vgl. *Badura*, a.a.O., S. 249; H. J. *Wolff*, Lehrbuch, Bd. 1, § 4 I a 2 und § 33 Vb 12 α; *Rupp*, AöR Bd. 92 (1967), S. 242.
[160] *Ipsen*, Festgabe für Erich Kaufmann, S. 141.
[161] *Rupp*, Privateigentum, S. 16 f.
[162] *Burger*, S. 82.
[163] So *Burger*, S. 84.
[164] BVerfGE 7, 377 (397).
[165] Vgl. insoweit die Darstellung bei *Kühn*, a.a.O., S. 18.

lungen, die nur eine Berufsbezeichnung schützen wollen, indem sie durch die Angabe des Ausbildungswegs die Voraussetzungen bestimmen, unter denen das Führen der Berufsbezeichnung erlaubt ist. Intensivere Berufsregelungen enthalten bereits die Berufsordnungen, bei denen die Zulassung zu einer bestimmten Berufstätigkeit im Vordergrund steht. Sie machen zumeist die Zulassung zum Beruf von bestimmten persönlichen und fachlichen Voraussetzungen abhängig, die i. d. R. durch einen genau vorgeschriebenen Ausbildungsgang erlangt werden. Eine Stufe höher stehen die Berufsordnungen, die neben den bisherigen Regelungen die genaue Umschreibung der Berufspflichten des betreffenden Berufsstandes enthalten. Eine vierte Gruppe sieht darüber hinaus Regelungen über eine berufsständische Selbstverwaltung mit Satzungsgewalt in der Form einer öffentlichen Körperschaft mit Zwangsmitgliedschaft (eine sogenannte Kammerverfassung) vor. Die umfangreichste und intensivste Berufsregelung haben schließlich die Berufe erfahren, die neben den bisher genannten Regelungen noch einer besonderen Berufsgerichtsbarkeit unterstellt werden.

Nach der hier gegebenen Definition gehören aber erst die Berufe zu den freien Berufen im Rechtssinn, die eine Berufsordnung der 4. oder 5. Stufe erhalten haben. Die Notwendigkeit der Fixierung bestimmter Berufspflichten und einer öffentlich-rechtlichen Organisation hat sich für manche Berufe erst im Lauf der Zeit ergeben. Das Berufsrecht vieler freier Berufe hat sich zunächst weitgehend auf dem Boden des allgemeinen Privatrechts entwickelt und ist erst nach und nach vom Gesetzgeber geordnet worden[166]. Zu den „klassischen" freien Berufen der Ärzte und Rechtsanwälte, die bereits auf eine lange berufsrechtliche Tradition zurückblicken und deren Berufsorganisation ein Vorbild für die Organisation der freien Berufe überhaupt, in besonderem der akademischen freien Berufe, wurde[167], traten so erst in neuerer Zeit andere freie Berufe wie etwa der Wirtschaftsprüfer[168], der Steuerberater[169], der Architekt und der Seelotse[170] hinzu. Damit zeigt sich,

---

[166] *Rittner*, S. 27.

[167] *Ostler*, Der deutsche Rechtsanwalt, S. 3.

[168] Zum früheren Berufsrecht der Wirtschaftsprüfer vgl. insbesondere Art. 5 der Ersten Verordnung zur Durchführung der aktienrechtlichen Vorschriften der Verordnung des Reichspräsidenten über Aktienrecht, Bankenaufsicht und über eine Steueramnestie vom 15. 12. 1931 (RGBl I, 760) mit der als Anlage beigefügten „Ländervereinbarung" sowie die „Satzung der Hauptstelle für öffentlich bestellte Wirtschaftsprüfer" und die übrigen bei *Schlegelberger-Quassowski-Schmölder*, VO über Aktienrecht, 1932, S. 420 ff., abgedruckten Bestimmungen über die Berufsausübung der Wirtschaftsprüfer.

[169] Für sie findet sich die erste berufsrechtliche Regelung in der VO vom 18. 2. 1937 (RGBl I, 245).

[170] Zur historischen Entwicklung des Berufsrechts der Seelotsen siehe den schriftlichen Bericht des Ausschusses für Verkehrswesen — Bundestagsdrucksache Nr. 762, 2. Wahlperiode.

daß es nicht etwa eine Art gesetzlichen „numerus clausus“ der freien Berufe im Rechtssinn gibt[171], sondern vielmehr ihr Kreis durch entsprechende Berufsordnungen erweitert werden kann.

Die Bestimmungen der einzelnen Berufsordnungen sind in Inhalt und Umfang den tatsächlichen und rechtlichen Erfordernissen des jeweiligen Berufs angepaßt. Soweit sie freiheitsbeschränkenden Charakter haben, sind sie aber nur in dem von Art. 12 Abs. 1 S. 2 GG zugestandenen Rahmen zulässig.

2. Berufsregelungen nach Art. 12 Abs. 1 S. 2 GG

Nach Art. 12 Abs. 1 S. 2 GG kann die Berufsausübung durch Gesetz oder aufgrund eines Gesetzes geregelt werden. Daraus haben Rechtsprechung und Lehre anfänglich den Schluß gezogen, daß Art. 12 I nur eine Regelung der Berufsausübung, nicht aber auch eine Regelung der freien Berufswahl des Satzes 1 zulasse. Man hat demzufolge in beiden Sätzen des Art. 12 I zwei verschiedene und verschieden stark geschützte Grundrechte erblicken wollen: ein grundsätzlich unbeschränkbares (oder nur kraft „immanenter“ Schranken „konkretisierbares“) Grundrecht der freien Berufswahl einerseits, ein gesetzlich beschränkbares Grundrecht der freien Berufsausübung andererseits[172]. Umstritten war dabei insbesondere, ob der Akt der Berufsaufnahme nebst den ihn beschränkenden Zulassungsvoraussetzungen zur „Wahl“, zur „Ausübung“ oder zu einem Bereich zwischen beiden Stadien zu rechnen sei. Das Bundesverwaltungsgericht hat zunächst[173] den Berufsbeginn der Berufsausübung zugerechnet. Später[174] ging es davon aus, daß die Berufsaufnahme sowohl den Beginn der Berufsausübung als auch die Betätigung der Berufswahl umfasse, da sich diese beiden, den einheitlichen Komplex „berufliche Betätigung“ von verschiedenen Blickpunkten her umfassenden Begriffe nicht streng trennen ließen[175].

a) Grundsätze des Apothekenurteils

Eine grundsätzliche Klärung der Regelungsbefugnis in Art. 12 Abs. 1 S. 2 GG brachte das „Apotheken“-Urteil des Bundesverfassungsgerichts[176]. In diesem Urteil hat das Bundesverfassungsgericht eine Reihe von Leitsätzen für die Auslegung des Art. 12 Abs. 1 GG entwickelt, in denen es insbesondere die Grenzen des speziellen Gesetzesvorbehalts

---

[171] *Rittner*, S. 26.

[172] Vgl. *Bachof*, Freiheit, S. 192.

[173] BVerwGE 1, 48 (50); 2, 89 (93).

[174] BVerwGE 7, 377 (388).

[175] Ebenso *Scheuner*, DHBl. 1956, S. 17; *Hamel*, DVBl. 1958, S. 37; Darstellungen der früheren Meinungen in Rechtsprechung und Schrifttum bei *Bachof*, Freiheit, S. 192; *Maunz*, LB, 9. Auflage, 1959, § 18 II, 1; *Scheuner*, Berufsfreiheit und Grundgesetz, S. 80 ff.

[176] BVerfGE 7, 377 ff.

nach Satz 2 nach der verfassungsrechtlichen, aber auch nach der gesetzgebungspolitischen Seite hin aufzuzeigen versucht hat. Die dem Gesetzgeber durch Art. 12 Abs. 1 Satz 2 GG eingeräumte „Regelungsbefugnis" erstreckt sich hiernach sowohl auf die Berufsausübung als auch auf die Berufswahl. Nach Ansicht des Gerichts lassen sich die Begriffe „Wahl" und „Ausübung" des Berufes nicht so trennen, daß jeder von ihnen nur eine bestimmte zeitliche Phase des Berufslebens bezeichnete, die sich mit der andern nicht überschnitte; namentlich stelle die Aufnahme der Berufstätigkeit sowohl den Anfang der Berufsausübung dar, wie die gerade hierin sich äußernde Betätigung der Berufswahl; ebenso seien der in der laufenden Berufsausübung sich ausdrückende Wille zur Beibehaltung des Berufs und schließlich die freiwillige Beendigung der Berufsausübung im Grunde zugleich Akte der Berufswahl[177].

Die Regelungsbefugnis ist jedoch von unterschiedlicher Intensität, je nachdem, ob es sich um reine Ausübungsregelungen oder um die Berufsaufnahme beschränkende Regelungen handelt. Die Regelungsbefugnis ist dem Gesetzgeber um der Berufsausübung willen verliehen und darf unter diesem Gesichtspunkt allenfalls auch in die Freiheit der Berufswahl eingreifen. Inhaltlich ist sie um so freier, je mehr sie reine Ausübungsregelung ist, aber um so enger begrenzt, je mehr sie auch die Berufswahl berührt. Daraus folgt nach der Auffassung des BVerfG für ein Eingreifen des Gesetzgebers in die durch Art. 12 Abs. 1 GG geschützte Grundrechtssphäre ein „Gebot der Differenzierung" nach folgenden Grundsätzen[178]:

Die Freiheit der Berufsausübung kann beschränkt werden, soweit vernünftige Erwägungen des Gemeinwohls dies zweckmäßig erscheinen lassen; der Grundrechtsschutz beschränkt sich hier auf die Abwehr in sich verfassungswidriger, z. B. übermäßig belastender oder nicht zumutbarer Auflagen. Demgegenüber darf die Freiheit der Berufswahl nur insoweit eingeschränkt werden, als es der Schutz besonders wichtiger Gemeinschaftsgüter zwingend erfordert; ist ein solcher Eingriff unumgänglich, so muß der Gesetzgeber — nach dem rechtsstaatlichen Grundsatz der Verhältnismäßigkeit des Mittels — stets diejenige Form des Eingriffs wählen, die das Grundrecht am wenigsten einschränkt. Bei Eingriffen in die Freiheit der Berufswahl unterscheidet das BVerfG in Übereinstimmung mit der bereits bestehenden verwaltungsrechtlichen Rechtsprechung[179] zwischen subjektiven und objektiven Berufszulassungsvoraussetzungen. Unter subjektiven Zulassungsvoraussetzungen versteht es die formalisierten, sich aus einem

---

[177] a.a.O., S. 401.
[178] Vgl. die Ausführungen des Gerichts, a.a.O., S. 405 ff.
[179] Seit BVerwGE 1, 48 in ständ. Rechtsprechung.

konkreten Lebensverhältnis ergebenden Erfordernisse, einen Teil der rechtlichen Ordnung eines Berufsbilds, so etwa Anforderungen an die persönliche Zuverlässigkeit oder an die fachliche Eignung, die ein Bewerber nach seinem freien Entschluß erfüllen könne[180]. Das Gericht hält diese für „aus der Sache heraus legitimiert“, und zwar deshalb, weil die Ausübung mancher Berufe sonst unmöglich oder unsachgemaß wäre oder Gefahren oder Schäden für die Allgemeinheit mit sich bringen würde. Für diese subjektiven Voraussetzungen gilt aber wieder das Prinzip der Verhältnismäßigkeit in dem Sinne, daß sie zu dem angestrebten Zweck der ordnungsmäßigen Erfüllung der Berufstätigkeit nicht außer Verhältnis stehen dürfen. Im Gegensatz dazu sind objektive Zulassungsvoraussetzungen solche, die keiner willensmäßigen Beeinflußbarkeit des Erlaubnisbewerbers unterliegen, sondern vielmehr außerhalb des Einwirkungsvermögens des Berufsträgers, in den „objektiven“ Verhältnissen, liegen. Solche objektiven Zulassungsbeschränkungen hält das BVerfG nur dann für zulässig, wenn sie durch die Abwehr nachweisbarer oder höchstwahrscheinlicher, schwerer Gefahren für ein überragend wichtiges Gemeinschaftsgut legitimiert werden können[181]. Bei der somit auf mehreren „Stufen“ möglichen Regelung der Berufsausübung ist der Gesetzgeber — auch insoweit in konsequenter Anwendung des Verhältnismäßigkeitsprinzips — jedoch gehalten, Freiheitsbeschränkungen auf der „Stufe“ vorzunehmen, die den geringsten Eingriff in die Freiheit der Berufswahl mit sich bringt, und darf die nächste „Stufe“ erst dann betreten, wenn mit hoher Wahrscheinlichkeit dargetan werden kann, daß die befürchteten Gefahren mit verfassungsmäßigen Mitteln der vorausgehenden „Stufe“ nicht wirksam bekämpft werden können[182].

Diese Rechtsprechung des BVerfG wurde vom Schrifttum weitgehend gebilligt[183]. *Bachof* hat jedoch von Anfang an vor einer Überbewertung des Unterschieds zwischen objektiven und subjektiven Zulassungsvoraussetzungen gewarnt. Er hat darauf hingewiesen, daß manche subjektiven Zulassungsbedingungen (z. B. Alter, Gesundheitszustand, langjähriger Ausbildungsgang) den Berufsbewerber oft viel nachhaltiger an der Berufsaufnahme zu hindern vermögen als gewisse objektive Erfordernisse (wie z. B. ein nur zeitlicher oder räumlicher Hinderungsgrund)[184].

Das Bundesverfassungsgericht hat in seinen späteren Entscheidungen seine Rechtsprechung zum „Differenzierungsgebot“ weiterentwickelt

---

180 So bereits BVerwGE 1, 169, 273.

181 BVerfG, a.a.O., S. 408.

182 BVerfG, a.a.O., S. 408.

183 Statt vieler vgl. die Ausführungen bei *Bachof*, Freiheit, S. 193.

184 Vgl. Rechtsprechung, Bd. I, Teil 1 A 31 und Teil 2 A 70 sowie Freiheit, S. 217 ff.

und verfeinert und dabei gleichzeitig der von *Bachof* geübten Kritik Rechnung getragen. So hat es insbesondere im Kassenarzturteil[185] ausgeführt, daß das Differenzierungsgebot auch innerhalb der Ausübungsregeln gilt, und daß diese Regelungen „so in die Nähe einer Zulassungsregelung“ kommen können, daß sie dann nach deren strengeren Voraussetzungen zu beurteilen sind[186]. Damit ist aber faktisch eine Differenzierung nach objektiven und subjektiven Voraussetzungen auch innerhalb der Ausübungsregelungen erforderlich. Demzufolge wurde in dieser Entscheidung dann auch eine Aufgabe der Dreistufentheorie gesehen[187].

Durch jeweils zwei Regelungsstufen innerhalb der Ausübungsregelungen und der Berufswahlregelungen ist somit, worauf *Bachof*[188] zu Recht hinweist, aus der Dreistufentheorie eine Vierstufentheorie geworden mit der Besonderheit, daß sich die einzelnen Regelungsstufen hinsichtlich des Schweregrads und damit auch hinsichtlich der Anforderungen überschneiden. Damit sind zugleich aber auch die materiellen Grenzen des gesetzgeberischen Ermessens bei der Festlegung von Berufsregelungen aufgezeichnet: Die Zulässigkeit einer gesetzlichen Regelung ergibt sich nicht mehr allein aus der formalen Zugehörigkeit zu einer bestimmten Stufe, sondern vielmehr aus der Intensität ihrer Einwirkung auf die Freiheit des Berufs[189].

b) Ausübungsregelungen im Recht der freien Berufe

Der Gesetzgeber kann demnach i. d. R. nicht für jedweden Beruf allein mit dem Hinweis darauf, daß „vernünftige Erwägungen des Gemeinwohls diese zweckmäßig erscheinen lassen“, Berufsausübungsregelungen treffen. Vielmehr ist in jedem Fall eine materielle Betrachtungsweise, die insbesondere die „Nähe“ zur Berufswahlregelung und die Schwere der Beeinträchtigung der Berufsfreiheit unter gleichzeitiger Beachtung des Verhältnismäßigkeitsgrundsatzes entscheidend sein läßt, geboten[190].

Ausübungsregelungen bei den freien Berufen im Rechtssinn sind z. B. die zahlreichen gesetzlichen und standesrechtlichen Vorschriften über die Berufspflichten, das Verhalten zu Kollegen, Dritten, über die Berufsvertretung, das Führen von Titeln, die Praxisbeschilderung, das Verbot der Werbung und Anpreisung usw.

---

185 BVerfGE 11, 30 (42 f.).

186 In BVerfGE 18, 113 (114) wurde diese Rechtsprechung fortgesetzt.

187 *Menger*, VerwArch Bd. 51 (1960), 373 ff.

188 Rechtsprechung, Bd. 2, A 103, S. 105.

189 *Bachof*, a.a.O.

190 Ähnlich *Bachof*, Rechtsprechung, Bd. II, A 103, S. 106, der die formelhafte Bezugnahme auf Gemeinwohlerwägungen, wie dies auch nach BVerfGE 11, 30 noch anzutreffen ist (BVerwGE 17, 306 [313]; 19, 87 [90]; 19, 94 [98] sowie BVerfGE 11, 234 [239] und 14, 19 [22]) nicht mehr gelten lassen will.

Die bei allen freien Berufen im wesentlichen übereinstimmenden grundsätzlichen Berufsausübungsregelungen sind Ausdruck einer einheitlichen Berufsauffassung, wie sie sich teilweise — etwa bei den Ärzten und Rechtsanwälten — in langer historischer Tradition herausgebildet hat. Sie beinhalten das sachlich-ethische Minimum für eine funktionsgerechte Erfüllung der gemeinschaftswichtigen Aufgaben dieser Berufe. Die rechtliche Bindung und Ordnung folgt dabei zumeist der selbstgewählten sozialethischen Verpflichtung des einzelnen Freiberuflers. Solche Berufsregelungen liegen daher i. d. R. nicht nur im Interesse des Gemeinwohls, sondern schaffen zugleich den Rahmen für die vom Berufsträger selbst erstrebte sachlich-persönliche Ungestörtheit und Unabhängigkeit seiner Berufstätigkeit. Sie werden deshalb auch allgemein als verfassungsmäßig angesehen und führten — soweit ersichtlich — zu keinen verfassungsrechtlichen Erörterungen oder Entscheidungen.

c) Ausübungsregelungen durch Standesrecht

aa) Zulässigkeit, Inhalt und rechtliche Bedeutung von Standesnormen

Ins einzelne gehende Vorschriften über die Art der Berufsausübung finden sich nun aber in der Regel nicht in den jeweiligen Berufsgesetzen, sondern vielmehr in den von den Berufsorganisationen aufgestellten „Richtlinien" (für Rechtsanwälte, Wirtschaftsprüfer) bzw. „Berufsgrundsätzen" (für Steuerberater). Die Berufsgesetze begnügen sich vielfach — vornehmlich bei den Beratungsberufen — mit einer generalklauselartigen Umschreibung der Berufspflichten[191] und überlassen deren nähere Festlegung und Ausgestaltung den Berufsorganisationen[192]. Die von diesen aufgestellten Vorschriften zur Berufsausübung enthalten im wesentlichen das „Standesrecht" dieser Berufe. Die Verwendung des Begriffes „Stand" ist jedoch in diesem Zusammenhang irreführend. Stände i. S. gesellschaftlicher Gruppen mit eigener, originärer Hoheitsgewalt als Organe des öffentlichen Lebens haben unter der Herrschaft des Grundgesetzes keine Daseinsberechtigung mehr. Ihnen liegt die Vorstellung einer „Eigenständigkeit", einer Absonderung bestimmter Gruppen vom „Allgemeinen" und daraus folgend eine Sonderbehandlung zugrunde, wie dies etwa im nationalsozialistischen Staatsrechtsdenken mit dem Begriff der „konkreten Ordnungen"[193] zum Ausdruck kam[194]. Nach der Konzeption des Grund-

---

[191] § 43 BRAO; §§ 43 ff. WPO; §§ 22 ff. StBG.

[192] § 177 Abs. 2 Nr. 2 BRAO; § 57 Abs. 1 WPO.

[193] Carl *Schmitt*, Über die drei Arten des rechtswissenschaftlichen Denkens, S. 58 ff. (63, 64).

gesetzes geht jedoch alle Staatsgewalt, folglich jedwede Legitimation zu hoheitlichem Handeln, vom Volk aus[195]. Sonderrecht und Sonderstatus bestimmter gesellschaftlicher Gruppen sind demnach nur rechtmäßig, wenn sie vom Volk, d. h. seiner verfassungsmäßigen Vertretung, dem Parlament, legitimiert sind[196]. Dies schließt die Möglichkeit aus, daß sich innerhalb bestimmter Berufe ein eigenständiges Recht entwickelt, das ohne Placet des Gesetzgebers rechtliche Geltungskraft erlangt[197]. Daraus ergeben sich Kompetenz zum Erlaß und rechtliche Verbindlichkeit solchen „Standesrechts". Sollen die von den Berufsorganisationen aufgestellten Berufsregelungen normativen Charakter haben, so bedarf der Normgeber der Legislativgewalt. Sie könnte im Fall der Anwalts-, Steuerberater- und Wirtschaftsprüferkammern eine abgeleitete sein[198]. Da die verschiedenen freiberuflichen Berufsorganisationen nicht zu dem Kreis der Delegationsempfänger des Art. 80 I GG gehören, käme nur eine Subdelegation in Frage[199]. Eine solche ist „durch Gesetz" jedoch nicht vorgesehen. Ebensowenig hat der Bundesgesetzgeber den Berufskammern die Befugnis zum Erlaß autonomer Satzungen übertragen, wie dies etwa durch den Landesgesetzgeber im Arztrecht geschehen ist[200]. Er hat sich vielmehr die Kompetenz zum Erlaß von Standesrecht vorbehalten. Dabei hat er es jedoch für sinnvoll gehalten, nicht zahlreiche Einzelnormen über ein standesrechtlich richtiges oder standeswidriges Verhalten aufzustellen, da diese nur kasuistische Bedeutung haben und durch die Entwicklung leicht überholt und änderungsbedürftig werden könnten. Deshalb hat er das Standesrecht in einer Generalklausel zusammengefaßt, deren Verletzung die standesrechtliche Ahndung nach sich zieht[201]. Damit hat der Gesetzgeber einen weiten Rahmen für die bestehenden Standesrechte und -pflichten gezogen. Die Ausfüllung dieses Rahmens überläßt er den standesrechtlichen Auffassungen von einer richtigen und würdigen Berufsausübung, wie sie sich innerhalb der einzelnen freien Berufe herausgebildet haben. Durch die Bezugnahme auf die allgemeine Standesauffassung[202] wird das standesrechtliche Gewohnheitsrecht für die Auslegung und Konkretisierung der Generalklausel herangezogen. Da der Gesetzgeber nur eine allgemeine Umschreibung der

---

[194] Vgl. dazu insbesondere die Ausführungen von *Höhndorf*, in: ZgesStW, 97 (1937), S. 168 ff.
[195] Art. 20 Abs. 2 S. 1 GG.
[196] Ähnlich *Hamann*, Bundesrechtsanwaltsordnung und Grundgesetz, in: NJW 1958, 811 ff. (814).
[197] Insoweit richtig *Hamann*, a.a.O. Dies darf jedoch nicht zur Ablehnung jeden Berufsgewohnheitsrechts führen; siehe dazu unten, S. 144.
[198] Art. 80 I GG.
[199] Art. 80 I, S. 4 GG.
[200] Vgl. unten S. 145 ff.
[201] So für die Rechtsanwälte, *Kalsbach*, BRAO, § 43 Anm. 1, S. 161.
[202] § 177 Abs. 2 Nr. 2 BRAO.

Berufspflichten vornimmt, geht er offenbar davon aus, daß der Wertmaßstab einer standesgerechten Berufsausübung sich aus anderen Normen ergibt. Als solche Rechtsquelle kommen nur die gewohnheitsrechtlich gewordenen Standesnormen in Frage. Damit erhält aber das innerhalb eines Berufes gewachsene Standesrecht seine Legitimität durch den Gesetzgeber. Unter diesem Gesichtspunkt kann *Hamann*[203], der dem standesrechtlichen Gewohnheitsrecht jegliche Rechtsverbindlichkeit absprechen will, nicht gefolgt werden[204]. Zum andern kann davon ausgegangen werden, daß es sich beim Berufs- und Standesrecht der freien Berufe im Rechtssinn um ein von Rechtsprechung und Lehre anerkanntes Gewohnheitsrecht handelt, das bereits vor Erlaß des Grundgesetzes gegolten hat. Vorkonstitutionelles Gewohnheitsrecht kann nach der Rechtsprechung des Bundesverfassungsgerichts jedoch die Berufsausübung i. S. des Art. 12 Abs. 1 S. 2 GG wirksam regeln, da ein in dieser Vorschrift etwa liegendes Gebot formeller Gesetzgebung für vorkonstitutionelles Recht nicht gelten würde[205]. Die kodifizierten Richtlinien für die Berufsausübung selbst haben aber nur deklaratorischen Charakter[206]. Sie dienen nur zur Auslegung und Verdeutlichung der gesetzlich und gewohnheitsrechtlich bestehenden Berufspflichten und geben die allgemeine Berufsauffassung zu den wichtigsten Fragen berufswürdigen Verhaltens wieder[207]. Damit sind die Richtlinien zwar eine wesentliche Erkenntnisquelle dafür, was im Einzelfall nach der „Auffassung angesehener und erfahrener Standesgenossen der Meinung aller anständig und gerecht denkenden (Berufsträger)[208] und der Würde des Standes entspricht“[209], Normqualität besitzen sie jedoch nicht[210]. Deshalb kann der einzelne Berufsträger auch von diesen Richtlinien abweichen und zur Begründung den Nachweis erbringen, daß die in den Richtlinien festgelegte Auffassung nicht oder nicht mehr herrschende Standesauffassung ist[211]. Entscheidend ist, daß auch die Richtlinien nicht mehr sein können, als eine Sammlung von Ordnungsprinzipien und eine wertvolle Orientierungshilfe für den einzelnen Freiberufler. Keinesfalls gilt aber der Satz, daß erlaubt ist, was die Richt-

---

[203] NJW 1958, S. 814.

[204] Wie hier *Kalsbach*, § 43 Anm. 1.

[205] Vgl. BVerfGE 9, 338 (343) und 15, 226 (233); ebenso *Schmidt-Bleibtreu-Klein*, Art. 12 GG Anm. 21; *Leibholz-Rinck*, Art. 12 GG Anm. 11.

[206] EGH I (BrZ) 66 ff. (68).

[207] Siehe *Kalsbach*, BRAO, § 43 Anm. 1; Richtlinien für die Berufsausübung der Wirtschaftsprüfer und vereid. Buchprüfer, S. 5; Vorspruch zu den Berufsgrundsätzen der Steuerberater, Amt. Mitt. der BundessteuerberK Nr. 9/68.

[208] Einfügung des Verf. anstelle von „Anwälte“ im Original.

[209] EGH I (BrZ) 66 ff. (68); EGH I (BrZ) 132.

[210] EGH I (BrZ), a.a.O.; *Kalsbach*, BRAO, § 43 Anm. 1, S. 162; ders., Standesrecht, S. 16; *Bülow*, BRAO, Anm. 3 zu § 177; *Hamann*, NJW 1958, S. 814.

[211] EGH I (BrZ), a.a.O.; *Kalsbach*, § 43 BRAO, Anm. 1, S. 162.

linien nicht verbieten[212]. Vielmehr enthalten die Richtlinien weder eine erschöpfende Regelung des jeweiligen Standesrechts, noch entbinden sie den Berufsträger von der eigenverantwortlichen Prüfung, ob eine Maßnahme im Einzelfall — auch bei formaler Übereinstimmung mit den Richtlinien — gegen das Standesrecht verstößt oder nicht[213].

Eine formell andere Regelung hat das Berufs- und Standesrecht der Ärzte erfahren. Die ärztlichen Berufs- und Standespflichten waren bis 1945 durch die auf Grund von § 14 Abs. 1 RÄO erlassene Berufsordnung für die deutschen Ärzte[214] reichseinheitlich verbindlich geregelt. Seitdem steht den Ländern die alleinige Kompetenz zum Erlaß von Berufsausübungsregelungen für Ärzte zu[215]. Die Bundesländer haben in den einzelnen Kammergesetzen den als Körperschaften des öffentlichen Rechts eingerichteten Landesärztekammern die Befugnis zum Erlaß von Berufsordnungen übertragen, die an die Stelle der von der Reichsärztekammer erlassenen Berufsordnung getreten sind. Hatte § 12 RÄO hinsichtlich der ärztlichen Berufspflicht bestimmt: „Der Arzt ist verpflichtet, seinen Beruf gewissenhaft auszuüben und sich bei seinem Verhalten innerhalb und außerhalb des Berufes der Achtung und des Vertrauens würdig zu zeigen, die der ärztliche Beruf erfordert“, so enthalten die meisten Kammergesetze[216] keine Aussage mehr über den Inhalt der ärztlichen Berufspflichten. Während einige Kammergesetze, insoweit dem § 14 Abs. 1 RÄO folgend[217], bestimmen, daß in den Berufsordnungen die ärztlichen Berufspflichten zu regeln sind[218], begnügt sich der überwiegende Teil der Kammergesetze damit, den Erlaß der Berufsordnung ohne nähere Benennung ihres Gegenstandes als Kammeraufgabe zu bezeichnen[219] oder das für den Erlaß zuständige Kammerorgan zu bezeichnen[220]. Die in den Berufsordnungen getroffenen Regelungen der Berufs- und Standespflichten sind für den einzel-

---

[212] *Kalsbach*, Standesrecht, S. 17.

[213] So auch *Kalsbach*, § 43 Anm. 1; Berufsgrundsätze der Steuerberater, Vorspruch, Amtl. Mitt. der BundessteuerberK Nr. 9/68; Richtlinien für die Berufsausübung der Wirtschaftsprüfer und vereid. Buchprüfer, S. 6.

[214] Vom 5. 11. 1937, DÄBl., 1031.

[215] Vgl. die Darstellung auf S. 116 ff.

[216] Insoweit anders: das baden-württ. Kammergesetz vom 27. 10. 1953 (GBl. 163), § 8 i. V. mit § 38 Abs. 2.

[217] § 14 I RÄO lautete: „Die Reichsärztekammer regelt in einer Berufsordnung die ärztlichen Berufspflichten und trifft darin Bestimmungen zur Wahrung der Berufsehre. Insbesondere kann sie darin Vorschriften über eine unsachgemäße Ausdehnung der ärztlichen Tätigkeit erlassen.“

[218] So in Baden-Württemberg, § 8 Abs. 1 Nr. 14 des Kammergesetzes; ähnliche Regelungen auch noch in Bayern und Schleswig-Holstein: vgl. *Weissauer-Poellinger*, Regelung, S. 8 FN 6.

[219] So Hamburg (§ 8 Abs. 1 Nr. 1), Nordrhein-Westfalen (§ 5 Abs. 3), Rheinland-Pfalz (§ 8 Abs. 3) und Saarland (§ 8) der jeweiligen Kammergesetze. Vgl. *Weissauer-Poellinger*, a.a.O., S. 8 FN 7.

[220] So Hessen (§ 13 Nr. 4) und Niedersachsen (§ 18 Nr. 1); *Weissauer-Poellinger*, a.a.O., S. 8 FN 8.

nen Arzt verbindlich. Das ergibt sich teilweise ausdrücklich aus den Kammergesetzen[221] oder folgt etwa daraus, daß die Berufsordnung als Satzung zu erlassen ist[222]. In Inhalt und Aufbau folgen die einzelnen Landes-Berufsordnungen weitgehend der nicht rechtsverbindlichen[223], auf dem 59. Deutschen Ärztetag beschlossenen Berufsordnung für die deutschen Ärzte: An die Aufführung der Generalklausel[224], wie sie schon § 12 RÄO enthielt, schließen sich zumeist die konkretisierenden Berufsvorschriften über die Art der Berufsausübung[225], das Verhalten zu Kollegen, Patienten und Nichtärzten[226], die Vertretung, Verbot der Werbung und Anpreisung[227] und die Bestimmungen der Facharztordnung[228] an.

bb) Gesetz in Art. 12 Abs. 1 S. 2

Die verfassungsrechtliche Zulässigkeit der Übertragung von berufsregelnden Normsetzungsbefugnissen auf die staatliche Verwaltung bzw. auf berufsständische Selbstverwaltungskörperschaften war lange Zeit umstritten. Aufgrund der Fassung des Art. 12 Abs. 1 S. 2 a. F., der nur eine Berufsregelung „durch Gesetz" vorsah, war das Schrifttum zunächst nahezu einhellig der Meinung, daß Grundrechtsbegrenzungen nur „unmittelbar durch formelles Gesetz" zulässig seien[229]. Der unmittelbare Grundrechtseingriff mußte im Gesetz selbst erfolgen und durfte nicht der vollziehenden Gewalt überlassen bleiben. Dies hatte zur Folge, daß Berufsregelungen durch Gesetze im materiellen Sinn (Rechtsverordnungen, Satzungen), auch wenn diese auf einem formellen Gesetz beruhten, das dem Konkretisierungsgebot des Art. 80 Abs. 1 GG genügte, für unvereinbar mit Art. 12 I GG angesehen wurden[230]. Später setzte sich in Literatur und Rechtsprechung — nicht zuletzt aufgrund der für die Staatspraxis untragbaren Konsequenzen dieser Auffassung[231] — immer mehr die Meinung durch, daß unter Gesetz im

---

[221] Vgl. etwa die Kammergesetze von Bremen (§ 10), Hamburg (§ 8 i. V. mit § 3 Abs. 2), Nordrhein-Westfalen (§ 5 Abs. 3), Rheinland-Pfalz (§ 8 Abs. 3) und Saarland (§§ 8 und 9), *Weissauer-Poellinger*, a.a.O., S. 9 FN 10.

[222] Wie in Baden-Württemberg auf Grund von § 8 Abs. 1 Nr. 14; für Bayern siehe Entscheidung des Bay. Verfassungsgerichtshofs, VGH n. F. 4 II 150/165, 166; *Weissauer-Poellinger*, a.a.O., S. 9 FN 11.

[223] Siehe oben S. 116.

[224] Vgl. § 1 Berufsordnung Baden-Württemberg.

[225] §§ 2 ff. BO/Bad.-Württ.

[226] §§ 11 ff., 21.

[227] §§ 23 ff.

[228] §§ 28 ff.

[229] Siehe insoweit die Darstellung bei *Weissauer-Poellinger*, a.a.O., S. 10.

[230] Vgl. die Darstellung bei *Lerche*, Grundrechtsbegrenzungen durch Gesetz im Wandel des Verfassungsbildes, in: DVBl. 1958, S. 524 ff.

[231] Siehe dazu *Weissauer-Poellinger*, a.a.O., S. 11, 36, und *Lerche*, a.a.O., S. 525.

Sinne des Art. 12 GG jede Rechtsnorm zu verstehen ist[232]. Die Grundgesetzänderung vom 24. 6. 1968 brachte endgültige Klarheit. Durch die Einfügung des Zusatzes „auf Grund eines Gesetzes" steht außer Zweifel, daß auch durch untergesetzliche Rechtssätze (Gesetze im materiellen Sinn) Berufsregelungen erfolgen können, sofern diese ihre Grundlage im formellen Gesetz haben[233].

cc) Konkretisierungsgebot des Art. 80 Abs. 1 GG

Da es sich bei den Berufsordnungen der Ärzte um autonome Satzungen der berufsständischen Selbstverwaltungskörperschaften handelt, unterliegt das ermächtigende (Kammer-)Gesetz jedoch nicht den Anforderungen des Art. 80 Abs. 1 GG[234]. Art. 80 Abs. 1 ist vom Standpunkt der paralamentarisch-demokratischen Rechtssetzung aus zu verstehen. Danach ist in erster Linie die Legislative zum Erlaß von Rechtsnormen legitimiert. Wenn ausnahmsweise — aus praktisch-technischen Gründen — die Exekutive zur Rechtssetzung ermächtigt wird, soll sie weitgehend an die Grundentscheidungen der Legislative gebunden sein. Dieser Gesichtspunkt trifft für Rechtsverordnungen der staatlichen Verwaltung zu. Soweit der Gesetzgeber jedoch das Recht zum Erlaß autonomer Satzungen auf Selbstverwaltungskörperschaften überträgt, wird die Gewaltentrennung nicht durchbrochen, sondern die Rechtsetzungsbefugnis innerhalb der Legislative nur auf andere demokratisch legitimierte Gremien verlagert[235]. Das Satzungsrecht wird daher als wesentliches Element der Selbstverwaltung nur durch den Zweck und den Aufgabenkreis der Selbstverwaltung begrenzt[236]. Die Aufgabenbereiche der beruflichen Selbstverwaltungskörperschaften der Ärzte ergeben sich demnach entweder aus den ermächtigenden Kammergesetzen selbst[237] oder aber — für die Berufsgesetze, bei denen Bestimmungen über den Inhalt der Berufspflichten fehlen — aus der insoweit als weiterbestehend anzusehenden Generalklausel des Art. 12 RÄO[238].

---

232 Vgl. *Weissauer-Poellinger*, a.a.O., S. 32; *Schmidt-Bleibtreu-Klein*, Art. 12 GG Anm. 21; im Ergebnis so auch schon *Bachof*, in: Freiheit, S. 211. Von der Zulässigkeit der Berufsregelung durch materielle Gesetze geht auch das BVerfG aus, wenn es dem Gesetzgeber das Recht zugesteht, Rechtsetzungsbefugnisse zu berufsrechtlichen Regelungen auf die Exekutive zu übertragen (BVerfGE 20, 283 ff. [291]).

233 Siehe auch *Maunz-Dürig-Herzog*, Art. 12 Anm. 9 und 10.

234 So richtig *Maunz*, in: *Maunz-Dürig-Herzog*, Art. 80 GG, RdN 34a im Gegensatz zu Art. 12 GG RdN 10, wo nicht zwischen Rechtsverordnung und Satzung differenziert wird. *Schmidt-Bleibtreu-Klein*, Art. 80 GG Anm. 4; *Leibholz-Rinck*, Art. 80 GG Anm. 2; BVerfGE 12, 319 ff. (325).

235 So *Maunz*, in: *Maunz-Dürig-Herzog*, Art. 80 GG, RdN 31.

236 BVerfGE 12, 319 ff. (325).

237 Wie oben S. 145 ff. ausgeführt.

238 *Weissauer-Poellinger*, a.a.O., S. 8.

d) Berufswahlregelungen

aa) Subjektive Zulassungsvoraussetzungen

Neben diesen zahlreichen Berufsausübungsregelungen enthält das Berufsrecht der freien Berufe auch einige typische Berufswahlregelungen.

α) Fachliche und persönliche Eignung

Dazu gehören insbesondere die subjektiven Zulassungsvoraussetzungen, die die Berufszulassung von einer bestimmten fachlichen oder persönlichen Eignung abhängig machen. Die fachliche Eignung wird zumeist aufgrund einer Universitäts-, Hochschul- oder Fachschulausbildung[239] erlangt, die mit einer staatlichen oder Hochschulprüfung[240] abschließt und auf die eine praktische Ausbildungszeit bzw. Bewährungszeit[241] mit teilweise anschließender zweiter Prüfung[242] folgt. Für die persönliche Eignung wird eine körperliche und geistige sowie sittliche Integrität gefordert[243].

Die verfassungsrechtliche Zulässigkeit von subjektiven Zulassungsvorschriften, die eine bestimmte fachliche und persönliche Eignung des Bewerbers verlangen, kann nach der Rechtsprechung des Bundesverfassungsgerichts nicht bezweifelt werden. Sie sind „aus der Sache heraus legitimiert", da alle diese Berufe nur durch theoretische und praktische Schulung erwerbbare Fachkenntnisse und Fähigkeiten (im weiteren Sinn) sowie eine in körperlicher, geistiger und sittlicher Hinsicht integere Persönlichkeit erfordern, ohne die eine Berufsausübung entweder unmöglich oder aber mit Schäden oder Gefahren für die Allgemeinheit verbunden wäre[244]. Daß sie auch das adäquate Mittel zum angestrebten Zweck der ordnungsgemäßen Berufsausbildung sind. bedarf im Hinblick auf die verantwortungsvolle gemeinschaftswichtige Tätigkeit von Arzt, Anwalt, Wirtschaftsprüfer, Steuerberater und Architekt keiner besonderen Ausführungen[245]. Schließlich gehören zu

---

[239] Vgl. § 4 BRAO i. V. mit § 5 Abs. 2 DRiG; § 3 Abs. 1 Nr. 5 BÄO i. V. mit § 4 Abs. 2 BestOÄ; § 5 Abs. 1 Ziff. 1 StBG; § 8 Abs. 1 Ziff. 1 WPO; § 3 Ziff. 1 Architektenges. Baden-Württ.

[240] § 4 BRAO i. V. mit § 5 Abs. 1 DRiG; § 3 Abs. 1 Ziff. 5 BÄO; § 5 Abs. 1 Ziff. 1 StBG; § 8 Abs. 1 Ziff. 1 WPO.

[241] § 4 BRAO i. V. mit § 5 Abs. 3 S. 1 DRiG; § 3 Abs. 1 Ziff. 6 BÄO i. V. mit § 4 Abs. 3 BestOÄ; § 8 Abs. 1 Ziff. 2 bzw. § 8 Abs. 2 i. V. mit § 9 WPO; § 5 Abs. 1 Ziff. 2 StBG; § 3 Ziff. 2 Architektenges. Baden-Württ.

[242] § 4 BRAO i. V. mit § 5 Abs. 1 und 5 Abs. 3 DRiG; § 1 Abs. 1 Satz 2 i. V. mit § 8 Abs. 1 WPO; § 4 Abs. 1 i. V. mit § 5 Abs. 1 StBG.

[243] Vgl. die Versagungsgründe in § 7 Ziff. 1—7 BRAO; § 3 Abs. 1 Ziff. 3 und 4 BÄO; § 7 Abs. 2 StBG und §§ 10 Abs. 1, 12 Abs. 2 Ziff. 3 und 4 WPO.

[244] BVerfGE 7, 377 (406).

[245] So etwa für den Arztberuf *Daniels-Bulling*, § 2 Anm. 4; für alle freien Berufe: *Scheuer*, Berufsfreiheit und Grundgesetz, S. 96.

den subjektiven Zulassungsvoraussetzungen auch sonstige Erlaubnisvoraussetzungen wie ein bestimmtes Lebensalter[246], die deutsche Staatsangehörigkeit[247] und die Pflicht, nach der Zulassung einen bestimmten Wohnsitz zu nehmen[248].

β) Bestimmtes Lebensalter

In engem Zusammenhang mit der sachlich-persönlichen Eignung ist die Erfüllung eines bestimmten Lebensalters zu sehen: Man geht entweder von der Vermutung aus, daß der Erlaubnisbewerber ab einem bestimmten Lebensjahr die Reife und Erfahrung besitzt, um seinen Beruf ordnungsgemäß auszuüben (Mindestalter) oder aber, daß von einem gewissen Alter ab die geistigen und körperlichen Voraussetzungen zu einer ordnungsgemäßen Berufsausübung nicht mehr vorhanden sind (Höchstaltersgrenze).

(1) Höchstalter

Das Bundesverfassungsgericht hat die an die Vollendung des 70. Lebensjahrs geknüpfte Altersgrenze für Hebammen für verfassungsrechtlich zulässig erachtet. Es hat die im Apothekenurteil für subjektive Zulassungsvoraussetzungen aufgestellten Bedingungen[249] als erfüllt angesehen und festgestellt, daß eine Altersgrenze bei Hebammen nicht außer Verhältnis zu dem angestrebten Zweck einer ordnungsmäßigen Erfüllung der Berufstätigkeit stehe und keine übermäßige, nicht mehr zumutbare Belastung enthalte. Der Schutz der Mütter und der Kinder wird für so wichtig und die Gefahren für so groß erachtet, daß hohe Anforderungen an die volle und ständige körperliche und geistige Leistungsfähigkeit auch durch einschneidende Regelungen der Berufsfreiheit als gerechtfertigt erscheinen[250].

Solche Erwägungen gelten aber nicht nur für den Hebammenberuf. Sie haben ebenso Gültigkeit für alle anderen Berufe, bei denen das Nachlassen der Leistungsfähigkeit zu einer Gefährdung der Allgemeinheit führen kann. Insofern müssen ähnliche Zulassungsbeschränkungen auch für die Arzt- und Sachwalterberufe sowie für die technischen freien Berufe als zulässig angesehen werden. Sie könnten allerdings zu einem Strukturwandel verschiedener freier Berufe führen, da die Einführung einer Altersgrenze eine entsprechende Altersversorgung unumgänglich machen würde. Wenn das Bundesverfassungs-

[246] § 3 Ziff. 3 und § 4 bad.-württ. Architektenges.; § 21 SeelG.
[247] § 14 Ziff. 12 Patentanwaltsordnung (PAO); § 3 Abs. 1 Ziff. 1 BÄO; § 7 Abs. 3 Ziff. 2 StBG und § 10 Abs. 2 Ziff. 3 WPO (letztere allerdings Kannvorschriften) sowie § 10 Abs. 2 SeelG.
[248] § 27 BRAO.
[249] Vgl. BVerfGE 7, 377 (406 f.).
[250] BVerfGE 9, 338 (346).

gericht allerdings die Notwendigkeit einer solchen Altersgrenze auch für Ärzte nur deshalb nicht für erforderlich hält, weil „im Arztberuf dank seiner besonderen Struktur[251] Kräfte wirksam sind, die den Arzt hindern, eine Geburtshilfe (oder überhaupt jede ärztliche Verrichtung — der Verfasser) zu übernehmen, der er nicht mehr gewachsen ist", so kann dem im Hinblick auf immer wieder zutage tretende Unzulänglichkeiten nur mit Bedenken gefolgt werden. Es ist sicher richtig, daß ärztliche Pflichtauffassung und Standesethos sowie die standesrechtliche Überwachung im Regelfall eine solche faktische Beschränkung der Berufsausübung herbeiführen werden. Inwieweit die Allgemeinheit aber damit wirksam gegen diejenigen berufsbesessenen Ärzte geschützt ist, die noch mit zitternden Händen das Skalpell führen oder bei nachlassender geistiger und körperlicher Leistungsfähigkeit und fachlicher Befähigung und Übersicht Diagnosen stellen und Rezepturen schreiben, bleibt doch sehr fraglich. Der durch eine fehlende Altersversorgung gekennzeichnete Strukturunterschied zwischen Arzt und Hebammenberuf[252] ist sicher kein Grund, solche Berufsregelungen nur für den letzteren einzuführen. Dies hat auch das Gericht bereits erkannt, wenn es den Gesetzgeber für berechtigt hält, im Falle einer Gefährdung der ärztlichen Geburtshilfe, entsprechende Berufsregelungen einzuführen[253]. Das Urteil des BVerfG hat im Bereich der freien Berufe jedoch nicht nur rechtspolitische Bedeutung. Tatsächlich kennt auch ein freier Beruf im Rechtssinn, nämlich der des Seelotsen, eine dem § 1 der 4. DVO zum Hebammengesetz entsprechende Bestimmung. § 21 Abs. 1 SeelG lautet:

„(1) Die Bestallung erlischt mit dem Ende des Monats, in dem der Seelotse das fünfundsechzigste Lebensjahr vollendet."

Die verfassungsrechtliche Zulässigkeit dieser Berufsregelung läßt sich nicht anders beurteilen als bei der Hebamme.

Wenn man die besondere Verantwortung des Seelotsen für die Sicherheit der Seeschiffahrt und die besonderen physischen und technischen Anforderungen und Anstrengungen in seinem Beruf berücksichtigt, wird man auch diese Berufsregelung als adäquates Mittel zur Verhütung von Gefahren, die der Allgemeinheit durch eine altersbedingte Leistungsminderung drohen, anzusehen haben. Zudem hat der Seelotsenberuf, ebenso wie der der Hebamme, eine Altersversorgung erfahren, die die generalisierende Belastung durch die Altersgrenze zu

---

[251] Als „freier Beruf", der durch ein hohes Maß von eigener Verantwortlichkeit vor allem bei der Berufsausübung gekennzeichnet ist (BVerfGE, a.a.O., S. 351).

[252] Was bei den verschiedenen ärztlichen Zwangsversorgungen auf gesetzlicher oder berufsstatutarischer Basis auch nur noch zum Teil zutrifft.

[253] a.a.O., S. 352.

mildern vermag und so dem Verhältnismäßigkeitsprinzip gerecht wird[254].

(2) Mindestalter

Während die gewerblichen Berufsvorschriften nicht selten Mindestaltervoraussetzungen aufstellen[255], kennt das Recht der freien Berufe derartige Zulassungsvoraussetzungen i. d. R. nicht. Dies beruht nicht zuletzt darauf, daß die Bewerber durch den gesetzlich vorgeschriebenen theoretischen und praktischen Ausbildungsgang zumeist bereits ein entsprechendes Alter erreicht haben. Eine Ausnahme stellt hier § 3 Ziff. 3 des baden-württembergischen Architektengesetzes[256] dar. Voraussetzung für die Eintragung in die Architektenliste, die allein zur Berufsbezeichnung „Architekt" berechtigt[257], ist demnach neben der theoretischen und praktischen Ausbildung (Ziff. 2 und 3) die Vollendung des 28. Lebensjahres. Ebenso kann derjenige, der zwar keine Hochschul- oder Fachschulausbildung erfahren hat, aber eine mindestens achtjährige praktische Tätigkeit nachweisen kann, nur dann eingetragen werden, wenn er das 28. Lebensjahr vollendet hat[258].

Gegen eine solche Mindestaltervorschrift bestehen im Hinblick auf die Rechtsprechung des BVerfG zu den subjektiven Zulassungsvoraussetzungen verfassungsrechtliche Bedenken. Wie in allen diesen Fällen, liegt auch dieser Bestimmung die Vermutung zugrunde, daß ein Bewerber in diesem Alter i. d. R. die entsprechende fachliche und geistige Reife für die Tätigkeit eines Architekten besitzen werde. Dies stellt jedoch keinen zureichenden Grund für eine solche Berufsregelung dar. Es ist nicht einzusehen, warum nicht auch ein jüngerer Bewerber, der die vorgeschriebene theoretische Ausbildung und eine mehrjährige praktische Erfahrung nachweisen kann, die Eintragung erreichen soll. Angesichts der unterschiedlichen Reife, Begabung und Berufserfahrung der einzelnen Berufsbewerber muß es als unverhältnismäßig starke Belastung angesehen werden, wenn diesen generell erst ab einem relativ hohen Mindestalter der Zugang zum Beruf eröffnet wird. Der zweifellos hohe Gemeinschaftswert eines fachlich qualifizierten und verantwortungsbewußten Architektenstandes rechtfertigt solche Einschränkungen der freien Berufswahl nicht. Dies zeigt auch das Beispiel der anderen Länderarchitektengesetze, die derartige Mindestaltervoraussetzungen nicht kennen, sondern lediglich im Anschluß an die Hoch- und Fachschulausbildung eine mehrjährige praktische Betäti-

---

[254] Vgl. BVerfGE 9, 348.

[255] Vgl. z. B. § 57 a Abs. 1 Ziff. 3 GewO; § 128 a Abs. 1 GewO; § 22 HO; §§ 3 Abs. 1 Ziff. 1 und 5 Abs. 1 Ziff. 1 FahrlehrerVO.

[256] Vom 5. 12. 1955, GBl S. 265.

[257] § 2 Abs. 1.

[258] § 4.

gung verlangen[259]. Ebenso zeigt die Gesetzgebungspraxis bei den gewerblichen Berufen eine Tendenz zur Aufgabe oder doch verfassungskonformen Umgestaltung solcher Mindestaltervoraussetzungen. So enthält der 1964[260] neugefaßte § 11 der Verordnung über das Schornsteinfegerwesen (VOSch) im Gegensatz zu § 11 Ziff. 7 a. F., der noch eine Mindestaltervoraussetzung für die Eintragung in die Bewerberliste vorsah, keine entsprechende Zulassungsregelung mehr. § 57 a GewO enthält im Gegensatz zur früheren[261] Regelung, wonach die Nichtvollendung des 25. Lebensjahres einen Regelversagungsgrund bei der Erteilung der Reisegewerbekarte darstellte, nur noch eine Kannbestimmung. Danach ist die Erteilung der Reisegewerbekarte zwar in das Ermessen der Behörde gestellt. Diese kann jedoch nicht lediglich mit dem Hinweis, der Antragsteller habe das 25. Lebensjahr noch nicht vollendet, die Reisegewerbekarte versagen. Sie muß vielmehr dartun, daß Bedenken an der charakterlichen Reife des Antragstellers bestehen[262]. Charakterliche Reife ist aber im Interesse der Allgemeinheit und des Reisegewerbetreibenden selbst ein notwendiges Erfordernis für die Reisegewerbetätigkeit, ihr Fehlen insoweit zureichender Grund für eine Beschränkung der Zulassung[263].

Indem die Behörde somit im Einzelfall von der erforderlichen Reife auszugehen hat, kann sie ihr Ermessen nur im Rahmen eines dem Berufsfreiheitsgrundrecht konformen Vollzugs der Berufsregelungsvorschrift ausüben. Da eine solche verfassungskonforme Anwendung der §§ 3 Ziff. 3 und 4 des baden-württembergischen Architektengesetzes aufgrund der in ihnen enthaltenen Mußvorschrift nicht möglich ist, müssen diese Mindestaltervoraussetzungen als verfassungswidrig angesehen werden[264].

γ) Deutsche Staatsangehörigkeit

Die Berufsfreiheit in Art. 12 GG ist ein Deutschengrundrecht. Ausländer und Staatenlose können sich daher nicht auf sie berufen[265]. Die in den einzelnen Berufsgesetzen vorgesehene Zulassungsvoraussetzung

---

259 Vgl. die dem baden-württ. Architektengesetz sonst sehr ähnlichen Architektenges. in Hessen (vom 25. 9. 1968, GVBl. I, S. 259) § 4; Hamburg (vom 26. 11. 1965, GVBl. I, 205) § 4; und Schleswig-Holstein (vom 16. 7. 1964, GVBl. I, S. 95) § 3.

260 Durch VO vom 12. 11. 1964, BGBl. I, 865.

261 Vor dem Inkrafttreten des 4. Bundesges. zur Änderung der GewO vom 5. 2. 1960 (BGBl. I, S. 61) geltenden

262 Vgl. *Landmann-Rohmer-Eyermann-Fröhler*, § 57 a, Anm. 11.

263 So *Fuhr*, § 57 a Anm. 2 c; *Landmann-Rohmer-Eyermann-Fröhler*, § 57 a Anm. 11.

264 Ebenso für verschiedene gewerberechtliche Mindestaltervoraussetzungen, *Scheuer*, a.a.O., S. 99, 100.

265 Zu den Grenzen einer Beschränkung der Berufsfreiheit nur auf Deutsche siehe *Bachof*, Freiheit, S. 177, 178.

der deutschen Staatsangehörigkeit ist demnach in verfassungsrechtlicher Hinsicht unbedenklich. Ihr wird jedoch in Zukunft aufgrund der überstaatlichen Bindungen der Bundesrepublik immer weniger Bedeutung zukommen. So sieht der EWG-Vertrag[266] während der Übergangszeit bis 31. 12. 1969 eine schrittweise Aufhebung der Beschränkungen der freien Niederlassung und des Dienstleistungsverkehrs für Selbständige[267] und damit die Beseitigung jeglicher Ausländerdiskriminierung vor[268].

bb) Objektive Zulassungsvoraussetzungen

α) Bedürfnisprüfung, numerus clausus

Objektive Zulassungsvoraussetzungen in der Form einer Bedürfnisprüfung bzw. eines numerus clausus kennt das Recht der freien Berufe nicht mehr[269]. Die früher im Kassenarztrecht geltende Berufsregelung des § 368 a Abs. 1 Satz 1 RVO, wonach in einem bestimmten Zulassungsbezirk in der Regel auf je 500 Mitglieder der gesetzlichen Krankenkassen nur ein Arzt und auf je 900 Mitglieder nur ein Zahnarzt zuzulassen war (Verhältniszahl), wurde vom BVerfG für verfassungswidrig erklärt[270]. Das Gericht sah in § 368 a Abs. 1 S. 1 zwar nur eine „Berufsausübungsregelung", da die Tätigkeit als Kassenarzt nur eine besondere Ausübungsform des Berufs als freipraktizierender Arzt sei[271]. Da diese Berufsausübungsregelung jedoch zur Folge hatte, daß ein freipraktizierender Arzt i. d. R. seinen Beruf wirtschaftlich gesehen ohne Kassenzulassung nicht erfolgreich ausüben konnte, kam sie nach Ansicht des Gerichts in ihrer Wirkung einer objektiven Zulassungsvoraussetzung in Gestalt einer Bedürfnisprüfung nahe[272]. Demzufolge beurteilte das Gericht die verfassungsrechtliche Zulässigkeit dieser Regelung nach den strengen, im Apothekenurteil für objektive Zulassungsvoraussetzungen aufgestellten Grundsätzen. Dabei hatte es sich insbesondere mit dem Einwand der Bundesregierung bzw. der Landes-

---

266 Vom 25. 3. 1957, BGBl. II, S. 766.

267 §§ 52 ff., 59 ff. EWGV.

268 Was zu geschehen hat, wenn bis zum Ablauf der Übergangszeit keine entsprechenden Ausführungs- bzw. Koordinierungsrichtlinien ergangen sind, ist streitig. Vgl. dazu einerseits *Everling*, Niederlassungsrecht im Gem. Markt, S. 26, und andererseits die Mitteilung der Kommission der Europ. Gemeinschaften vom 19. 2. 1969 an den Rat der Europ. Gemeinschaften und das Europ. Parlament „zu den rechtlichen Überlegungen und praktischen Sachverhalten, die Aufschluß über die Tragweite von Art. 8 Abs. 7 des Vertrags zur Gründung der Europ. Wirtschaftsgemeinschaft geben können".

269 Wenn man allerdings — entgegen der hier gegebenen Definition — auch Notar und Hebamme zu den freien Berufen zählt, dann sind die Bedürfnisprüfungen der §§ 4 Abs. 1 BNotO; 10 Abs. 2 HebammenG zu beachten.

270 BVerfGE 11, 30 ff.

271 a.a.O., S. 42.

272 a.a.O., S. 44, 45.

regierungen auseinanderzusetzen, eine Freigabe der Zulassung zu den gesetzlichen Krankenkassen für alle niedergelassenen Ärzte werde das Durchschnittseinkommen der bereits zugelassenen Kassenärzte derart vermindern, daß die Mehrzahl von ihnen keine auskömmliche Existenz mehr hätte, was einen scharfen Konkurrenzkampf der Ärzte, ein Absinken der Berufsmoral, ein Ansteigen der Vielgeschäftigkeit, eine größere Bereitwilligkeit zur Verschreibung von Medikamenten und zur Krankschreibung zur Folge hätte. Weiterhin wurde geltend gemacht, das System der Einteilung des Zulassungsbezirks in Kassenarztsitze auf Grund einer Verhältniszahl sei zur planmäßigen Verteilung der Ärzte und zur Sicherstellung einer gleichmäßigen ärztlichen Versorgung der Versicherten unerläßlich. Bei unbeschränkter Zulassung würden sich die Ärzte in größeren Städten zusammendrängen und weniger bevorzugte Plätze, insbesondere auf dem flachen Lande, meiden. Dem Gericht war diese Argumentation bereits vom Apothekenurteil her bekannt[273]. Es hat die aufgezeigten Gefahren jedoch hier ebensowenig wie dort erkennen können[274]. Aufgrund des ihm vorliegenden Zahlenmaterials erachtete das Gericht die wirtschaftlichen Folgen einer unbeschränkten Kassenzulassung nicht für so einschneidend, daß eine Existenzgefährdung zu befürchten sei[275]. Sofern die unbeschränkte Zulassung eine Erschwerung der Versorgung der Kassenpatienten auf dem Lande zur Folge haben sollte, sind nach Ansicht des Gerichts — insoweit wieder eine konsequente Anwendung des Grundsatzes der Verhältnismäßigkeit — andere Wege, wie etwa die Garantie eines Mindesteinkommens, der Einsatz von Ambulatorien und angestellten Ärzten[276] u. ä. denkbar, auf denen die Versorgung der Landbevölkerung sichergestellt werden kann. Die Entwicklung hat dem BVerfG rechtgegeben. Daß durch die Freigabe der Zulassung eine Existenzgefährdung der freipraktizierenden Ärzte oder ein Versorgungsnotstand eingetreten ist, wird heute von niemandem ernstlich behauptet.

β) *Inkompatibilitäten*

Objektive Zulassungsbeschränkungen sind jedoch noch in anderer Weise denkbar. So sind für das Recht der freien Berufe sogenannte „Inkompatibilitätsvorschriften" typisch, die dem Berufsbewerber bzw. Berufsinhaber bestimmte Tätigkeiten untersagen bzw. mit seinem Beruf als unvereinbar erklären[277]. Das BVerfG hat zur Zulässigkeit solcher Inkompatibilitätsvorschriften anhand der Regelung des § 22 Abs. 4

---

[273] Vgl. BVerfGE 7, 377 (414).
[274] BVerfGE 11, 45 ff.
[275] a.a.O., S. 46.
[276] Vgl. BVerfG, a.a.O., S. 48, 49.
[277] Vgl. § 14 Ziff. 9 PAO; § 22 Abs. 4 i. V. mit § 23 StBG; § 43 Abs. 3 WPO.

StBG Stellung genommen[278]. Die darin festgelegte Unvereinbarkeit zwischen steuerberatender und gewerblicher Tätigkeit führt dazu, daß neben dem Beruf des Steuerberaters oder Steuerbevollmächtigten bestimmte Berufe nicht ausgeübt werden dürfen. Nun umfaßt aber die Berufsfreiheit grundsätzlich auch das Recht, mehrere Berufe zu wählen und gleichzeitig nebeneinander auszuüben[279]. Wird diese Möglichkeit wie hier durch ein Gesetz untersagt, dann schränkt dieses die Wahl des Berufs ein[280]. Da es dem Berufsinhaber nicht möglich ist, zu seinem Beruf einen weiteren Beruf hinzuzuwählen, wirkt die Inkompatibilität als absolute Berufssperre[281]. Diese Beschränkung der Berufswahl knüpft nicht an subjektive Voraussetzungen in der Person des Berufsträgers, sondern vielmehr an objektive Gegebenheiten an. Sie ist eine Folge der rechtlichen Fixierung des Berufsbildes des Steuerberaters und Steuerbevollmächtigten, mit dem sich nach den Vorstellungen des Gesetzgebers ein solcher Zweitberuf nicht vereinbaren läßt[282]. Als objektives Berufswahlhindernis unterliegen die Inkompatibilitätsbestimmungen demnach den strengen Anforderungen, die das Gericht an die Zulässigkeit objektiver Zulassungsvoraussetzungen gestellt hat[283]. Nach Auffassung des Gerichts sollen diese Anforderungen jedoch für die hier vorliegenden Fälle der objektiven Beschränkung der Zuwahl eines zweiten Berufs nicht in demselben Maße gelten, da dem Berufsbewerber jedenfalls die ungehinderte und freie Entscheidung verbleibe, je nach seiner Neigung den einen der beiden Berufe

---

[278] § 22 Abs. 4 StBG lautet:

„Als Tätigkeiten, die mit dem Beruf des Steuerberaters und des Steuerbevollmächtigten nicht vereinbar sind, gelten insbesondere
1. eine gewerbliche Tätigkeit,
2. eine Tätigkeit als Arbeitnehmer mit Ausnahme der Fälle des § 23.“

§ 23 StBG lautet:

„Ein Steuerberater darf seinen Beruf als Angestellter eines anderen Steuerberaters oder einer Steuerberatungsgesellschaft ausüben. Ein Steuerbevollmächtigter darf seinen Beruf als Angestellter eines anderen Steuerbevollmächtigten, eines Steuerberaters oder einer Steuerberatungsgesellschaft ausüben. Steuerberater und Steuerbevollmächtigte dürfen auch als Angestellte von Wirtschaftsprüfern, vereidigten Buchprüfern oder solchen Wirtschaftsprüfungsgesellschaften oder Buchprüfungsgesellschaften tätig werden, die nach § 107 a Abs. 2 Ziff. 3 der Reichsabgabenordnung geschäftsmäßig Hilfe in Steuersachen leisten dürfen. Sie dürfen auch als Leiter von Buchstellen sowie als Leiter oder Angestellte von genossenschaftlichen Prüfungsverbänden, genossenschaftlichen Spitzenverbänden und genossenschaftlichen Treuhandstellen tätig werden.“

[279] BVerfGE 7, 377 (397); 9, 39 (48).

[280] BVerfGE 21, 173 (179).

[281] BVerfG, a.a.O., S. 181.

[282] BVerfG, a.a.O., S. 180.

[283] BVerfGE 7, 377 (407).

zu ergreifen[284]. Dies hat das Gericht jedoch nicht dazu veranlaßt, im konkreten Fall geringere Anforderungen an den Eingriff in die Berufsfreiheit zu stellen. Vielmehr geht es davon aus, daß auch eine solche Berufswahlregelung nur zulässig sein kann, soweit es der Schutz besonders wichtiger Gemeinschaftsgüter zwingend erforderlich macht. Als solches wichtiges Gemeinschaftsgut sieht es die Steuerrechtspflege an, in der Steuerberater bzw. Steuerbevollmächtigte in einer Mittlerfunktion zwischen den Steuerpflichtigen und den Finanzbehörden dafür eintreten, daß Steuern gerecht erhoben werden. Die Stellung der Steuerberatungsberufe in der Steuerrechtspflege ist dadurch gekennzeichnet, daß sie durch ihre Beratung die Interessen der Klienten wahrnehmen und zugleich eine Vertrauensstellung gegenüber den Finanzbehörden und -gerichten innehaben. Aus dieser besonderen Funktion in der Steuerrechtspflege ergibt sich vornehmlich die Gemeinschaftswichtigkeit und das daraus resultierende hohe öffentliche Interesse an der Tätigkeit dieser Berufe. Ist es somit aber wesentliche Aufgabe der Steuerberatungsberufe, an der Verwirklichung der Steuergerechtigkeit mitzuwirken, so verträgt es sich damit nicht, wenn der Berufsträger durch seine Zweittätigkeit in Interessenkollisionen kommen kann, die eine sachgerechte Wahrnehmung seiner Berufsaufgabe gefährden oder unmöglich machen. Dies wäre aber beim Steuerberater bzw. Steuerbevollmächtigten der Fall. Die Tätigkeit dieser Berufe bringt es mit sich, daß sie von den internen Geschäftsvorgängen der Betriebe ihrer Klienten Kenntnis erlangen. Wenn sie selbst eine gewerbliche Tätigkeit ausüben, ist es naheliegend, daß sie die bei ihrer Berufstätigkeit erworbenen Kenntnisse in ihren eigenen Betrieben verwerten und ihren Klienten Konkurrenz machen. Demzufolge besteht bei einer Doppeltätigkeit die Gefahr, daß nicht mehr allein das Interesse an einer sachgerechten Steuerberatung, sondern das eigene Interesse an möglichst vielen und eingehenden Informationen im Vordergrund steht. Da zum andern eine gewerbliche Tätigkeit vom Streben nach Gewinn bestimmt ist und eine Rücksichtnahme auf den Kundenkreis verlangt, besitzt der Steuerberater gegenüber Klienten, die zu seinem Kundenkreis gehören, i. d. R. nicht mehr die im Interesse einer sachgerechten Steuerberatung notwendige Unabhängigkeit und Unparteilichkeit, wie sie der Gesetzgeber[285] verlangt[286]. Für einen angestellten Steuerberater treffen diese Überlegungen — mit Ausnahme des in § 23 StBG aufgeführten Personenkreises — im wesentlichen ebenfalls zu[287].

[284] a.a.O., S. 181.
[285] Vgl. § 22 Abs. 1 StBG.
[286] BVerfGE 21, 182.
[287] BVerfGE 21, 183.

Da somit ein Zweitberuf erhebliche Gefahren für eine unabhängige und unparteiische Steuerberatung und damit für die Steuerrechtspflege mit sich bringen würde, hat das Gericht zu Recht die Zulässigkeit dieser Inkompatibilitätsvorschrift bejaht[288]. Für den verwandten Beruf des Wirtschaftsprüfers kann bezüglich der in § 43 Abs. 3 WPO aufgestellten Inkompatibilitätsbestimmung nichts anderes gelten. Auf ähnlichen Überlegungen beruht schließlich auch die Vorschrift des § 14 Abs. 1 Ziff. 9 PAO, wonach die Zulassung zur Patentanwaltschaft zu versagen ist, „wenn der Bewerber auf Grund eines ständigen Dienst- oder ähnlichen Beschäftigungsverhältnisses dem Auftraggeber seine Arbeitszeit und -kraft für eine Tätigkeit auf dem Gebiet des gewerblichen Rechtsschutzes überwiegend zur Verfügung stellen muß". Damit ist eine abweichende Regelung von § 46 BRAO getroffen, der eine Betätigung als angestellter Syndikusanwalt grundsätzlich zuläßt[289]. Maßgeblich für die Inkompatibilitätsbestimmung des § 14 Abs. 1 Ziff. 9 PAO waren in erster Linie ebenfalls mögliche Interessenkollisionen und die damit zusammenhängende Gefährdung der Rechtspflege. Sie ergeben sich beim Patentanwalt insbesondere daraus, daß er bei seiner Tätigkeit von technischen Erkenntnissen und Leistungen Dritter, insbesondere Erfindungen, Kenntnis erhält und für seinen Arbeitgeber auswerten oder zumindest an diesen weitergeben kann. Dabei ist die Gefahr der Interessenkollision beim Patentanwalt weitaus größer als beim angestellten Syndikusanwalt: Während der Rechtsanwalt auf allen Rechtsgebieten tätig wird, verbleibt dem Patentanwalt nur der sehr enge Bereich des gewerblichen Rechtsschutzes. Als weniger einschneidende und daher dem Verhältnismäßigkeitsgrundsatz mehr entsprechende Möglichkeit wäre denkbar, daß der Patentanwalt auf den Gebieten, auf denen sein Arbeitgeber tätig ist, keine freiberuflichen Aufträge annimmt. Diese Lösung ginge jedoch an den Realitäten vorbei. Sie würde zum einen die freiberufliche Betätigung des Anwalts weitgehend einengen und wäre zum andern kein wirksamer Schutz gegen Interessenkollisionen, da der Arbeitgeber ja jederzeit seine Betätigung auf andere technische Bereiche auszudehnen vermag[290]. Eine dem § 46 BRAO entsprechende Regelung für den Patentanwalt hätte

[288] a.a.O., S. 179; vgl. aber auch BVerwG, Urteil vom 2. 3. 1967 in DVBl. 1967, S. 493 ff., wo die Inkompatibilitätsbestimmung des § 2 Abs. 1 Buchst. h der 1. DVO (vom 18. 2. 1939, RGBl. I, 259) zum Heilpraktikergesetz (vom 17. 2. 1939, RGBl. I, S. 251) für verfassungswidrig erklärt wird. Das Gericht hielt das dort geregelte Koppelungsverbot im Falle eines Tierarztes, der als Zweitberuf eine Heilpraktikertätigkeit ausüben wollte, deshalb nicht für mit Art. 12 vereinbar, weil keine konkreten Gefahren für die Volksgesundheit, die ohne das Verbot mit Sicherheit oder hoher Wahrscheinlichkeit eintreten würden, ersichtlich waren (a.a.O., S. 494).

[289] Vgl. die Ausführungen oben unter C, III, 1 b.

[290] Ebenso *Reischl*, in: Das deutsche Bundesrecht, II E 40, S. 60, Erläuterung zu § 14 PAO.

zudem erfordert, daß der angestellte Patentanwalt ebenso wie der Syndikusanwalt für seinen Dienstherrn nicht vor Gerichten und Schiedsgerichten oder dem Patentamt und sonstigen Behörden auftreten darf. Es versteht sich von selbst, daß damit der Tätigkeitsbereich eines solchen Patent-Syndikusanwalts praktisch ausgehöhlt worden wäre[291]. Die Berufswahlregelung des § 14 Abs. 1 Ziff. 9 PAO ist daher das adäquate Mittel zum Schutz des besonders wichtigen Gemeinschaftsguts einer unabhängigen Rechtsberatung und -vertretung auf dem Gebiet des gewerblichen Rechtsschutzes.

e) Berufsbild und Berufsfreiheit

Die Beschränkung objektiver Zulassungsvoraussetzungen auf das Mindestmaß einiger Inkompatibilitätssvorschriften ist nicht nur eine Auswirkung der für alle Berufe geltenden freiheitlichen Interpretationen des Art. 12 durch das BVerfG, sondern gehört zugleich zum Berufsbild der freien Berufe, wie es sich in langer Tradition in der Auseinandersetzung mit dem reglementiersüchtigen Obrigkeitsstaat, aber auch mit konservativen Angehörigen des eigenen Berufsstandes herausgebildet hat[292]. Nun kommt dem Berufsbild als solchem zwar weder in seiner freiheitsbeschränkenden noch in seiner freiheitsverbürgenden Funktion eine selbständige verfassungsrechtliche Bedeutung zu. Verfassungsrechtliche Relevanz hat es jedoch insoweit, als bestimmten Berufsbildumschreibungen materielle Wertvorstellungen zugrunde liegen, die für die Beurteilung dessen, was nach dem vom BVerfG für maßgeblich erachteten Grundsatz der Verhältnismäßigkeit an Berufsregelungen zulässig sein kann, nicht unberücksichtigt bleiben können[293]. So ist z. B. die Freiheit der Advokatur und damit zusammenhängend aller Sachwalterberufe, in erster Linie um der Sache selbst, d. h. der allseitig unabhängigen, gerechtigkeitsorientierten Aufgabenwahrnehmung willen, anerkannt. Der Vorstellung eines freiheitlichen Zulassungsverfahrens liegt darüber hinaus der Gedanke zugrunde, daß jeder, der die fachlich-persönlichen Voraussetzungen eines bestimmten Berufs erfüllt, sich auch in diesem Beruf betätigen darf. Für die Berufsgestaltung und den Berufserfolg soll jeder die persönliche Verantwortung tragen. Mit seinen Fähigkeiten tritt der jeweilige Freiberufler in Konkurrenz zu anderen Berufskollegen. Der sich auch hier ergebende Wettbewerb entscheidet jedoch im Gegensatz zum Unternehmenswettbewerb grundsätzlich allein über die höhere und mindere Qualität der Berufsleistung des einzelnen Freiberuflers[294].

---

[291] *Reischl*, a.a.O.
[292] Vgl. die Darstellung oben unter C, III, 4 b.
[293] Ähnlich *Bachof*, Freiheit, S. 189.
[294] *Rittner*, S. 22.

Dabei hängt die Frage, ob und inwieweit er in Anspruch genommen wird, vom Umfang des Vertrauens ab, das er in der Bevölkerung genießt. Demzufolge ist die Entscheidung, ob, wo und wieviele Ärzte, Rechtsanwälte, Wirtschaftsprüfer, Steuerberater und Architekten es gibt und mit welchem Erfolg sie arbeiten, nicht nur davon abhängig, daß sich Personen aus eigenem Entschluß und eigener Neigung einer bestimmten Berufstätigkeit widmen, sondern in hohem Maße davon, inwieweit sie sich in praktischer Bewährung als fähig und vertrauenswürdig erweisen[295]. Der freien Konkurrenz der Berufsträger und der dadurch grundsätzlich bedingten qualitativen Auslese kommt daher eine nicht unerhebliche Bedeutung für die Allgemeinheit zu. Mit diesen Vorstellungen läßt sich aber ein Konkurrenzschutz der bereits im Beruf Tätigen durch objektive Zulassungsbedingungen in der Form einer Bedürfnisprüfung oder eines numerus clausus nicht vereinbaren. Die Geschichte des Anwaltsrechts ist ein Beispiel dafür, wie sich — trotz des immer wieder aus berufspolitischen Gründen lautwerdenden Rufs nach Beschränkung der freien Zulassung — letztlich doch und lange vor der verfassungsrechtlichen Garantie eines freien Zugangs zum Beruf ein freies Zulassungsverfahren entwickelt hat. Zu diesem freiheitlichen Zulassungsverfahren haben damit aber letzten Endes gewisse sachimmanente Freiheitserfordernisse innerhalb des Berufs selbst geführt, denen bei der verfassungsrechtlichen Beurteilung des Ob und Wie freiheitsbeschränkender Berufsregelungen ein erhebliches Gewicht zukommt[296].

3. Zukunftsaspekte der Berufsfreiheit

a) Zukünftige Entwicklung

Die freiheitliche Auslegung des Art. 12 GG durch Lehre und Rechtsprechung, besonders durch das Bundesverfassungsgericht, und die dem jeweiligen Beruf immanenten Freiheitserfordernisse bestimmen demnach im wesentlichen die öffentlich-rechtliche, vor staatlicher Reglementierung schützende „Freiheit" dieser Berufe. Besonders einschneidende Berufsregelungen wie objektive Zulassungsvoraussetzungen oder gar das Bestehen eines öffentlich-rechtlichen Dienst- oder Arbeitsverhältnisses werden für bestimmte Berufe derzeit entweder als nicht mit Art. 12 GG[297] oder aber nicht mit dem Wesen des jeweiligen freien Berufs vereinbar angesehen[298].

---

[295] Vgl. *Gerber*, a.a.O., S. 2.

[296] Vgl. auch BVerfGE 7, 408, wonach Zulassungsbeschränkungen aus Gründen des Konkurrenzschutzes niemals einen Eingriff in das Recht der freien Berufswahl rechtfertigen können.

[297] So BVerfGE 7, 377 ff.; 11, 30 ff.

[298] Vgl. z. B. *Kalsbach*, BRAO, Anm. 2 zu § 2.

Grundrechtsverständnis und verfassungsrechtliche Beurteilung von Berufsregelungen gehen aber notwendigerweise von der heute gegebenen konkreten ökonomisch-soziologischen Situation aus. Es fragt sich, inwieweit die Veränderung dieser wirtschaftlich-soziologischen Verhältnisse auch die Beurteilung von freiheitsbeschränkenden Berufsregelungen beeinträchtigen kann. Daraus ergibt sich die verfassungsrechtlich relevante Fragestellung, ob und inwieweit die in Art. 12 GG zugestandene Berufsfreiheit sich nach der jeweils konkreten historischen Situation richtet, die dann auch den Umfang der Regelungsbefugnis in Art. 12 Abs. 1 S. 2 zu beeinflussen vermag, bzw., ob und in welchem Umfang das Freiheitsgrundrecht eine Garantie für eine bestimmte freiheitliche Ausgestaltung und für den Bestand einzelner freier Berufe enthält, die diese auch gegenüber wirtschaftlich-soziologischen Veränderungen „verfassungssicher" macht[299]. Mit dieser Frage wird alles andere als nur ein theoretisches Problem angeschnitten. Den realen praktischen Hintergrund für diese Frage gibt vielmehr eine Entwicklung ab, die nicht nur die Berufsausübung in ihrer ganzen Breite, sondern darüber hinaus auch die Bildungsplanung, die Berufsplanung und die Berufsausbildung entscheidend beeinflussen wird: Es handelt sich um die Bewältigung des für die nächsten Jahre und Jahrzehnte zu erwartenden großen Zustroms an Nachwuchs zu den deutschen Hochschulen und Universitäten[300]. Für die Ausbildungsstätten, die auch bei großzügigem Ausbau in manchen Disziplinen in absehbarer Zeit nicht in der Lage sein werden, jedem Bewerber einen Ausbildungsplatz zu sichern, ergibt sich aus der beschränkten Zahl der Ausbildungsplätze die Notwendigkeit, objektive Zulassungsvoraussetzungen in der Form des „numerus clausus" aufzustellen, ein Verfahren, das zu nicht wenigen verfassungsrechtlichen Bedenken und Streitfragen geführt hat. Mit dieser Entwicklung ist aber zwangsläufig auch ein entsprechendes Anwachsen der Zulassungsbewerber zu den einzelnen freien Berufen zu erwarten. Eine starke Zunahme der Zulassungsbewerber bleibt aber im allgemeinen nicht ohne Einfluß auf die wirtschaftliche und gesellschaftliche Lage des jeweiligen Berufsstandes. Sie kann zu einer Übersetzung des jeweiligen Berufs und da-

---

[299] Von einer ähnlichen Fragestellung geht *Oppermann*, in: VVDStRL 27 (1969), S. 207 aus.

[300] Vgl. dazu etwa das Zahlenmaterial im Hochschulgesamtplan Baden-Württemberg, Schriftenreihe des Kultusmin. Baden-Württ. zur Bildungsförderung, Bildungsplanung und Bildungspolitik, Reihe A Nr. 5, Oktober 1967, S. 31 ff. und S. 158, Tabelle 14. Danach sollen sich die Studentenzahlen in Baden-Württ. nach dem derzeitigen Ausbildungssystem von 60 000 im Jahre 1968 auf 102 200 und nach dem neustrukturierten Hochschulwesen des Hochschulgesamtplans immerhin auf 84 600 im Jahre 1980 erhöhen. Vgl. auch die Zahlenangaben bei *H. Braun*, Ein Hochschulgesamtplan für Baden-Württ., Nichtamtlicher Teil von Kultus und Unterricht, S. 339 ff. (341)

mit zu einer ernsten Gefährdung nicht nur der einzelnen Berufsträger selbst, sondern auch der Allgemeinheit führen.

b) *Übersetzung freier Berufe*

Das Problem der Überfüllung hat in der Geschichte der freien Berufe, besonders in den Zeiten wirtschaftlicher Not, immer wieder Aktualität erlangt[301] und teilweise auch zu gesetzlichen Maßnahmen, wie etwa einem zeitlich beschränkten numerus clausus, geführt[302].

Als den Berufsangehörigen und der Allgemeinheit durch eine Übersetzung im Beruf drohende Gefahren werden dabei im allgemeinen immer die Gefährdung der wirtschaftlichen Existenz der Berufsträger und ein daraus folgendes Absinken der Berufsmoral, ein Ansteigen der Vielgeschäftigkeit und ganz allgemein eine Tendenz zu berufsfremden, wirtschaftlich bedingten Verhaltensweisen, die den Allgemeininteressen schaden müßten, angegeben[303]. Auch wenn man zunächst geneigt ist, diese Folgerungen wirtschaftlicher Schwierigkeiten im Beruf im Hinblick auf die aufgabenimmanente hohe Berufsmoral der verschiedenen freien Berufe mit dem Hinweis abzulehnen, daß es um einen Berufsstand schlimm bestellt sein müsse, wenn nur die Aussicht auf einen entsprechenden wirtschaftlichen Erfolg ihn zu der nötigen und geforderten ethisch bestimmten Berufseinstellung veranlasse, so ist doch nicht zu übersehen, daß damit ein allgemein menschliches Verhaltensphänomen angesprochen ist. Der finanzielle Anreiz als Bestätigung des eigenen Wertes und Ausdruck des adäquaten Vorteils vermag eben in vielen Fällen erst die ganze Hingabe der Person, den vollen Einsatz für die gestellte Aufgabe hervorzubringen. Wo dieser Impetus nicht mehr gegeben ist, besteht leicht die Gefahr, daß Ehrgeiz und Berufsfreude und damit die Qualität der Arbeit nachlassen, was nicht zuletzt den Interessen der Allgemeinheit zuwiderlaufen muß[304].

Im Normalfall eines ausgeglichen besetzten Berufs wird sich der einzelne Berufsträger aus der ausreichend vorhandenen Zahl von Klienten, Patienten, Kunden usw. seinen „Marktanteil" aufgrund seiner fachlichen und menschlichen Fähigkeiten in freier Konkurrenz mit anderen Berufskollegen verschaffen. In Zeiten einer Übersetzung des Berufs und der dadurch bedingten Knappheit der Auftraggeber besteht jedoch die Gefahr, daß nicht mehr allein die fachliche Fähigkeit, die Qualität der freiberuflichen Leistung über die Stellung im freien Wettbewerb der Standesgenossen entscheidet, sondern vielmehr Wett-

---

[301] Vgl. die Ausführungen *Brandis*, in: Advokatur, S. 25 ff. und 35 ff. sowie die Darstellung oben C, III, 46.

[302] So Art. VII der EinfVO zur RAO für die brit. Zone vom 10. 3. 1949 (VOBl. für die brit. Zone, S. 79).

[303] Vgl. *Brandi*, Advokatur, S. 19 ff.; BVerfGE 7, 377 (414); 11, 30 (37, 45).

[304] Vgl. dazu auch *Feuchtwanger I*, S. 18 f.

bewerbspraktiken Einfluß gewinnen, die zwar in der gewerblichen Wirtschaft als selbstverständlich gelten, der freiberuflichen Tätigkeit jedoch wesensfremd sind. Hierzu gehört insbesondere das Anpreisen der eigenen Leistung und jegliche auf „Kundenfang" ausgerichtete Werbung für die Praxis, was im Standesrecht der freien Heil- und Beratungsberufe ausdrücklich als Standeswidrigkeit aufgefaßt wird[305], sowie eine Tendenz zur Vielgeschäftigkeit, die um jeden Preis neue Auftraggeber zu bekommen und bestehende Aufträge zu erhalten versucht. Die Folge davon ist zumeist eine größere Bereitwilligkeit, nicht den sachlichen Notwendigkeiten des jeweiligen Beratungs- oder Behandlungsfalles, sondern den Wünschen des Klienten, Patienten usw. Rechnung zu tragen. Dazu gehört etwa, daß sich ein Rechtsanwalt bei der Rechtsverfolgung mehr vom Interesse des Klienten als vom Willen, dem Recht zu dienen, leiten läßt und z. B. für ihn erkennbare unwahre Sachvorträge übernimmt oder Prozeßverschleppungen bewirkt, oder daß ein Arzt entgegen dem objektiven Krankheitsbefund einem Patienten die gewünschten Medikamente verordnet oder ihn arbeitsunfähig schreibt und schließlich, daß ein Architekt entgegen den objektiven statischen und bautechnischen Erfordernissen aus Gründen der günstigen Preisgestaltung dem Bauherrn unverantwortliche Versprechungen macht[306]. Die wirtschaftliche Not und der dadurch ausgelöste Konkurrenzkampf vermögen so in der Tat ein Sinken der Berufsmoral, eine laxe Wahrnehmung der Berufsaufgaben und Berufspflichten und damit eine Gefährdung von Rechtspflege, Volksgesundheit, Bausicherheit usw. hervorzurufen. Da die Ursache der wirtschaftlichen Not in der Übersetzung des Berufs liegt, ist es naheliegend, daß man in solchen Situationen Maßnahmen zur Begrenzung der Zahl der Berufsträger trifft.

c) *Zulassungsbeschränkungen*

Dies erfolgt vornehmlich durch eine Bedürfnisprüfung in Form eines numerus clausus der zuzulassenden Berufsbewerber. Nun ist aber die Einführung eines numerus clausus ohne Zweifel die primitivste Form einer Bedürfnisprüfung und die gröbste Beschränkung des beruflichen Freiheitsrechts[307]. Seine Einführung rechtfertigt sich nach der Rechtsprechung des BVerfG nur zur Abwehr nachweisbarer schwerer Gefahren für überragend wichtige Gemeinschaftsgüter[308], wobei der

---

[305] Vgl. § 61 der Richtlinien für die Ausübung des Rechtsanwaltsberufs; die Grundsätze, die sich zu VIII (Kundmachung und Auftragsschutz) der Richtlinien für die Berufsausübung der Wirtschaftsprüfer und vereidigten Buchprüfer herausgebildet haben (S. 23 ff. der Richtl.); § 28 ff. der Richtlinien der Bundessteuerberaterkammer; §§ 35 ff. BFAOÄ.

[306] Vgl. auch die bei *Reuss*, Der „numerus clausus" im Gewerberecht und für freie Berufe, NJW 1951, S. 778, aufgeführten Gefahren.

[307] Vgl. *Reuss*, a.a.O., S. 778, 779.

rechtsstaatliche Verhältnismäßigkeitsgrundsatz diesen besonders starken Eingriff in die Berufsfreiheit nur als ultima ratio für die Fälle zuläßt, in denen nicht auf einer anderen „Stufe“ der Regelungsmöglichkeiten oder durch sonstige, weniger einschneidende Maßnahmen eine Abhilfe geschaffen werden kann[309].

Das BVerfG hat bekanntlich sowohl im „Apotheken“-Urteil als auch im „Kassenarzt“-Urteil die Notwendigkeit eines numerus clausus deshalb abgelehnt, weil es weder eine durch die Niederlassungsfreiheit zu befürchtende Überfüllung und die daran geknüpften Gefahren für Berufsträger und Allgemeinheit noch sonstige, dem wichtigen Gemeinschaftsgut „Volksgesundheit“ drohende Gefahren — wie etwa eine Verschlechterung der Arzneimittelversorgung oder der ärztlichen Versorgung der Bevölkerung in manchen Gebieten — erkennen konnte[310].

d) *Situationsbezogene Interpretation des Berufsfreiheitsrechts*

Dabei konnte es nur von der Berufssituation in den Jahren 1958 bis 1960 und der damals durch die Niederlassungsfreiheit zu erwartenden Entwicklung ausgehen. Daß damit nicht ein für allemal ein Verdikt über notwendig werdende objektive Zulassungsbeschränkungen gesprochen werden sollte, ergibt sich aus dem Hinweis des Gerichts, der Verfassungslage entspräche „gegenwärtig“ nur die Niederlassungsfreiheit, verstanden als Fehlen objektiver Beschränkungen der Zulassung[311]. Wenn die sich abzeichnende Entwicklung tatsächlich zu einer Übersetzung bestimmter freier Berufe und zu einer mit anderen Mitteln — etwa in Form strengerer persönlich-fachlicher Zulassungsvoraussetzungen —[312] nicht abzuwendenden Gefährdung von wichtigen Allgemeingütern wie der Volksgesundheit und der Rechtspflege führen sollte, so wird man auch die einschneidendste Maßnahme des numerus clausus als verfassungsmäßige Berufsbeschränkung hinnehmen müssen. Das Berufsfreiheitsrecht des einzelnen hat notwendigerweise dort seine Grenze, wo seine Durchsetzung eine unverhältnismäßig hohe Beeinträchtigung des gemeinen Wohls zur Folge hätte[313]. Wenn daher konkrete Anhaltspunkte für die Gefährdung einer geordneten Rechtspflege, einer ausreichenden und verantwortlichen ärztlichen Versorgung usw. vorliegen, so ist diese Grenze zweifellos erreicht. Insofern ist auch für die freien Berufe aus Art. 12 GG keine besondere Garantie ihres freiheitlich ausgestalteten Berufsrechts herzuleiten[314]. Wie sich die Berufs-

---

308 BVerfGE 7, 377 (409).
309 So schon *Reuss*, a.a.O., S. 779; ebenso BVerfGE 7, 377 (408, 409).
310 Vgl. BVerfGE 7, 417 ff.; 11, 45 ff.
311 BVerfGE 7, 443; ähnlich wie hier auch *Hoffmann*, DVBl. 1964, S. 463/464.
312 Siehe *Reuss*, a.a.O., S. 779.
313 BVerfGE 7, 405.
314 *Scheuner*, Versorgungseinrichtungen, S. 86.

situation in den einzelnen freien Berufen entwickeln wird, bleibt aber vorerst Spekulation. Aufgabe des Gesetzgebers in den kommenden Jahren wird es jedenfalls sein, durch eine geeignete Bildungsplanung und Bildungspolitik die Voraussetzungen für eine weitgestreute Berufswahl und eine sinnvolle Verteilung des akademischen Nachwuchses zu schaffen, die solche Zulassungsbeschränkungen überflüssig machen.

e) Verstaatlichung

aa) Begriff und Wirkung

Die aufgezeigten Entwicklungstendenzen lassen jedoch in Zukunft noch eine andere Art staatlichen Eingriffs in die Berufsfreiheit denkbar erscheinen, die in ihrer Intensität und Auswirkung von weit entscheidenderer Bedeutung für Beruf und Berufsträger ist als objektive Zulassungsbedingungen. Nicht nur um die freiheitliche Ausgestaltung, sondern um den Bestand eines freien Berufs geht es, wenn seine „Verstaatlichung", seine „Verbeamtung" in Erwägung gezogen wird. Dabei soll im Gegensatz zu manchen Definitionsversuchen in der Literatur, die bereits beim Vorliegen bestimmter staatlicher Bindungen von einem „verstaatlichten" Beruf sprechen wollen[315], unter Verstaatlichung nur der Vorgang verstanden werden, durch den aufgrund Gesetzes ein bestimmter privatwirtschaftlich ausgeübter Tätigkeitsbereich zugunsten des Staates monopolisiert und zugleich die bisher in diesem Bereich tätigen Berufsträger entweder dem Recht des öffentlichen Dienstes unterstellt oder aber zu unabhängigen Trägern eines öffentlichen Amtes gemacht werden[316]. Damit wird zum einen ein Stück Berufsbereich dem freien Unternehmertum entzogen, auf dem entsprechenden Berufssektor also die Unternehmerfreiheit beseitigt, zum anderen endet in dem verstaatlichten Bereich jeglicher freier Wettbewerb, da ein Konkurrenzkampf unter staatlichen Funktionsträgern mit dem Wesen und den Aufgaben eines verstaatlichten Berufs nicht vereinbar ist[317]. An die Stelle der freiberuflichen Berufsaufgabe tritt die Wahrnehmung staatlicher Kompetenzen, über die Art und den Umfang der Zuständigkeiten sowie über die Zahl der Berufsträger entscheidet allein die staatliche Organisationsgewalt. Für die dem öffentlichen Dienstrecht unterstellten Personenkreise entfällt darüber hinaus jede selbständige Ausübung der anfallenden Berufstätigkeiten. Wenn aber die Ausübung eines Berufs aufgrund von Verstaatlichungsmaßnahmen nur noch in einer bestimmten rechtlichen und wirtschaftlichen Form möglich ist, so wird dadurch unmittelbar in die Struktur und das

---

[315] Vgl. *Herzog*, Ev. Staatslexikon, Sp. 158.
[316] Vgl. *Hoffmann*, DVBl. 1964, 457.
[317] *Hoffmann*, a.a.O., S. 460.

Wesen des jeweiligen Berufs eingegriffen. Maßstabsnorm für Eingriffe in die berufliche Entfaltung und Berufsstruktur kann daher nur Art. 12 GG sein. Des Rückgriffs auf eine allgemeine wirtschaftliche Grundfreiheit in Art. 2 GG bedarf es deshalb nicht[318]. Die Beseitigung der Wettbewerbs- und Unternehmerfreiheit greift in das Berufsfreiheitsrecht ein.

bb) Voraussetzungen und Grenzen

Der gesetzlich herbeigeführte Übergang vom Status des freien, im Wettbewerb mit anderen Berufsträgern stehenden Unternehmers zum Staatsbediensteten oder Träger eines Staatsamtes ist dabei nicht nur eine Änderung der Berufsausübung, sondern ein Akt der Berufswahl, der den dafür aufgestellten strengen Zulässigkeitsvoraussetzungen unterliegt. Dieses Ergebnis folgt einerseits aus der Rechtsprechung des BVerfG, das jeden Übergang von einer Art wirtschaftlicher Betätigung zur andern als Berufswahl ansieht[319] und versteht sich zum andern aus der Überlegung, daß durch den Akt der Verstaatlichung und die dadurch herbeigeführte Unterstellung der Berufsträger unter das öffentliche Dienstrecht oder ein ähnliches staatsbezogenes Abhängigkeitsverhältnis automatisch objektive Zulassungshindernisse aufgrund der begrenzten staatlichen Plan- oder Ämterstellen geschaffen werden.

Es lassen sich — vornehmlich in der gewerblichen Wirtschaft — Notsituationen denken, in denen einfache Lenkungsmaßnahmen für ein geordnetes Funktionieren der Wirtschaft und die damit zusammenhängende Versorgung der Bevölkerung nicht mehr ausreichen. Hier gibt der Sozialstaatsgrundsatz (Art. 20 I GG) dem Gesetzgeber nicht nur die Möglichkeit, sondern verpflichtet ihn direkt, durch geeignete Maßnahmen bis hin zum einschneidendsten Eingriff der Verstaatlichung, das Interesse der Allgemeinheit wahrzunehmen[320]. Daß eine Verstaatlichung nur in dem durch die nicht anders zu behebende Notsituation erforderlich gewordenen Rahmen erfolgen darf, versteht sich im Hinblick auf die überragende Bedeutung des Verhältnismäßigkeitsgrundsatzes gerade bei der Abwägung der Freiheitserfordernisse des einzelnen und der unabdingbaren Forderungen der Gemeinschaft in Art. 12 GG von selbst[321]. Es ist deshalb konsequent, wenn Verstaat-

---

[318] So richtig *Hoffmann*, a.a.O., S. 461, und *Thieme*, Berufsfreiheit und Verwaltungsmonopole, JZ 1961, S. 281, 284. Ebenso wohl *Bachof*, Freiheit, S. 166, und *Geiger*, Staatslexikon der Görres-Gesellschaft, Sp. 1118 unter 5, die das Problem der Verstaatlichung unter Art. 12 GG behandeln. A. A. *Maunz*, in: *Maunz-Dürig-Herzog*, Art. 2 Abs. 1 GG, RdN 46 und 48 sowie *Nipperdey*, Freie Entfaltung der Persönlichkeit, S. 762, 877 ff.

[319] BVerfGE 7, 377 (399); ebenso *Hoffmann*, a.a.O., S. 460, 463.

[320] Vgl. *Thieme*, a.a.O., S. 283/284, und *Hoffmann*, a.a.O., S. 464.

[321] Vgl. *Bachof*, Freiheit, S. 166, der zwar nicht durch einzelne Monopolisierungsmaßnahmen, jedoch möglicherweise bei umfassenden Monopolisie-

lichungen nur zum Schutz überragend wichtiger Gemeinschaftsgüter zugelassen und an die Bestimmtheit und Wahrscheinlichkeit der Gefährdung besonders hohe Anforderungen gestellt werden[322].

Die Bestimmung solcher Gemeinschaftsgüter ist naturgemäß mit erheblichen Schwierigkeiten verbunden. Nicht alle Interessen, die dem allgemeinen Wohl angeblich oder tatsächlich dienen, sind bereits solche Gemeinschaftswerte. Gerade hinter solchen Gemeinwohlerwägungen verbirgt sich sehr oft — was die Vergangenheit gezeigt hat — die Reglementierungssucht des Obrigkeitsstaates und seine Absicht, mit solchen „beschönigenden Etikettierungen" freiheitsvernichtende Willkür auszuüben und eine einseitige Propagierung der Staatsräson vorzunehmen[323]. Im allgemeinen werden deshalb zu den überragend wichtigen Gemeinschaftsgütern nur solche zu zählen sein, die für den Bestand der Gesellschaft und für das menschliche Zusammenleben von absoluter Bedeutung sind, wie die Volksgesundheit, die Volksernährung usw.[324]. Solche Gemeinschaftswerte müssen nicht nur den Individualinteressen vorgehen, sie bilden im allgemeinen auch erst die Grundlage, auf der sich Einzelinteressen entwickeln können. Das BVerfG hat den Ausgleich zwischen dem Freiheitsinteresse des Individuums nach Art. 12 Abs. 1 GG und den Gemeinschaftsinteressen, wie sie der Regelungsvorbehalt nach Art. 12 Abs. 1 S. 2 schützt, mit einigen Ausnahmen[325] durch seine „Stufentheorie" im allgemeinen zufriedenstellend vornehmen können, weshalb auch die von ihm für objektive Zulassungsbeschränkungen aufgestellten Grundsätze als geeignete Voraussetzung und Begrenzung für den noch umfassenderen Eingriff einer Verstaatlichung dienen mögen[326].

---

rungen ganzer Wirtschaftszweige die von Art. 12 garantierte freiheitliche Berufsordnung in ihrem Wesensgehalt angetastet sieht. Zu den Schranken von Verstaatlichungen siehe auch *Thieme*, a.a.O., S. 284, und *Hoffmann*, a.a.O., S. 464.

[322] Vgl. *Hoffmann*, a.a.O., S. 464 unter Bezug auf BVerfGE 7, 377 (412).

[323] *Rupp*, NJW 1965, 994 und AöR 92 (1967), S. 233.

[324] Vgl. *Hoffmann*, a.a.O., S. 464.

[325] Etwa im „Handwerks"-Urteil, BVerfGE 13, 97, wo es den Gemeinwohlwert der Zulassungsbestimmungen in §§ 1 und 7 Abs. 1 und 2 Handwerksordnung zu sehr in der Ordnungsfunktion sah und dabei außer acht ließ, daß Ordnungswert und Gemeinwohl in einer freiheitlichen Demokratie zweierlei Dinge sind, Ordnungen vielmehr „an sich völlig wertlos" sind und erst durch ihre Güte „als freiheitliche Ordnung zur Rechtsordnung werden". (*Adolf Arndt*, Gedanken zum Gleichheitssatz, in: Die moderne Demokratie und ihr Recht, Festschrift für Gerhard *Leibholz*, S. 183; vgl. auch *Rupp*, AöR 92 (1967), S. 234, 235 und die von diesem an der Rechtsprechung des BVerfG, S. 234 ff. und NJW 1965, 994 ff. geübte Kritik.)

[326] So richtig *Hoffmann*, S. 464. Die Ansicht *Herzogs* in Ev. Staatslexikon, Sp. 159, der Staat habe aufgrund des Sozialstaatsgrundsatzes die „Kompetenz-Kompetenz" über die von ihm wahrzunehmenden Tätigkeitsbereiche, ist deshalb abzulehnen, weil sie, entgegen der Gesamtauffassung des Grundgesetzes, wonach der freien menschlichen Persönlichkeit gegenüber

cc) Freier Beruf und Verstaatlichung

Es fragt sich jedoch, inwieweit in diesem Rahmen auch eine Verstaatlichung freier Berufe möglich ist. Die Verstaatlichung in diesem Berufsbereich hat in der neueren Vergangenheit keine aktuelle Bedeutung erlangt und wird sie wohl auch in naher Zukunft nicht erlangen. Demzufolge sind die Aussagen zu diesem Thema in der Literatur nur sehr sporadisch und knapp und beschäftigen sich zudem meist nur mit der Verstaatlichung der freien Heilberufe[327]. Für letztere wurde dann auch in bestimmten Not- oder Ausnahmesituationen (Versagen des Berufsstandes zum Nachteil der Allgemeinheit, Ärztestreik) die Möglichkeit einer Verstaatlichung erwogen[328]. Nach der vorangegangenen Darstellung vom Wesen der freien Berufe und deren Funktionen in der Gesellschaft erscheint eine Verstaatlichung, zumindest der freien Heil- und Beratungsberufe, nicht möglich.

α) Grundsätze des Apothekenurteils

Dies ergibt sich zum einen aus einer konsequenten Anwendung der Grundsätze des Apothekenurteils. Zweifellos sind etwa die Rechtspflege und die Volksgesundheit überragend wichtige Gemeinschaftsgüter i. S. der Rechtsprechung des BVerfG. Wenn daher zu ihrem Schutz grundsätzlich staatliche Berufsregelungen zulässig sind, so dürfen diese Maßnahmen jedoch nicht ihrerseits selbst zu einer Gefährdung oder Verletzung der zu schützenden Allgemeingüter führen. Genau das könnte jedoch nach der hier vertretenen Auffassung im Fall der Verstaatlichung eintreten. Durch die Verbeamtung oder Übertragung eines öffentlichen Amtes würde an die Stelle der selbständigen und eigenverantwortlichen Erfüllung bestimmter Berufsaufgaben, deren Inhalt und Umfang der Berufsträger weitgehend selbständig bestimmen kann, die vom Weisungsrecht eines Dienstvorgesetzten abhängige[329] oder (und) sich aus dem Gesetz ergebende Wahrnehmung staatlicher Kompetenzen treten. Damit wird aber zumindest faktisch — auch bei zugestandener Unabhängigkeit in der Sache — eine Abhängigkeit zum Staat geschaffen, die den Berufsträger in erster Linie staatliche Interessen verfolgen und seine Tätigkeit nach den Erfordernissen und Aufgaben seines Amtes ausrichten läßt[330]. Die freiberuf-

allen kollektiven Werten der oberste Wert zukommt, von einer dem Grundgesetz unbekannten generellen Vorrangigkeit des Sozialstaatsgrundsatzes gegenüber individuellen Freiheitsrechten ausgeht. Vgl. dazu insbesondere BVerfGE 7, 404, 405.

[327] Vgl. etwa *Feuchtwanger*, S. 17 ff.; *Geiger*, Staatslex., Sp. 1118; *Hoffmann*, a.a.O., S. 463, 464.

[328] Vgl. *Hoffmann*, a.a.O., S. 464.

[329] § 55 BBG.

[330] Vgl. etwa *Feuchtwanger I*, S. 19, 36.

liche Tätigkeit ist aber gerade durch ihre Mittlerstellung zwischen Gemeinwesen und Individuum, durch ihre Unabhängigkeit gegenüber Staat und einzelnem gekennzeichnet. Die Unabhängigkeit und Eigenverantwortlichkeit bei der Berufsausübung ermöglicht erst eine effektive und sachgerechte Wahrnehmung der Berufsaufgaben[331].

Bei der auch hier gebotenen Güterabwägung zwischen dem Individualinteresse des Berufsträgers an einer privatwirtschaftlich freien Tätigkeit und dem Gemeinschaftsinteresse an einer Verstaatlichung des betreffenden Berufs kommt daher der spezifischen Funktion des freien Berufs besonderes Gewicht zu. Wenn der Rechtsanwalt vielfach eine gegen die staatlichen Gerichte und Behörden gerichtete Interessenvertretung und eine Kontrollfunktion wahrzunehmen hat[332], dem individuellen Heilbedürfnis nur das allein vom Heilzweck bestimmte Vertrauensverhältnis zwischen persönlich und sachlich unabhängigem Arzt und Patienten entspricht[333] und die Vielfalt, Individualität und Qualität der Bauleistungen maßgeblich von der unabhängigen Schöpferpersönlichkeit des freischaffenden Architekten abhängig ist[334], so werden damit Allgemeininteressen angesprochen, die zusätzlich auf die Seite der Individualinteressen des einzelnen treten und dort die Waage gegen jegliche Form der Verstaatlichung zum Sinken bringen. Ein berufliches Versagen zum Nachteil der Allgemeinheit oder ein Berufsnotstand (Versorgungsschwierigkeiten, Übersetzung usw.) die für eine Verstaatlichung sprechen können, sind bis jetzt nur hypothetische Gefahren, denen auch mit staatlichen Maßnahmen unterhalb der Verstaatlichung, etwa durch objektive Zulassungsbeschränkungen, beizukommen wäre. Das öffentliche Interesse am Bestand der freiberuflichen Berufsausübung zum Zwecke einer sachgerechten Rechtsverfolgung, wirkungsvollen Ausübung der Heilbehandlung oder einer hochstehenden Baukultur beinhaltet dagegen bestehende, reale Werte.

Damit wird deutlich, daß nicht nur das Individualinteresse der jeweiligen Berufsträger, sondern zugleich die zu schützenden Gemeinschaftswerte selbst einer Verstaatlichung entgegenstehen und diese Möglichkeit staatlichen Eingriffs in die Berufsfreiheit ausschließen.

β) *Bestandsgarantie*

Auf einem anderen Weg kommen verschiedene Autoren ebenfalls zu einer Ablehnung von Verstaatlichungsmaßnahmen. Für sie steht die Betätigung der freien Berufe in der Wirtschaft im Vordergrund. Die freien Berufe bewegen sich danach wie andere Berufsgruppen innerhalb der

---

331 Vgl. oben S. 80 ff.
332 Vgl. oben S. 81 ff.
333 Vgl. oben S. 83 ff.
334 *Feuchtwanger I*, S. 33, 34.

vom Grundgesetz eingeräumten freiheitlichen Wirtschaftsordnung[335]. Die Wirtschaftsverfassung wird aber mitkonstituiert durch Art. 12 GG, der eine „an den Gesetzgeber gerichtete Normativbestimmung" enthält, die zusammen mit anderen „die Freiheit der gesetzgeberischen Gestaltung der Wirtschaftsordnung beschränkt"[336]. Als Korrelat der Beschränkung der gesetzgeberischen Gestaltungsfreiheit wird eine „Bestandsgarantie" für alle privaten (freien) Berufe angenommen, an der insbesondere der Versuch scheitern müßte, den Ärztestand in einen öffentlichen Gesundheitsdienst nach englischem Muster einzugliedern oder die Rechtsanwälte derart zu organisieren, daß nicht mehr unmittelbare Vertragsbeziehungen zwischen Klient und Rechtsanwalt, sondern nur noch solche zwischen Klient und Berufsorganisation bestehen würden[337]. Ob Art. 12 GG die Existenz aller traditionellen privaten Berufe garantiert und damit „den Wert der in ihnen lebendigen Kräfte, private Initiative, Entscheidungsfreiheit und Selbstverantwortung anerkennt und schützt"[338] erscheint mit Rücksicht auf die wirtschaftspolitische Neutralität und auf vom Sozialstaatsgrundsatz u. U. geforderte Verstaatlichungsmaßnahmen nicht unbedenklich. Für die traditionellen freien Berufe dürfte dieser Ansicht aber im Hinblick auf die berufsimmanenten Freiheitserfordernisse im Ergebnis zuzustimmen sein.

γ) Besonderer Freiheitsraum

Ein letztes entscheidendes Argument gegen die Verstaatlichung freier Berufe ergibt sich schließlich aus folgender Überlegung:

(1) Art. 1, 2 GG

Zur Berufsaufgabe der freien Heil- und Beratungsberufe gehört nach Gesetz und Standesauffassung insbesondere auch, die freie Entfaltung der Persönlichkeit und die Unverletzlichkeit der Person in jedem Einzelfall zu verteidigen oder wieder herzustellen und somit innerhalb von Staat und Gesellschaft die Freiheit der individuellen Person zu garantieren[339]. Damit obliegt ihnen zugleich der Schutz be-

---

[335] Wobei sich das Grundgesetz für keine bestimmte (idealtypische) Wirtschaftsverfassung entschieden hat (vgl. BVerfGE 4, 7 ff. [17]; ebenso *Geiger*, Staatslexikon der Görres-Ges., 6. Auflage, 1957, Sp. 1119. Zur Wirtschaftsverfassung des Grundgesetzes allgemein: Andreas *Hamann*, Wirtschaftsverfassungsrecht, S. 31 ff.).

[336] So *Geiger*, a.a.O., Sp. 1118.

[337] *Geiger*, a.a.O., Sp. 1118, und *Lindenberg*, BB 1961, S. 1285 für den Wirtschaftsprüfer. Allgemein für alle selbständigen Berufstätigen *Ballerstedt*, Wirtschaftsverfassungsrecht, S. 82. Gegen eine Verstaatlichung freier Berufe auch *Werner*, in: DVBl. 1956, 618, allerdings ohne nähere Begründung. A. A.: *Bachof*, Freiheit, S. 166, FN 41; *Thieme*, JZ 1961, 281; *Hoffmann*, DVBl. 1964, 463, 464.

[338] So *Geiger*, a.a.O., Sp. 1119.

[339] Vgl. etwa § 3 i. V. mit § 43 BRAO; § 1 Abs. 2 BFAOÄ, *Deneke*, S. 345.

sonders wichtiger Individualwerte, die ihrerseits einen selbständigen Grundrechtsschutz erhalten haben. Besondere Bedeutung kommt dabei den Art. 1 und 2 GG zu. Den in diesen Artikeln geschützten Grundwerten dürfte es kaum entsprechen, wenn etwa durch einen Verstaatlichungsakt jegliche freie Arzttätigkeit ausgeschaltet und eine Ausübung der Heilbehandlung nur noch durch beamtete Ärzte erfolgen würde. Die zumindest subjektiv empfundene Ausrichtung der ärztlichen Tätigkeit nach bestimmten Verwaltungszwecken[340] und eine „Verbürokratisierung" sind geeignet, das allein der Würde des Menschen entsprechende spezifische Vertrauensverhältnis zwischen Arzt und Patienten zu zerstören[341]. Ebenso kann der Anwalt oder Steuerberater die Interessen und die Freiheit des Staatsbürgers nur vertreten, wenn er in Unabhängigkeit von jeglicher rechtlichen und faktischen staatlichen Weisung, außerhalb eines dienstrechtlichen Abhängigkeitsverhältnisses, seine Berufsaufgabe wahrnehmen kann[342]. In diesem Sinn gilt die Feststellung *Ostlers*[343]:

„Jeder Angriff gegen die freie Advokatur ist weniger ein Angriff auf den Stand, als ein Angriff gegen die von diesem Stand verteidigte Freiheit des Staatsbürgers in allen ihren Beziehungen."

Dieser Satz hat nicht nur für den Anwaltsstand Bedeutung, sondern gilt für alle Sachwalter- und Arztberufe und in gewisser Hinsicht auch für bestimmte technische und künstlerische Berufe. Er bringt die besondere Verantwortung gerade dieser Berufe für die Durchsetzung und Erhaltung wesentlicher Individualgrundrechte zutreffend zum Ausdruck. Die Würde des Menschen und sein Recht auf freie Selbstentfaltung als in freier Selbstbestimmung handelnde Persönlichkeit sind nach der Auffassung des Grundgesetzes oberste Verfassungswerte, die auch den folgenden Katalog der Freiheits- und Gleichheitsrechte nachhaltig zu beeinflussen vermögen[344]. Dabei liegt hier zwischen allgemeinem Persönlichkeitsrecht und Berufsfreiheitsrecht nicht etwa ein Verhältnis der Generalität/Spezialität vor. Dieses Problem stellt sich nur im Fall des Zusammentreffens mehrerer Grundrechte bei einem Grundrechtsträger. Hier aber geht es ja gerade darum, daß der Freiberufler als Sachwalter fremder Grundrechte auftritt, deren Träger zwar in ihren Grundrechten nach Art. 1, 2 GG, nicht aber in Art. 12 GG beeinflußt sind. Die staatliche Maßnahme hat hier Doppelwirkung:

---

340 Möglichst rasche Eingliederung in den Arbeitsprozeß, niedere Krankenziffern, knappe Verordnungsweise und von den hier aufzuweisenden „Erfolgen" abhängig u. U. sowohl Beförderungen als etwa dienstliche Ermahnungen.

341 Vgl. *Kühn*, a.a.O., S. 11.

342 *Kühn*, a.a.O., S. 11.

343 In: Rechtsanwalt im Rechtsstaat, JR 1958, S. 541 ff. und ebenso, in: Der deutsche Rechtsanwalt, S. 15.

344 *Bachof*, Freiheit, S. 168, 169; BVerfGE 7, 405.

Beim Freiberufler erfolgt ein Eingriff in die Berufsfreiheit, beim Gegenüber des Freiberuflers u. U. eine Verletzung der Menschenwürde, des allgemeinen Persönlichkeitsrechts. Diese Grundrechte stellen daher außerhalb Art. 12 GG einen objektiven (von Individualinteressen des Berufsträgers unabhängigen) Schutz des freien Berufs dar, der aber wiederum über Art. 12 zum Tragen kommt, indem er Art. 12 Abs. 1 S. 2 in seiner freiheitsbeschränkenden Funktion zu beeinflussen vermag.

(2) Andere Freiheitsgrundrechte

Von dieser Beschränkung des Regelungsvorbehalts in Art. 12 Abs. 1 S. 2 GG ist es schließlich nur noch ein kleiner Schritt bis zu seiner völligen Verdrängung durch ein anderes Freiheitsrecht mit andersgearteten Einschränkungsmöglichkeiten. Sind mehrere Freiheitsgrundrechte im Einzelfall einschlägig, so kann ein Grundrecht seinem Gewicht nach das andere derart verdrängen, daß es allein für die Beurteilung des entsprechenden Sachverhalts als maßgeblich erachtet werden muß[345]. Eine solche Dominanz eines von mehreren einschlägigen Grundrechten wird etwa für den Beruf eines Geistlichen im Verhältnis des Art. 4 zu Art. 12 oder für die Berufe des öffentlichen Dienstes zwischen Art. 33 und Art. 12 angenommen[346]. Hier liegt nicht zuletzt auch der Grund dafür, warum zahlreiche freie Berufe im soziologischen Sinn wie Journalisten, freie Künstler, Schriftsteller u. ä. bis heute keinerlei gesetzliche Regelung durch ein entsprechendes Berufsrecht erfahren haben. Sie vermögen ihr spezifisches Werk, ihre kulturell bedeutsame Leistung i. d. R. nur in absoluter innerer und äußerer Freiheit, ohne jede staatliche und ständische Bindung, allein ihrem inneren Antrieb, den sich selbst gesetzten Maßstäben folgend, zu erbringen. Die besondere Bedeutung, die das Grundgesetz der Freiheit von Kunst, Wissenschaft, Forschung und Lehre in Art. 5 III GG beimißt, findet hier ihren sichtbaren Ausdruck. Sie steht einer irgendwie gearteten Umschreibung bestimmter Berufspflichten, einer Verpflichtung zu einem bestimmten Kulturschaffen und einer Organisation dieser Berufe entgegen und kann auch nicht durch einen Art. 12 Abs. 1 S. 2 vergleichbaren Gemeinschaftsvorbehalt eingeschränkt werden. Deshalb ist Art. 5 III bei Berufsregelungen auch lex specialis gegenüber Art. 12 GG[347]. Weniger eindeutig ist die Lage bei den journalistischen Berufen. Das öffentliche Wächteramt des Journalisten und die Tatsache, daß der journalistische Berufsstand praktisch eine Art Monopol der öffentlichen Meinungsäußerung handhabt, hat immer wieder den Ruf nach einer öffentlich-rechtlichen Fixierung der Sozialgebundenheit dieses Berufs hervorgebracht[348]. Aus diesem Grund ist es auch zu

---

[345] *Bachof*, Freiheit, S. 170.
[346] Vgl. *Bachof*, Freiheit, S. 170; BVerfGE 7, 377 (398).
[347] So auch *Bachof*, S. 170.
[348] Vgl. etwa *Deneke*, S. 319.

verstehen, wenn bereits 1924 im Entwurf für ein Journalistengesetz Pressekammern als berufsständische Überwachungsinstitutionen vorgesehen waren, ebenso wie im Entwurf 1952 für ein Bundespressegesetz[349]. Die einzelnen Länderpressegesetze verbieten heute ausdrücklich eine Berufsorganisation der Presse mit Zwangsmitgliedschaft und eine mit hoheitlicher Gewalt ausgestattete Standesgerichtsbarkeit[350]. Ob aber eine solche berufsrechtliche Regelung durch Art. 5 I GG grundsätzlich ausgeschlossen wird, ist umstritten[351]. Dieser Problemkreis ist einer eigenen vertiefenden Betrachtung wert und soll hier nicht erörtert werden. Daß diesen Berufen eine berufsrechtliche staatliche Bindung und ein „Heranrücken in Staatsnähe" durchaus nicht fremd ist, ergibt sich daraus, daß in der Vergangenheit bereits eine Berufsregelung für die in der Presse Tätigen nach dem Reichsschriftleitergesetz[352] bestanden hat, das die Redakteure in ein öffentlich-rechtliches Pflichtverhältnis mit beamtenähnlicher Abhängigkeit brachte[353].

Mit der überragenden Bedeutung, die der Freiheit der Meinungsäußerung[354], der Presse und der Berichterstattung durch Film, Funk und Fernsehen[355] im demokratischen Rechtsstaat zukommt und von Art. 5 I GG gewährleistet wird, ist eine derart weitgehende staatliche Bindung[356] oder gar Verstaatlichung jedenfalls nicht vereinbar[357]. In-

---

[349] Vgl. *Cron*, in: *Löffler-Cron-von Hartlieb-Stammler-Müller*, Selbstkontrolle von Presse, Funk und Film, Beck-Verlag, München und Berlin 1960, S. 3.

[350] Vgl. etwa § 1 Abs. 4 baden-württ. Pressegesetz vom 14. 1. 1964 (GBl. 1964, S. 11). Gleichlautend auch alle anderen Landespressegesetze.

[351] Siehe dazu einerseits *Scheer*, Deutsches Presserecht, S. 179, wonach eine Zwangsorganisation dem Wesen der Pressefreiheit widerspreche, andererseits *Rebmann-Ott-Storz*, § 1 Anm. 30, die die Einführung einer Berufsorganisation mit Zwangsmitgliedschaft und Standesgerichtsbarkeit für zulässig erachten, sofern dies durch ein entsprechendes Gesetz erfolge. Abs. 4 des § 1 baden-württ. Pressegesetz könnte nach ihrer Meinung ein solches Gesetz nicht verhindern, da er nur einen Programmsatz des Gesetzgebers darstelle, in dem der Gesetzgeber seine Absicht ausdrücke, die bisher nicht vorhandene Zwangsorganisation oder hoheitliche Standesgerichtsbarkeit auch in Zukunft nicht einzuführen.

[352] Vom 4. 10. 1933, RGBl. I, 713.

[353] Vgl. die Darstellung bei *Rehbinder*, Die öffentliche Aufgabe und rechtliche Verantwortung der Presse, Berliner Abhandlungen zum Presserecht, Heft 1, 1962, S. 40.

[354] Vgl. dazu insbesondere die Ausführungen des BVerfG im sog. „*Lüth*"-Urteil, BVerfGE 7, 198 (208).

[355] Zur Bedeutung der Massenkommunikationsmittel im Rechtsstaat insbesondere BVerfGE 20, 162 (174 ff.), und *Herzog*, in: *Maunz-Dürig-Herzog*, Art. 5 RN 119.

[356] Interessant etwa die Umschreibung der Aufgaben des Schriftleiters im berühmten „Stürmer"-Urteil des OLG Frankfurt (abgedruckt in JW 1937, 1261 ff.), wonach der Schriftleiter gem. § 1 Schriftleitergesetz „Träger einer öffentlichen Aufgabe (war) und die Presse vornehmlich die öffentliche Erziehung und Belehrung (sic!) zur Aufgabe (hatte)".

[357] Vgl. dazu auch *Oppermann*, Kulturverwaltungsrecht, S. 483, FN 183.

soweit enthält auch Art. 5 I GG die speziellere Regelung gegenüber Art. 12 GG.

(3) Ausgestaltungs- und Bestandsschutz außerhalb Art. 12 GG

Damit zeigt sich aber, daß bei allen diesen freien Berufen ein über die Verbürgung der Berufsfreiheit hinausgehender Bestands- und teilweise sogar Ausgestaltungsschutz besteht, der die Berufsträger vor bestimmten gesetzgeberischen Eingriffen zu bewahren vermag. Dabei hat sich herausgestellt, daß es gerade die freiberufliche Erfüllung der Berufsaufgaben ist, die dem Wesen und der Bedeutung der grundrechtsgeschützten Werte gerecht wird und folglich Objekt des Grundrechtsschutzes ist. Demzufolge kann der undifferenzierten Ansicht des BVerfG, das dem Vorliegen eines freien Berufs keine besondere rechtliche Bedeutung und den Berufsangehörigen keinen erhöhten Freiheitsanspruch vor gesetzgeberischen Eingriffen beimessen will[358], nicht gefolgt werden. Vielmehr vermögen speziellere sowie den freiberuflichen Auftraggebern zustehende Freiheitsrechte einen zusätzlichen, außerhalb Art. 12 GG liegenden Freiheitsraum mit weitergehenden Freiheitsverbürgungen und einem erhöhten Bestandsschutz zu schaffen, der bestimmte staatliche Berufsregelungsmaßnahmen als unzulässig erscheinen läßt[359]. Umfang und Inhalt des besonderen Freiheitsraums bestimmen sich dabei nach dem Gewicht und der Einschränkbarkeit der einschlägigen weiteren Grundrechtsnorm oder -normen.

4. Ergebnis

Am Ende der Untersuchung steht damit die Feststellung eines verfassungsrechtlich gesicherten Bestandsschutzes und einer besonders ausgeprägten Freiheitssphäre der freien Berufe. Der Gang der Untersuchung hat gezeigt, daß sich dieses Ergebnis nicht aus einem Sonderrechtsdenken zugunsten einer bestimmten Berufsgruppe oder eines Berufsstandes ergibt, sondern vielmehr aufgrund der berufsimmanenten Freiheitserfordernisse und der besonderen Funktion dieser Berufe im Rechtsstaat. Die eigenartige, nicht nur soziologisch, sondern auch rechtlich bedeutsame Stellung der freien Berufe im Rechtssinn zwischen Gewerbe einerseits und Amt andererseits ist Ausdruck der besonderen Funktion dieser Berufe: Sie können nicht Gewerbe sein, weil ihre Tätigkeit nicht nur rein erwerbswirtschaftlichen Zwecken dient, sondern in hohem Maße ethisch bestimmter Dienst für die Allgemeinheit ist. Sie können auch nicht Staatsamt sein, weil sie ihre Berufs-

---

[358] BVerfGE 10, 354 (364).

[359] Von der Möglichkeit einer Kumulation von grundrechtlichen Schutzfunktionen geht auch *Bachof* aus: Vgl. Freiheit, S. 169; ähnlich *v. Mangoldt-Klein*, Vorb. B XV 2 b (S. 125 ff.).

aufgaben privatwirtschaftlich und losgelöst von staatlicher Weisung und Organisationsgewalt, ja teilweise gegen staatliche Interessen, wahrzunehmen haben. Das Bedürfnis nach einer allseitig unabhängigen und selbstverantwortlichen Aufgabenwahrnehmung hat sich so zu seiner Befriedigung den Freiberufler als Sachwalter geschaffen[360], den man, wenn es ihn nicht schon gäbe, erfinden müßte[361].

Die individuelle Freiheit, die diese Berufe für die eigenverantwortliche, unabhängige Aufgabenwahrnehmung selbst in Anspruch nehmen, haben sie aber auch für andere zu garantieren und stellvertretend dort wahrzunehmen, wo gewisse „menschliche Grundfreiheiten für den ‚Mann auf der Straße' nicht alltäglich praktikabel sind"[362]. Die Wahrung und Verteidigung dieser grundlegenden menschlichen Freiheiten kommt beim Arzt dadurch zum Ausdruck, daß er „das Recht auf Leben und körperliche Unversehrtheit"[363] in jedem Einzelfall zu verwirklichen hat, beim Anwalt und Steuerberater liegt sie in seiner Funktion als „unabhängiger Berater und Vertreter in allen Rechtsangelegenheiten"[364], wozu insbesondere auch die Wahrnehmung verschiedener Freiheits- und Gleichheitsgrundrechte der Mandanten gehört, beim Architekten und Ingenieur zeigt sich diese Funktion schließlich in seiner Berater- und Planungstätigkeit im individuellen Interesse des Bauherrn und damit letztlich in der Mitwirkung an der freien Entfaltung der Persönlichkeit[365] durch Umweltsgestaltung. Wie sich gezeigt hat, kommt dabei insbesondere den rechts-, steuer- und wirtschaftsberatenden Berufen eine Garantenstellung für die Freiheit im Rechtsstaat zu, indem sie als unabhängige „Kontrolleure" den staatlichen Institutionen gegenübertreten[366]. Darüber hinaus tragen aber auch zahlreiche andere, nicht rechtlich geordnete Berufe zu einer Aktivierung grundrechtlich geschützter Freiheiten bei. Hierzu gehört etwa die Wahrnehmung der Grundrechte der freien Meinungsäußerung in Wort, Schrift und Bild[367], der Freiheit des Glaubens, des Gewissens, des Bekenntnisses[368], der Kunst, Wissenschaft und Lehre[369] durch die publizistisch und künstlerisch frei Schaffenden. Zwar kann die Mehrzahl der Staatsbürger an diesen Grundrechten nur rezeptiv teilhaben. Gerade deshalb aber kommt der Wahrnehmung dieser Freiheitspositionen durch bestimmte Berufe und den sich daraus ergebenden Aus-

---

[360] *Feuchtwanger I*, S. 11.
[361] *Feuchtwanger I*, S. 42.
[362] *Deneke*, S. 345.
[363] Art. 2 Abs. 2 S. 1 GG.
[364] § 3 Abs. 1 BRAO.
[365] Art. 2 Abs. 1 GG.
[366] *Deneke*, S. 346.
[367] Art. 5 Abs. 1 GG.
[368] Art. 4 Abs. 1 GG.
[369] Art. 5 Abs. 3 GG.

wirkungen für die Allgemeinheit, etwa durch die Gestaltung der Massenkommunikationsmittel, entscheidende Bedeutung zu. Man hat nicht zuletzt aus diesen Gründen die freien Berufe als „Statthalter der Freiheit“ im Rechtsstaat bezeichnet[370] und den Umfang der ihnen gewährten Freiheiten als Gradmesser der rechtsstaatlichen, die Menschenrechte des Individuums anerkennenden Politik und Verfassung eines Staates angesehen[371]. In der Tat kann es dem freiheitlichen Rechtsstaat, wie er den Vorstellungen des Grundgesetzes entspricht, nur schaden, wenn bestimmte Berufsstände, deren gesellschaftliche und rechtliche Aufgabe gerade die Wahrung der für ihn konstitutiven Freiheitsgrundrechte des Individuums ist, durch übermäßige Reglementierung und Organisation ihrer freiheitsverbürgenden Eigenart beraubt und ihre Angehörigen zu bloßen staatlichen Kompetenzträgern gemacht werden.

Die Wahrung der besonderen Freiheitssphäre gerade der hier behandelten Berufe im Interesse des gesellschaftlichen und staatlichen Ganzen ist daher auch bleibende Verpflichtung von Gesetzgebung, Verwaltung und Rechtsprechung in der Bundesrepublik.

370 *Deneke*, S. 345, 346.
371 *Deneke*, S. 347.

Literaturverzeichnis

Arndt, Adolf: Gedanken zum Gleichheitssatz, in: Die moderne Demokratie und ihr Recht, Festschrift für Gerhard Leibholz, Tübingen 1966

Bachof, Otto: Freiheit des Berufs, S. 155 ff., in: Bettermann-Nipperdey-Scheuner, Die Grundrechte, Bd. 3, 1. Halbband, Berlin 1958
Zit. als Bachof, Freiheit

— Verfassungsrecht, Verwaltungsrecht, Verfahrensrecht in der Rechtsprechung des Bundesverwaltungsgerichts, Bd. 1: 3. Aufl., Tübingen 1966, Bd. 2: 1967
Zit. als Bachof, Rechtsprechung

Badura, Peter: Das Verwaltungsmonopol, Berlin 1963

Ballerstedt, Kurt: Wirtschaftsverfassungsrecht, in: Bettermann-Nipperdey-Scheuner, Die Grundrechte, Bd. 3, 1. Halbband, Berlin 1958

Bethge, Herbert: Der verfassungsrechtliche Standort der „staatlich gebundenen" Berufe. Diss., Köln 1968

Blechschmidt, Friedrich-Christian: Ideen zur Verbesserung der Stellung des Advokatenstandes im Königreich Sachsen, Leipzig 1840

Blümlich, Walter, und Ludwig *Falk*: Einkommensteuergesetz, Kommentar, Bd. 2, 9. Aufl. 1964

Börnstein-Gérard-Kolbeck-Teske: Einkommensteuer — Kommentar, Herne und Berlin 1960

Brandi, Ernst: Der Syndikusanwalt, in: NJW 1961, S. 390 ff.

— Von der Freiheit der Advokatur, S. 13 ff., in: Anwälte zur Reform des Strafrechts und Standesrechts, Gedächtnisschrift für Josef Cüppers
Zit. als Brandi, Advokatur

Bühler, Ottmar: Steuerrecht, Grundriß in zwei Bänden, Bd. 2, 3. Aufl. 1958

Bühring, H.: Steuerberatungsgesetz, Kommentar, Berlin und Frankfurt, 1961

Bülow, Arthur: Bundesrechtsanwaltsordnung, Erläuterungsbuch für die Praxis, Berlin-Lichterfelde und Frankfurt 1959

Burger, Friedrich: Art. 33 Grundgesetz und die sogenannten staatlich gebundenen Berufe, Diss., Marburg 1967

Cron, Helmut: Die Organisation der Selbstkontrolle, in: Löffler-Cron-von Hartlieb-Stammler-Müller: Selbstkontrolle von Presse, Funk und Film, München, Berlin 1960

Daniels, Josef, und Manfred *Bulling*: Bundesärzteordnung, Kommentar, Neuwied und Berlin 1963

Deneke, J. F. Volrad: Die freien Berufe, Stuttgart 1956

Erler, Georg: Rechtsnot durch Anwaltsnot, Denkschrift zum Numerus clausus, 1950

Feuchtwanger, Sigbert: Der Staat und die freien Berufe, Königsberg 1929
Zit. als Feuchtwanger I

— Die freien Berufe, Versuch einer allgemeinen Kulturwirtschaftslehre, München 1922
Zit. als Feuchtwanger II

Friedländer, Adolf und Max: Rechtsanwaltsordnung vom 1. Juli 1878, Kommentar, 3. Aufl., München, Berlin und Leipzig 1930

Fuhr, Eberhard: Gewerbeordnung, Kommentar, Neuwied und Berlin 1960

Geiger, Willi: Art. „Berufsfreiheit und Berufsregelung", in: Staatslexikon der Görres-Gesellschaft, 6. Aufl., Bd. 1, Freiburg 1957, Sp. 1112 ff.

Gerber, Hans: In Freiheit gebundene Berufe, Vortrag vor der Arbeitsgemeinschaft freier Berufe Baden-Württemberg am 18. Juni 1955

Gieseke, Paul: Die rechtliche Bedeutung des Unternehmens, in: Festschrift für Ernst Heymann, Weimar 1940

Gneist, Rudolf: Freie Advokatur, die erste Forderung aller Justizreform in Preußen, Berlin 1867

Greiffenhagen, Hermann: Gegen die Heranziehung freier Berufsausübung zur Gewerbesteuer, Düsseldorf 1955

Hamann, Andreas: Das Grundgesetz, Kommentar, 2. Aufl., Neuwied, Berlin 1960

— Deutsches Wirtschaftsverfassungsrecht, Neuwied, Berlin, Darmstadt 1958
Zit. als Hamann, Wirtschaftsverfassungsrecht

— Bundesrechtsanwaltsordnung und Grundgesetz, in: NJW 1958, S. 811 ff.

Hartmann, Alfred, Conrad *Böttcher* und Adolf *Grass*: Großkommentar zur Einkommensteuer, Stuttgart, Mai 1969

Herrnritt, Rudolf-Hermann: Grundlehren des Verwaltungsrechts, Tübingen 1921

Herschel, Wilhelm: Freier Beruf und Arbeitsverhältnis, Heidelberg 1964

Herzog, Roman: Art. „Berufsfreiheit", in: Evangelisches Staatslexikon, Stuttgart-Berlin 1966, Sp. 155 ff.

Höhndorf, Erich: Beamter und öffentlicher Amtsträger, in: ZGesStW, Bd. 97 (1937), S. 147 ff.

Höppner, M.: Problematik und Widersprüche der Wirtschaftsprüferordnung, in: BB 1961, 1209 ff.

Hoffmann, Heinrich: Die Verstaatlichung von Berufen, in: DVBl. 1964, S. 457 ff.

— Apothekengesetz, Kommentar, München und Berlin 1961

Huber, Ernst Rudolf: Wirtschaftsverwaltungsrecht, Bd. 1, 2. Aufl., Tübingen 1953
Zit. als Wirtschaftsverwaltungsrecht I

Ipsen, Hans Peter: Rechtsfragen berufsständischer Zwangsversorgung, in: Aktuelle Probleme der Versicherungswissenschaft, Berlin 1954, S. 31 ff.

— Gesetzliche Indienstnahme Privater für Verwaltungsaufgaben, in: Festgabe für Erich Kaufmann, S. 141 ff., Stuttgart, Köln 1950

Jellinek, Georg: System der subjektiven öffentlichen Rechte, 2. Aufl., Tübingen 1905

Kalsbach, Werner: Bundesrechtsanwaltsordnung und Richtlinien für die Ausübung des Rechtsanwaltsberufs, Kommentar, Köln 1960
Zit. als Kalsbach, BRAO

— Standesrecht des Rechtsanwalts, Köln 1956
Zit. als Kalsbach, Standesrecht

— Zur Rechtsprechung des Ehrengerichtshofes der Rechtsanwaltskammern der Britischen Zone, S. 179 ff., in: Anwälte zur Reform des Strafrechts und Standesrechts, Gedenkschrift für Josef Cüppers, Essen 1955
Zit. als Kalsbach, Rechtsprechung

Kimminich, Otto: Kommentierung zu Art. 14 GG, in: Kommentar zum Bonner Grundgesetz, Hamburg

Klein, Hans H.: Zum Begriff der öffentlichen Aufgabe, in: DÖV 1965, S. 755 ff.

Krüger, Herbert: Allgemeine Staatslehre, 2. Aufl., Stuttgart, Berlin, Köln, Mainz 1966

Kühn, Alfred: Die freien Berufe in der Sozialordnung, Sozialpolitik in Deutschland, Heft 45, Stuttgart 1962

Kuhns, Richard R.: Das gesamte Recht der Heilberufe, Berlin 1958

Lademann, Fritz, Edgar *Lenski* und Hedin *Brockhoff:* Einkommensteuergesetz, Kommentar, 3. Aufl., Stuttgart, München, Hannover 1963

Landmann, Robert, Gustav *Rohmer*, Erich *Eyermann* und Wolfgang *Fröhler:* Gewerbeordnung, Kommentar, 11. Aufl. 1956, 12. Aufl., Stand Anfang 1969, München

Leibholz, G., und H. J. *Rinck:* Kommentar an Hand der Rechtsprechung des Bundesverfassungsgerichts, 3. Aufl., Köln 1968

Lerche, Peter: Übermaß und Verfassungsrecht, Köln, Berlin, München, Bonn 1961

— Grundrechtsbegrenzungen „durch Gesetz" im Wandel des Verfassungsbilds, in: DVBl. 1958, S. 524 ff.

Lindenberg, Heinrich: Wirtschaftsprüfungsgesellschaften und Wirtschaftsprüferordnung, in: BB 1961, S. 1284 ff.

Lüben, Gerhard: Die Fundamente der freien geistigen Berufe, Köln und Berlin 1959

v. Mangoldt, Hermann, und Friedrich *Klein:* Das Bonner Grundgesetz, 2. Aufl., Bd. 1, Berlin und Frankfurt 1957

Marbach, Fritz: Theorie des Mittelstandes, Berlin 1942

Maunz, Theodor, Günther *Dürig* und Roman *Herzog:* Grundgesetz, Kommentar, 2. Aufl., 10. Ergänzungslieferung 1969, München und Berlin

Meier-Greve, Hans-Jürgen: Öffentlichrechtliche Bindungen und freiberufliche Stellung der Kassenärzte, Diss., Göttingen 1968

Metzner, Max: Die zweckmäßige Rechtsform der Wirtschaftsprüfergemeinschaften, in: Der Wirtschaftsprüfer 1949, S. 172 ff.

Mikat, Paul: Kirchliche Streitsachen vor den Verwaltungsgerichten, in: Staatsbürger und Staatsgewalt, Bd. 2, Karlsruhe 1963, S. 135 ff.

Müller, Wolfgang: Einbeziehung der Freien Berufe in das Handelsrecht unter besonderer Berücksichtigung von Arzt, Apotheker, Rechtsanwalt, Wirtschaftsprüfer und Architekt. Diss., Kiel 1968

Müthling, Hans: Gewerbesteuergesetz, Kommentar, 2. Aufl., München, Mai 1969

Mutze, Otto: Die Abgrenzung zwischen freiberuflicher Tätigkeit und Gewerbebetrieb, in: Neues Steuerrecht, Lexikon-Kommentar zum gesamten Steuerrecht, unter „Freie Berufe"

Neubert, Reinhart: Fragen des Anwaltsrechts, insbesondere die Stellung des in der Wirtschaft tätigen Rechtsanwalts, in: Festschrift für Erwin Bumke, Berlin 1939, S. 331 ff.

Neuenfeld, Klaus: Handbuch des Architektenrechts, Stuttgart 1969

Nipperdey, Hans Carl: Freie Entfaltung der Persönlichkeit, in: Neumann-Nipperdey-Scheuner, Die Grundrechte, Bd. 4, 2. Halbband, S. 741 ff., Berlin 1962
Zit. als Nipperdey, Freie Entfaltung der Persönlichkeit

Obermeyer, Klaus: Verwaltungsakt und innerdienstlicher Rechtsakt, Stuttgart, München, Hannover 1956

Oppermann, Thomas: Kulturverwaltungsrecht, Tübingen, 1969

Ostler, Fritz: Der deutsche Rechtsanwalt, in: Schriftenreihe der Juristischen Studiengesellschaft Karlsruhe, Heft 56/57 (1963)

Peters, Hans: Öffentliche und staatliche Aufgaben, in: Festschrift für Hans Carl Nipperdey, Bd. 2, München und Berlin 1965

Rebmann, Karl, Martin *Ott* und Werner *Storz:* Das baden-württembergische Gesetz über die Presse, Kommentar, Stuttgart 1964

Rehbinder, Manfred: Die öffentliche Aufgabe und rechtliche Verantwortung der Presse, Berliner Abhandlungen zum Presserecht, Heft 1, 1962

Reuss, Wilhelm: Der „numerus clausus" im Gewerberecht und für freie Berufe, in: NJW 1951, S. 777 ff.

Rittner, Fritz: Unternehmen und freier Beruf als Rechtsbegriffe, in: Recht und Staat, Heft 261/262, Tübingen 1962

Römer, Gustav: Notariatsverfassung und Grundgesetz, München und Berlin 1963

Rupp, Hans Heinrich: Privateigentum an Staatsfunktionen?, in: Recht und Staat, Heft 278, Tübingen 1963
Zit. als Rupp, Privateigentum

— Berufsregelung durch gesetzesändernde Verwaltungsverordnungen?, in: DÖV 1963, S. 678 ff.

— Das Grundrecht der Berufsfreiheit, in: NJW 1965, S. 993 ff.

— Grundfragen der heutigen Verwaltungsrechtslehre, Tübingen 1965
Zit. als Rupp, Grundfragen

— Das Grundrecht der Berufsfreiheit in der Rechtsprechung des Bundesverfassungsgerichts, in: AöR, Bd. 92 (1967), S. 212 ff.

Salzwedel, Jürgen: Die Grenzen der Zulässigkeit des öffentlich-rechtlichen Vertrags, Berlin 1958

Scheer, Bernhard: Deutsches Presserecht, Kommentar zu den Pressegesetzen der Länder, Hamburg 1966

Scheuer, Hans: Berufsfreiheit und Grundgesetz, Saarbrücken

Scheuner, Ulrich: Berufsständische Versorgungseinrichtungen und Grundgesetz, in: Aktuelle Probleme der Versicherungswissenschaft, Berlin 1954, S. 71 ff.
Zit. als Scheuner, Versorgungseinrichtungen

Schmidt-Bleibtreu, Bruno, und Franz *Klein:* Kommentar zum Grundgesetz, Neuwied und Berlin 1967

Schmitt, Carl: Über die drei Arten des rechtswissenschaftlichen Denkens, 1934, Hamburg

Seybold, Karl, und Erich *Hornig:* Bundesnotarordnung, Kommentar, 4. Aufl., Berlin, Frankfurt 1962

Spann, Wolfgang: Ärztliche Rechts- und Standeskunde, München 1962

Stieglitz, Heinrich: Der soziale Auftrag der freien Berufe, Ein Beitrag zur Kultursoziologie der industriellen Gesellschaft, Köln und Berlin 1960

Thieme, Werner: Berufsfreiheit und Verwaltungsmonopole, in: JZ 1961, S. 180 ff.

Triepel, Heinrich: Staatsdienst und staatlich gebundener Beruf, in: Festschrift für Karl Binding, Leipzig 1911

v. Turegg, Kurt-Egon, und Erwin *Kraus:* Lehrbuch des Verwaltungsrechts, 4. Aufl., Berlin 1962

Vogel, Klaus: Öffentliche Wirtschaftseinheiten in privater Hand, Hamburg 1959

Weber, Werner: Die verfassungsrechtliche Problematik der Zwangsversorgungseinrichtungen der freien Berufe, in: Aktuelle Probleme der Versicherungswissenschaft, Berlin 1954, S. 7 ff.

Wecks, H.: Der Syndikusanwalt, in: BB 1955, S. 424 ff.
Weissauer, Walther, und Franz *Poellinger*: Ist eine Regelung der ärztlichen Berufspflichten durch Berufsordnungen der Ärztekammern mit Art. 12 Abs. 1 GG vereinbar?, Köln, Berlin 1961
Wolff, Hans J.: Verwaltungsrecht, Lehrbuch, Bd. 1, 7. Aufl., München, Berlin, 1968
Wollert, Heinrich: Die zweckmäßige Rechtsform der Wirtschaftsprüfergemeinschaften, in: Der Wirtschaftsprüfer, 1949, S. 66 ff.
Wulffius, Gerhard: Apothekenbesitzrecht — Entwicklungslinien, Grundrechtsprobleme, Umgestaltungsmöglichkeiten, Diss., Tübingen 1964

FSC
www.fsc.org
MIX
Papier | Fördert
gute Waldnutzung
FSC® C083411

Kolibri 360 GmbH
Ferdinand-Jühlke-Straße 7
99095 Erfurt, Deutschland
produktsicherheit@kolibri360.de

Druck:
CPI Druckdienstleistungen GmbH
im Auftrag der
Kolibri 360 GmbH
Ferdinand-Jühlke-Str. 7
99095 Erfurt